Dieses Buch ist meinen Eltern, Carmen Gorina und Joan de Molina, gewidmet, denen ich alles verdanke. Sie haben mir von Kindesbeinen an den Sinn für Familie vermittelt. Auch meinen Geschwistern gilt mein Dank, die mir trotz der räumlichen Entfernung immer nahegestanden haben.

Dr. Karl-Maria de Molina
Herausgeber

München, den 19. März 2026

Dr. Karl-Maria de Molina (Hrsg.)

Die *Renaissance* der *Familie*
Ratgeber für berufstätige Familien

3. Auflage

Das vorliegende Buch erscheint auf Initiative des Vereins Family Valued e. V.

Dieses Buch gibt es auch auf Englisch und Spanisch, jeweils 1. Auflage.

Ergänzend zu diesem Buch gibt es einen Online-Ratgeber mit Artikeln über Familie und deren Herausforderungen. QR-Codes im Buch führen dahin.

www.FamilyValued.org

Bibliografische Information der Deutschen Nationalbibliothek: Die Deutsche Nationalbibliothek verzeichnet diese Publikation in der Deutschen Nationalbibliografie; detaillierte bibliografische Daten sind im Internet über http://dnb.dnb.de abrufbar.

3. Auflage vom 19.03.2026

Gestaltung des Umschlags Fotini Theodosiou

Verlag: BoD · Books on Demand GmbH, Überseering 33, 22297 Hamburg, bod@bod.de

Druck: Libri Plureos GmbH, Friedensallee 273, 22763 Hamburg

ISBN: 978-3-7693-7812-2

Kommentar zur 3. deutschen Auflage

Diese dritte Auflage profitiert von den Erfahrungen früherer deutscher Auflagen sowie von der ersten spanischen Auflage, deren Struktur, Themenauswahl und Autoren hier übernommen werden.

Auf die unterschiedlichen Leserstile haben wir Rechnung getragen: für Schnelleser sowie für vertiefende Leser gibt es entsprechende Formate. Auch die Verbindung zum Ratgeber-Portal sowie die Reflexionsfragen nach jedem Artikel sind hier neu.

Neu in der vorliegenden Auflage sind Themen wie die Vorbereitung auf die Ehe und die Rollen in der Familie. Das Ratgeber-Portal beinhaltet alle Themen aus dem Buch sowie zusätzlich: mentale Gesundheit, Pflege und Inklusion, Entwicklung der Persönlichkeit, finanzielle Absicherung, Medien und Digitales, Kita, Schule und Lernen sowie die Rollen der Großeltern.

Mit der neuen Struktur, dem neuen Format und der erweiterten Themenauswahl wollen wir einen besseren Beitrag leisten, um Familien bei der Bewältigung ihres Alltags zu unterstützen.

Dank an die Autoren und Autorinnen

Als Herausgeber dieses Buchs möchte ich allen Autorinnen und Autoren, die an seiner Entstehung mitgewirkt haben, meinen aufrichtigen Dank aussprechen. Ihre Hingabe, Expertise und wertvollen Beiträge waren entscheidend für die Fertigstellung dieses Projekts. Besonders danke ich Ihnen für Ihr Engagement und die Qualität Ihrer Texte, die diese Publikation in besonderer Weise bereichert haben.

Es waren Monate intensiver Arbeit — auf Ihrer Seite wie auf unserer. Von ihnen haben wir viel Zuspruch und Anerkennung erhalten.

Das Team von **Family Valued e. V.** ist sehr stolz auf ihre Beiträge. Der nächste Schritt besteht darin, unsere Botschaft zu möglichst vielen deutschsprachigen Familien weltweit zu bringen — Familien, die bereits auf uns warten.

Die Autorinnen und Autoren haben wir auf der Website **FamilyValued.org** vorgestellt — auf Deutsch, Englisch und Spanisch. Den Link bzw. den QR-Code zu den Autorenseiten finden Sie am Ende des jeweiligen Artikels.

Inhaltsverzeichnis

1 Vorwort

Jeder will Familie sein. Und das ist verwunderlich. Es gibt Unternehmen, die sich als Familie verstehen. In politischen Parteien gibt es „Familien". Und sogar jemand, der allein mit einem Haustier lebt, sagt bisweilen: *„Das ist meine Familie."*

Familie ist der Ort des Menschen, eine Garantie für Menschlichkeit. Der Mensch braucht Familie — und wenn er seine eigene nicht findet, wird er sich ein familiäres Umfeld suchen, schaffen oder notfalls erfinden.

„Familie ist ein Ort des Widerstands", sagt Fabrice Hadjadj: *„Widerstand gegen Totalitarismen, gegen Relativismus, gegen Konsumismus, gegen technologische Kontrolle, gegen Entpersonalisierung."* Deshalb beginnen diejenigen, die den Menschen kontrollieren und beherrschen wollen, immer damit, die Familie zu zerschlagen. Denn der Mensch ohne Familie ist verletzlich und ungeschützt, eine leichte Beute für jedermann. Wer ohne Herkunft und Einbindung ist, treibt verwirrt auf einem Meer, das er nicht recht versteht — auf der Suche nach irgendeiner Zugehörigkeit, die ihm wenigstens ein Mindestmaß an persönlicher Stabilität gibt.

Aber von welcher Familie sprechen wir? „Welches Familienbild verteidigen Sie?", werde ich oft gefragt. **In Wahrheit braucht die Familie keine Verteidigung.** Je weniger man an ihr herummanipuliert, desto wirksamer erfüllt sie ihre wichtigste Aufgabe: das Glück ihrer Mitglieder. Lässt man sie in Ruhe, ist sie aus eigener Kraft imstande, eine menschlichere Gesellschaft aufzubauen.

Die beste Definition von Familie habe ich vor Jahren in einer Fernsehdiskussion gehört — aus dem Mund einer Mutter: *„Was würde uns ein zweijähriges Kind über sein Ideal von Familie sagen, wenn es sich ausdrücken könnte? Ich möchte meinen Vater und meine Mutter kennenlernen; ich möchte, dass mein Vater und meine Mutter mich lieben; ich möchte, dass mein Vater und meine Mutter einander lieben; und ich möchte diese ganze Freude mit einem Geschwisterkind teilen.* Das ist nicht immer möglich, und als Gesellschaft müssen wir bereit sein, jedem Minderjährigen ein angemessenes familiäres Umfeld zu bieten, wenn das Eigene fehlt oder zerbricht.

Aber wir können auch dazu beitragen, dass dieser Traum häufiger Wirklichkeit wird. In einer spezialisierten Gesellschaft mit bedenklich individualistischen Tendenzen bilden wir uns gewissenhaft für alles aus: für unseren Beruf, unsere Hobbys oder

sogar für unser Ehrenamt. Doch zu oft vergessen wir den wichtigsten Bereich unseres Lebens — denjenigen, der uns Glück schenken oder es uns verweigern wird: unsere Familie.

In puncto Liebe gibt es keine Naturtalente. Lieben ist Kunst und Wissenschaft und praktische Klugheit — und man lernt es in der Familie. Experten der Liebe sind nicht die, die sie studieren, sondern die, die sie Tag für Tag leben: mit Höhen und Tiefen, mit Glücks- und Fehlgriffen, mit Sprüngen und Stürzen.

Diese Familie, von der ich spreche, und diese starke, gut gegründete Liebe, die sie trägt — sie zeichnen sich auf den Seiten dieses Buches ab: von den ersten Takten in der Zeit des Kennenlernens bis zu den letzten Konsequenzen einer bedingungslosen Hingabe.

Nach mehr als vierzig Jahren Ehe kann ich es laut sagen: Es lohnt sich. Der Mensch ist aus Liebe geschaffen — von der Liebe her und auf die Liebe hin. Ein Leben ohne Liebe ist wie ein Garten ohne Sonne, in dem die Blumen welken. Ehe und Familie sind ohne Zweifel ein privilegierter Ort, an dem man in dieser Welt das größtmögliche Maß an Glück findet. Zu sagen, die Familie sei der Ort des Menschen, heißt: Sie ist der Ort der Liebe. Doch dieses Gut ist so hoch, dass man täglich um es kämpfen muss. Hier ist ein guter Leitfaden, um erfolgreich zu sein.

Javier Vidal-Quadras Trías de Bes

RA und Generalsekretär des IFFD.org a.D.

Mehr Info über den Autor über den QR-Code:
https://familyvalued.org/javier-vidal-quadras-trias-de-bes/

2 Einführung

Inhalt des Buchs

Sie halten, liebe Leserin, lieber Leser, ein Buch in den Händen, das sich mit Alltags-fragen von Familien mit Kindern im schulischen Alter befasst, in denen **beide Elternteile berufstätig** sind. Ergänzend zum Buch gibt es eine Online-Ratgeber-Seite, die ähnliche und weitergehende Themen behandelt.

Warum beschäftigen sich **46 Autoren aus 11 Ländern** mit einem so traditionellen Thema wie der Familie? Was ist neu an diesem Buch? Brauchen wir es wirklich? Man könnte einwenden, dass darüber bereits viel geschrieben wurde.

Wir beleuchten zentrale Themen aus der Perspektive verschiedener Experten. Bei aller Vielfalt der Meinungen eint die Beiträge eines: die Wertschätzung für die Familie. Alle wollen der *„Wiederentdeckung der Familie und ihrer Bedeutung für die Gesellschaft"* Nachdruck verleihen.

Die thematische Reise beginnt mit der **Vorbereitung auf die Ehe**. Folgerichtig geht es weiter mit der **Paarbeziehung und der Kindererziehung**. Ist eine Familie entstanden, braucht es Klarheit über **Rollen und Verantwortlichkeiten** innerhalb der Familie. Weil Familie und Beruf scheinbar in Konflikt geraten können, behandeln wir auch die **Vereinbarkeit von Familie und Beruf**.

Wie lässt sich der Familienalltag gut organisieren? Das Kapitel **„Familien und ihre Alltagsdynamiken"** gibt praktische Hinweise zur Gestaltung des Alltags in unseren Familien. Abschließend widmet sich das Kapitel **„Familie und Gesellschaft"** der Bedeutung der Familie für eine ausgeglichene Gesellschaft.

Schnellleser

Damit Sie sich auf die Schnelle einen Überblick verschaffen können, haben wir einige Bausteine dafür eingebaut:

- Zusammenfassung am Anfang des Artikels
- Herausheben von wichtigen Zitaten und
- Zusammenfassung eines jeden Kapitels.

Vertiefung über das Gelesene

- Am Ende jedes Artikels finden Sie einen QR-Code, der zur Autorenseite führt. Hier erhalten Sie weitere Informationen über den Autor bzw. die Autorin mit Links zu den Profilen.
- Dazu kommen drei Reflexionsfragen zum Text. Diese sollen Ihnen dabei helfen, die gewonnenen Erkenntnisse in Ihr Leben zu integrieren.
- Anschließend finden Sie eine Liste vertiefender Artikel mit den zugehörigen QR-Codes. Diese führen auf die Ratgeber-Seite.

Ratgeber-Portal

Die mehrfach erwähnte Online-Ratgeber-Seite behandelt neben den Themen des Buchs weitere Aspekte wie mentale Gesundheit, Pflege und Inklusion, Persönlichkeitsentwicklung, finanzielle Absicherung, Medien und Digitales, Kita, Schule und Lernen sowie die Rollen der Großeltern. Diese Artikel enthalten auch Reflexionsfragen, Zitate und weiterführende Links. Eine Auswahl rezensierter Bücher rundet das Angebot ab.

QR-Code zum Ratgeber-Portal für Familien:

Entstehung des Buchs

Das Buch ist auf Initiative des Vereins Family Valued e. V. (FamilyValued.org) entstanden. Das Team des Vereins dankt allen Autorinnen und Autoren für ihre Beiträge. Unser Dank gilt darüber hinaus allen Teammitgliedern, die dieses Projekt ermöglicht haben: Simone, Raúl, Peter, Maja, Luis Daniel und José Miguel.

Dr. Karl-Maria de Molina
Herausgeber

Mehr Info über den Autor über den QR-Code:
https://familyvalued.org/karl-maria-de-molina/

3 Vorbereitung auf die Ehe

Prof. Brad Wilcox
Professur für Soziologie und
Direktor des
Nationalen Eheprojekts
Universität von Virginia
USA

Die Ehe ist wichtiger denn je

Zusammenfassung

Unsere Kultur vermittelt uns zunehmend die Botschaft, dass heute Geld, Arbeit und keine Familie das Rezept für ein erfolgreiches und glückliches Leben sind. Ich nenne dies die „Midas-Mentalität". Viele linksgerichtete Mainstream-Meinungsorgane vertreten dieses Argument mit Blick auf Frauen.

Gleichzeitig propagieren auch prominente Online-Influencer wie Pearl Davis und Andrew Tate die „Midas-Mentalität" – jedoch mit Fokus auf Männer. Sie argumentieren, dass die Ehe für Männer ein schlechtes Geschäft ist.

Diese These hilft zu erklären, warum heute mehr Amerikaner der Meinung sind, dass Bildung, Arbeit und Geld wichtiger sind als die Ehe, und warum die Zahl der Eheschließungen in den letzten fünfzig Jahren um 60 % zurückgegangen ist.

Artikel
Mammon oder Heirat?

Unsere Kultur sendet vermehrt die Botschaft, dass heute Geld, Arbeit und keine Familie das Rezept für ein erfolgreiches und glückliches Leben sind. Ich nenne dies die „Midas-Mentalität". Viele linksgerichtete Mainstream-Meinungsorgane vertreten dieses Argument mit Blick auf Frauen. Ein prominentes Finanzmedium veröffentlichte den Titel: „Frauen, die Single bleiben und keine Kinder haben, werden reicher als die

mit Kindern". Ein weiteres großes Medium präsentierte „Die Argumente gegen die Ehe" (Originaltitel: „The Case Against Marriage").

Denn nichts trägt in Amerika mehr zum Glück bei als eine gute Ehe.

Im politisch eher rechtsgerichteten Spektrum treiben unterdessen auch prominente Online-Influencer wie Pearl Davis und Andrew Tate die Midas-Mentalität voran – mit Fokus auf Männer. Sie argumentieren, dass die Ehe für Männer ein schlechtes Geschäft ist. In Tates Worten: *„Das Problem ist, dass in der westlichen Welt für den Mann die Ehe keine Vorteile mit sich bringt"* – vor allem, weil es in vielen Fällen vorkommt, dass sich Frauen von ihren Ehemännern scheiden lassen. Jeder Mann, der bei klarem Verstand ist, sollte also Single bleiben, viel Geld verdienen und das andere Geschlecht für die eigenen Interessen „benutzen" – aber nicht in es investieren – so Tate.

Diese These hilft zu erklären, warum heute mehr Amerikaner der Meinung sind, dass Bildung, Arbeit und Geld für die Erfüllung wichtiger fürs Glück sind als die Ehe, und warum die Zahl der Eheschließungen in den letzten fünfzig Jahren um 60 % zurückgegangen ist.

Selbstverständlich geht es bei der Ehe nicht nur um Glück.

Die oben vertretenen Positionen zu Ehe und Familie könnten jedoch nicht falscher sein. Denn nichts trägt in Amerika mehr zum Glück bei als eine gute Ehe – weder Bildung noch Arbeit noch Geld, nicht einmal Sex. Statistiken zeigen, dass verheiratete Männer und Frauen in einer guten Ehe 5,5-mal häufiger mit ihrem Leben zufrieden sind als unverheiratete Amerikaner oder Amerikaner, die in einer unglücklichen Ehe leben. Überdies gibt es keine Gruppe von amerikanischen Männern und Frauen (zwischen 18 und 55 Jahren), die glücklicher ist als verheiratete Mütter und Väter. In der Realität ist die Ehe also wichtiger als Mammon, wenn es darum geht, unserem Leben Sinn, Zweck und Glück zu verleihen.

Darum ist die Ehe wichtig

Warum ist die Ehe so wichtig? Wir sind, wie Aristoteles lehrte, soziale Wesen. Wir sind darauf ausgelegt, Beziehungen einzugehen. Deshalb sind unsere Beziehungen zu anderen – Familie und Freunden – letztendlich viel entscheidender für unser Wohlbefinden als Dinge wie die Höhe unseres Bankkontos oder unser Studienabschluss. Weil die Beziehung für die meisten von uns nicht so wichtig ist wie die Ehe, gibt es in den meisten Fällen kaum etwas, das uns mehr Glück bringen kann.

Selbstverständlich geht es bei der Ehe nicht nur um Glück. Es geht auch um Geld, um den Sinn des Lebens und um eine geringere Wahrscheinlichkeit, sich einsam zu fühlen. Wir wissen beispielsweise, dass verheiratete Männer und Frauen mehr verdienen und zugleich mehr sparen. Deshalb verfügen Eheleute in ihren 50ern über etwa das Zehnfache des Vermögens ihrer unverheirateten Altersgenossen. Und sie sind im Laufe ihres Lebens deutlich weniger armutsgefährdet.

Verheiratete Männer und Frauen mit Kindern berichten von geringerer Einsamkeit als ihre Altersgenossen, die ledig und kinderlos sind. Und sie geben zum Beispiel mit über 50 % höherer Wahrscheinlichkeit an, dass ihr Leben sinnvoll ist.

Natürlich gibt es auch glückliche Singles und unglückliche Ehepartner.

Betrachten wir einen 30-jährigen Mann aus den Außenbezirken von Washington, D.C., den ich Scott nennen möchte. Gemessen an den Erfolgsmaßstäben der heutigen Kultur sollte Scott, 34 und ledig, keine Sorgen haben. Er hat einen Hochschulabschluss an der Clemson University, eine interessante Karriere als Militärzulieferer, ein eigenes Haus und ein sechsstelliges Gehalt. Doch diese bildungs- und beruflichen Erfolge reichen nicht aus. „Sie wissen, ich habe Abschlüsse an meiner Wand hängen, Erfolge und Zertifikate, aber am Ende bedeutet das alles nichts", sagte er mir. Scott fühlt sich an vielen Tagen einsam und verloren. „Ich muss jeden Tag aufstehen, in den Spiegel schauen und erkennen, dass ich allein bin. Ich habe niemanden." Es überrascht nicht, dass Scott mit einer toxischen Mischung aus Einsamkeit, Sinnlosigkeit und Traurigkeit zu kämpfen hat.

Natürlich gibt es auch glückliche Singles und unglückliche Ehepartner. Die Bedeutung, die Orientierung und das Gefühl der Verbundenheit sind für gewöhnliche verheiratete Männer wie für unschätzbaren Wert für Frauen.

Ist die Ehe eine schlechte Wahl?

Für viele Amerikaner hat die Ehe den Ruf, ein riskantes Unterfangen zu sein. Und das bereitet ihnen teilweise Sorgen, weil laut Statistiken jede zweite Ehe geschieden wird. Doch diese statistischen Werte sind veraltet. Die Scheidungsrate ist seit 1980 um 40 % gesunken, oder anders ausgedrückt: Die meisten der heutigen Ehen halten. Das heißt, die meisten Kinder, die heute aus einer ehelichen Beziehung hervorgehen, werden ein stabiles Zuhause genießen. Mit anderen Worten: Die klare Mehrheit der Amerikaner, die heute heiraten, schafft es, ihre Ehe erfolgreich zu führen.

Und es geht nicht nur darum, dass Eheleute in einer stabilen Beziehung leben, sondern auch darum, dass sie glücklich sind. Heute sagen 62 % der Ehepartner, dass sie „sehr" glücklich in ihrer Ehe sind, und weitere 34 % geben an, „ziemlich glücklich" in ihrer Ehe zu sein. Natürlich haben die meisten Paare Höhen und Tiefen – Tage, Wochen, Monate oder sogar Jahre, in denen die Ehe und das Leben schwierig sind. Aber im Schnitt berichten amerikanische Ehepartner, dass sie eine glückliche Ehe führen.

Ich unterscheide vier Gruppen von Amerikanern, die wahre „Meister der Ehe" sind – asiatische, religiöse, akademisch gebildete und konservative Amerikaner –, die heute besonders häufig stabile und starke Ehen führen. Asiatische, gläubige und akademisch gebildete Paare sind führend in der ehelichen Stabilität und im Eheglück. Die Ehe ist also für diese vier Gruppen eine besonders gute Wahl. Warum das so ist, erkläre ich in meinem Buch „Get married".

„Trotze den Eliten und schmiede eine starke Familie"

Ein Grund, warum die oben erwähnten „Meister der Ehe" mit großer Wahrscheinlichkeit erfolgreich sind, ist, dass sie viele der Botschaften ablehnen, die von den Eliten stammen. Diese kontrollieren nämlich die Kommandohöhen unserer Kultur. Zu oft betonen heute Journalisten, Professoren, Hollywood-Stars und andere Fachleute den Ansatz des „Ich-zuerst". Und dieser egoistische Ansatz ist bekanntlich für die Liebe und die Ehe abträglich. Dieser Ich-Ansatz stellt Autonomie, Freiheit und

Eigeninteresse in den Vordergrund. Artikel in Mainstream-Publikationen feiern die außerehelichen sexuellen Beziehungen, Finanzgurus sprechen von getrennten Girokonten für die Ehepartner und gefeierte Therapeuten ermutigen, Männer und Frauen, außereheliche Beziehungen wichtiger einzuschätzen als die eigene Ehe.

Aber dieser Ich-zuerst-Ansatz in der Ehe führt tatsächlich in eine Sackgasse. Das liegt daran, dass Paare, die in der Ehe einen „Wir-vor-mir"-Ansatz verfolgen und bewährte Tugenden wie Engagement und Treue leben, mit großer Wahrscheinlichkeit in ihren Ehen erfolgreich sind. Die erhobenen Daten zeigen uns zum Beispiel, dass Paare, die am klassischen Ideal festhalten, dass Untreue „immer falsch" ist, die ihr Geld auf gemeinsamen Konten führen und eine Ethik der ehelichen Großzügigkeit pflegen, in ihren Ehen deutlich glücklicher sind. Es scheint auch weniger wahrscheinlich, dass sie vor einem Scheidungsgericht landen.

Um auf den Untertitel meines Buches aufzubauen, sage ich: Trotzen Sie Eliten und schmieden Sie eine starke Familie, indem Sie einen „Wir-vor-mir"-Ansatz in Bezug auf Ehe und Familienleben verfolgen.

Tatsächlich sind die Vorteile, die mit der Erziehung in einer intakten Familie verbunden sind, in den letzten Jahren sogar gewachsen.

Den Kindern und dem Land zuliebe?

„Stellt eine Ehescheidung heute noch ein Problem für die Kinder dar?" Diese Frage stellte mir die Frau eines Kollegen in der Pause einer akademischen Konferenz. „Schließlich – fügte sie hinzu – akzeptieren wir jetzt alle Arten von Familien." Ihre These lautete: Da sich Kinder in nicht traditionellen Familien heutzutage weniger wahrscheinlich geächtet oder stigmatisiert fühlen, ist es auch weniger wahrscheinlich, dass sie durch den Zusammenbruch der Familie geschädigt werden, als noch vor einem halben Jahrhundert der Fall war. Diese Ansicht begegnet uns heute in vielen Fällen. Viele Menschen denken, dass Ehe und eine stabile Familie für Kinder und Erwachsene in der heutigen Welt weniger wichtig sind als früher.

Aber diese Ansicht könnte nicht falscher sein. Tatsächlich sind die Vorteile, die mit der Erziehung in einer intakten Familie verbunden sind, in den letzten Jahren sogar gewachsen. So ist die Verbindung zwischen der Familienstruktur und dem Schulabbruch in den letzten Jahren gestiegen. Generell ist die Wahrscheinlichkeit, dass Kinder,

die in intakten, verheirateten Familien aufwachsen, finanziell, sozial und emotional erfolgreich sind, deutlich höher. Die auffälligste Erkenntnis in Bezug auf Kinder in meinem Buch „Get Married" ist, dass junge Männer, die in einer nicht intakten Familie aufgewachsen sind – von einem alleinerziehenden Elternteil bis hin zu einer Stieffamilie –, mit größerer Wahrscheinlichkeit mehr Zeit im Gefängnis verbringen als einen College-Abschluss zu haben. Bei jungen Männern, die mit ihren eigenen verheirateten Eltern aufgewachsen sind, ist eher das Gegenteil der Fall.

Und wenn man sich die Chancen armer Kinder ansieht, den amerikanischen Traum zu verwirklichen – im Laufe ihres Lebens vom Tellerwäscher zum Millionär zu werden –, dann sieht man, dass der entscheidende Faktor dafür ist, dass die Kinder in einer Familie mit zwei Elternteilen aufwachsen. Dies ist nur eine der Erkenntnisse, die uns zeigen, dass starke und stabile Familien nicht nur für die Kinder, sondern auch für das ganze Land wichtig sind.

Sicherlich geht es vielen Kindern gut, die außerhalb eines intakten, verheirateten Elternhauses aufwachsen. Ich wurde von einer alleinerziehenden Mutter aufgezogen und es geht mir gut. Aber als Soziologe kann ich Ihnen sagen, dass Kinder und Gemeinschaften in der Regel besser gedeihen, wenn sie in starken, verheirateten Familien verwurzelt sind. Deshalb sollten wir, wenn wir "die Zivilisation retten" wollen, uns um das Wohl unserer wichtigsten sozialen Institution kümmern: die Ehe.

Prof. Brad Wilcox
Mehr Info über den Autor über den QR-Code:
https://familyvalued.org/brad-wilcox/

Reflexionsfragen

Wo zeigt sich in meinem Denken und Handeln das „Midas Mindset" (Geld, Leistung, Unabhängigkeit vor Bindung) — und welcher konkrete Schritt hilft mir in den nächsten vier Wochen, Beziehungen wieder stärker zu priorisieren?

Wie kann ich in meiner Partnerschaft/Ehe einen „Wir-vor-mir"-Ansatz praktisch verankern (z. B. Zeit, Kommunikation, gemeinsame Entscheidungen, Umgang mit Geld) — und woran würden wir in drei Monaten merken, dass es wirkt?

Welche stabile Struktur oder Entscheidung kann ich verbessern, damit Kinder und Umfeld mehr Verlässlichkeit erfahren — und welchen kleinen, realistischen Beitrag leiste ich dazu bereits in dieser Woche?

Deine Notizen, Kommentare und Vorsätze

**Weitere Artikel über
Vorbereitung auf die Ehe**

Juan Manuel Cotelo

Drehbuchautor, Regisseur,
Produzent und Schauspieler
Spanien

Die Verlobungszeit als geistliche Unterscheidung

Zusammenfassung

Das tragfähigste Lebensprojekt, das Verlobte miteinander teilen können, ist die Vereinigung mit Gott. Steht dieses Ziel im Zentrum, verschwinden Hindernisse nicht automatisch — aber sie ordnen sich ein und werden überwindbar, weil Gott das Leben führt und die Beziehung trägt. Das setzt voraus, Liebe nicht als bloßes Wechselspiel vorübergehender Gefühle zu verstehen, sondern als **tiefe Hingabe**, ausgerichtet auf gemeinsames geistliches Wachstum.

Interview

FamilyValued.org: Welche Aspekte sollte man in der Verlobungszeit geistlich unterscheiden?

Cotelo: In der Verlobungszeit — und eigentlich in jeder Lebensphase — gibt es nur eine wirklich wichtige Frage der Unterscheidung: *„Was willst du von mir, mein Gott?"* Und: *„Ich will nichts anderes als deinen Willen tun."* Wenn wir dem Willen Gottes ganz vertrauen, haben wir zuerst einmal Frieden. Und mit diesem Frieden kommt die Kraft, jede Entscheidung zu treffen und sie auf das einzige Ziel auszurichten, das sich wirklich lohnt: das ewige Leben — das wir Schritt für Schritt schon hier auf Erden anbahnen.

FamilyValued.org: Wie sollte das Lebensprojekt aussehen, das Verlobte gemeinsam teilen, um eine stabile Ehe aufzubauen?

Cotelo: Das robusteste Lebensprojekt, das es gibt, ist die Vereinigung mit Gott. Ich kann mir kein Ziel vorstellen, das darüber hinausgehe. Wenn eine Ehe das gemeinsame Ziel hat, sich mit ganzer Kraft, mit dem ganzen Denken und mit dem ganzen Herzen mit Gott zu verbinden, dann verschwinden Hindernisse nicht — aber sie werden geordnet und überwunden, weil Gott selbst die Führung in unserem Leben übernimmt und uns trägt.

FamilyValued.org: Wie sollte die persönliche Beziehung gestaltet werden, damit die Ehe Bestand hat?

Cotelo: Das perfekte Modell einer persönlichen Beziehung ist klar und bestens definiert: sich so zu verhalten, wie Jesus sich jedem von uns gegenüber verhält. „Liebt einander, wie ich euch geliebt habe." Jesus hat uns durch konkrete Taten der Hingabe geliebt: indem er dient, indem er sich selbst zurücknimmt, indem er der Letzte wird, indem er sich klein macht, uns gleichsam „die Füße wäscht", vergibt — und indem er Klagen und Kritik nicht ständig Raum gibt.

Jesus ist der Maßstab. Wenn wir einmal nicht wissen, wie wir uns gegenüber dem Ehemann oder der Ehefrau oder den Kindern verhalten sollen, genügt es, zu fragen: *„Jesus, was soll ich tun?"* Wie liebst du mich? So will ich auch die anderen lieben.

FamilyValued.org: Was würdest du einem verlobten Paar empfehlen, das eine lebensoffene Familie gründen möchte?

Cotelo: Dass sie dem Autor des Lebens vollständig vertrauen. Und dass sie über Jesu Worte nachdenken: Schaut auf die Blumen auf dem Feld: Sie fertigen sich keine Kleidung — und doch war selbst Salomo in all seiner Pracht nicht so gekleidet wie eine von ihnen. Wenn Gott schon die Blumen so wunderbar versorgt, die heute da sind und morgen verwelken — wird er sich dann nicht erst recht um euch kümmern, ihr Kleingläubigen?

FamilyValued.org: Welche Empfehlung gibst du für die Partnerwahl?

Cotelo: Ich mag das Wort „Partner" in diesem Kontext nicht besonders. Es klingt kühl; es hat wenig von der Zärtlichkeit einer Sprache der Liebe. Ich habe keinen „Partner" — ich habe eine Ehefrau. Und ich hatte nie „einen Partner" — ich hatte eine Freundin, eine Verlobte. Der Begriff „Partner" verbindet schnell Verpflichtung, Opferbereitschaft und Treue. Die Worte „Verlobung" und „Ehe" dagegen enthalten bereits das Versprechen der Treue.

Meine wichtigste Empfehlung: Habt keine Angst vor Bindung — und auch keine Angst vor Opferbereitschaft. Und schaut, ob ihr in der anderen Person dieselbe Haltung erkennt: jenes Commitment, das eine launenhafte, flüchtige Liebe von einer stabilen, tragenden Beziehung unterscheidet — nämlich von einer Ehe.

FamilyValued.org: Warum sollte es vor der Ehe keine intimen Beziehungen geben?

Cotelo: Doch, es sollte intime Beziehungen geben! Eine Verlobung ist an sich eine intime Beziehung — zwischen zwei Seelen. Wenn Verlobung oder Ehe keine Intimität findet, wird sie irgendwann zerbrechen. Das Problem entsteht, wenn „Intimität" ausschließlich körperlich verstanden wird. Die oberflächlichsten Beziehungen sind rein körperlich.

Wenn Verlobte eine wirklich intime Beziehung wollen, lautet mein Rat: Betet zusammen. Geht gemeinsam in die Intimität Gottes, der in unseren Herzen wohnt, und sprecht zusammen mit Gott. Nichts wird euch eine größere Intimität schenken, keine realere Nähe zwischen euren Seelen.

FamilyValued.org: Was bedeutet es, dass die Ehe eine Berufung ist?

Cotelo: Gott ist der Urheber unseres Lebens. Niemand gibt sich selbst das Leben. Und mit dem Leben entwirft Gott für jeden von uns einen vollkommenen Plan: einen persönlichen Weg, der uns in den Himmel führen soll. Auf diesem Weg lässt Gott uns nie allein. Er stellt uns Menschen an die Seite, die uns helfen, ans Ziel zu kommen.

Die Ehe ist jene Beziehung, die Gott selbst stiftet, um uns an der Hand einer anderen Seele in den Himmel zu führen — einer Seele, die zu unserem wichtigsten geistlichen Weggefährten wird. Wir „wählen" unseren Mann oder unsere Frau nicht einfach nur. Gott wählt zum Guten für uns — und wir vertrauen dieser Person, als jemandem, der uns von Gott selbst zur Seite gestellt ist, um uns in den Himmel zu führen.

Juan Manuel Cotelo

Mehr Info über den Autor über den QR-Code:
https://familyvalued.org/juan-manuel-cotelo/

Reflexionsfragen

Wie verändert die Vorstellung, dass die Ehe eine göttliche Berufung ist, deinen Blick auf Beziehung, Treue und Bindung?

Auf welche Weise kann gemeinsames Gebet in der Verlobungszeit die geistliche Intimität zweier Menschen stärken?

Was bedeutet es für dich konkret, eine Beziehung nach dem Liebesmodell Jesu zu leben — geprägt von Dienst, Vergebung und Demut?

Deine Notizen, Kommentare und Vorsätze

Weitere Artikel über
Vorbereitung auf die Ehe

José Víctor Orón Semper
Leitung der Stiftung UPTOYOU
Entwicklungsbegleitung
Spanien

Vorbereitung auf die Liebe: Das wird verschwiegen

Zusammenfassung

Heiraten ist weder eine romantische Geste noch eine obligatorische Lebensphase. Es ist eine Entscheidung, die die eigene Person formt. Darum ist es weniger entscheidend, ob wir „bereit" sind, sondern ob wir bereit sind, uns von dieser Weise zu lieben prägen zu lassen. Ehevorbereitung bedeutet vor allem, sich auf einen Weg der inneren Wandlung einzulassen: zu lernen, nicht aus dem heraus zu lieben, was man fühlt, sondern aus dem, was man zu werden wünscht. Liebe in ihrer realistischsten Gestalt versucht nicht, sich abzusichern, sondern sich hinzugeben.

Artikel

In einem Gespräch mit einem Anwalt am Gericht der Rota erzählte er mir, eine der häufigsten Schwierigkeiten in Ehenichtigkeitsverfahren sei das geringe Bewusstsein dafür, mit dem viele Paare geheiratet hätten. Die Feier, der Eindruck persönlichen Erfolgs, wirtschaftliche Unabhängigkeit oder die Euphorie, „ein neues Leben zu beginnen", erzeugen oft ein trügerisches Gefühl der Vorbereitung. Als wäre die Hochzeit die Belohnung dafür, „es geschafft" zu haben — und nicht der Beginn eines Weges, der alles auf die Probe stellen wird.

Ich erinnere mich auch an den Fall eines Ehepaares in schweren Schwierigkeiten. Als ich fragte, worüber sie in der Zeit der Verlobung gesprochen hätten, lachten sie — mit einer gewissen verlegenen Traurigkeit: „Gesprochen, im eigentlichen Sinn … kaum." Sie hatten geheiratet, ohne sich wirklich kennenzulernen. Und dieses traurige Lachen sagte alles.

Jenseits von Emotion und Entschluss: Lieben heißt, sich vom Anderen formen zu lassen.

Heute möchten viele Menschen lieben, wissen aber nicht, wie. Nicht, weil sie keine Gefühle hätten, sondern weil sie nicht gelernt haben, ihre Person durch die Handlung zu gestalten, die die Liebe verlangt. Das ist vielleicht eines der am häufigsten übersehenen Schlüsselfragen bei der Vorbereitung auf die Ehe.

Wir sagen häufig: „Lieben ist eine Entscheidung." Doch das ist im Kern zu wenig. Die eigentliche Frage lautet: Welche Entscheidung? Was bedeutet dieser Willensakt konkret?

Lieben impliziert etwas Radikaleres: frei zu wählen, sich durch den Akt der Verbundenheit mit dem anderen gestalten zu lassen — sich formen, berühren, verändern zu lassen durch die Art der Beziehung, die entsteht. Das improvisiert man nicht. Zugleich ist es kein Schritt, den man aus Sicherheit heraus geht, sondern aus Vertrauen.

Sind wir bereit, nicht unverändert daraus hervorzugehen?

Heiraten bedeutet nicht einfach, sich zu etwas zu verpflichten. Es bedeutet mehr: zu akzeptieren, dass man nicht derselbe bleiben wird. Nicht, weil man sich selbst aufgibt, sondern weil man sich freiwillig in eine Dynamik einlässt, die die eigene Identität neu strukturiert. Ein Willensakt ist kein isolierter Vorgang, sondern eine Weise, das eigene Ich zu formen. In diesem Sinne ist die Ehe eine der anspruchsvollsten Formen der persönlichen Selbstgestaltung.

Darum besteht Ehevorbereitung nicht darin, Werkzeuge anzusammeln, um „besser zu funktionieren". Sie bedeutet, sich einem inneren Wachstumsprozess zu öffnen: maßlos schenken zu lernen, zu vertrauen, wo es keine Garantien gibt, und über das Vernünftige hinaus zu lieben.

Die Frage ist nicht, ob wir verliebt sind, sondern ob wir wünschen, dass diese Verbindung uns prägt, uns modelliert, uns aus uns selbst herausführt, um uns dem Anderen zu schenken.

Und wenn dir alle schwierigen Seiten der Liebe zufielen?

Wahre Liebe bewährt sich nicht im Bequemen, sondern im Unbequemen. Deshalb genügt es vor der Ehe nicht, über Gemeinsamkeiten oder geteilte Träume zu sprechen. Es braucht die ehrliche Frage:

- Bin ich bereit, weiterzulieben, wenn ich nicht das erhalte, was ich erwartet habe?
- Werde ich die Müdigkeit des Anderen, seine Widersprüchlichkeit, seine Entscheidungen, die ich nicht teile, aushalten?
- Werde ich weiterhin vertrauen, auch wenn das Zusammenleben das Ideal abnutzt?
- Werde ich zulassen, auf eine andere Weise geliebt zu werden, als ich mir Liebe vorstelle?

Diese Fragen sollen den Partner nicht „testen", sondern zur tieferen Erkundung des eigenen Wunsches, zu lieben, einladen. Missversteht man sie, scheint Heiraten ein stoischer Akt zu sein, in dem man alles „erträgt", um das Versprechen zu verteidigen — und genau das würde die Ehe ebenfalls zerstören.

Leiden heißt, dem anderen Raum zu geben; es bedeutet, Kontrolle oder Anerkennung zu verlieren.

Es geht nicht darum, ob der andere meine Liebe „verdient", sondern darum, ob ich bereit bin, mich von dem formen zu lassen, was Liebe verlangt: Geduld, Demut, Verzicht, Schweigen, Treue — sogar in Zeiten der Trockenheit.

Loslassen des eigenen Ich: ein notwendiger Skandal

Das Loslassen des eigenen Ichs müsste nicht zwangsläufig Leiden bedeuten; doch die existenzielle Verschlossenheit, an der wir alle Anteil haben, bringt das Leiden in

die Gleichung. Über Leiden in der Liebe zu sprechen, wirkt in einer Kultur, die nach emotionaler Bequemlichkeit sucht, deplatziert. Aber die Wahrheit ist: Leiden ist nicht der Feind der Liebe — es ist ihre Echtheitsprobe. Wenn wir inmitten des Leidens lieben, zeigt sich, ob wir bestimmte Eigenschaften an der Person geliebt haben oder die Person selbst.

Warum leiden wir, wenn wir lieben? Wir leiden, weil wir wachsen. An unseren Grenzen, Ängsten und an der Schwierigkeit, aus uns selbst herauszugehen, geschieht etwas Neues. Leiden heißt, dem anderen Raum zu geben; es bedeutet, Kontrolle oder Anerkennung zu verlieren.

Jede Fähigkeit zu lieben, entsteht aus einer früheren Erfahrung: bedingungslos geliebt worden zu sein.

Die Ehe ist nicht die Lösung unserer inneren Leerräume, sondern die Schule, in der wir lernen, aus der Wahrheit unserer Kleinheit zu leben. Darum kann sie nur aufblühen, wenn der aufrichtige Wunsch vorhanden ist, nach und nach — geduldig — zu jemandem zu werden, der aufnehmen, vergeben und tragen kann.

Freiheit und Gemeinschaft: Liebe braucht beides

Eine der großen Fallen im Paarleben besteht darin, Einheit mit Verschmelzung zu verwechseln. In einer realen Ehe entsteht Gemeinschaft nicht dadurch, dass zwei sich auflösen, sondern dadurch, dass zwei Freiheiten sich verbinden, ohne aufzuhören, frei zu sein. Das verlangt, die Verschiedenheit zu nutzen, um etwas Neues aufzubauen, was keiner allein schaffen könnte.

Das erfordert eine seltene Reife: aufhören, den anderen kontrollieren zu wollen; seine Geschichte annehmen; seine Rhythmen respektieren; sogar tolerieren, dass seine Weise zu lieben, meinen Erwartungen nicht entspricht.

- Werde ich meine Sexualität als Gabe leben können statt als Forderung?
- Bin ich bereit, seine oder ihre Wunden zu pflegen, ohne Anerkennung einzufordern?
- Kann ich schweigen, wenn meine „Korrekturen" nicht aus Liebe, sondern aus Ungeduld entstehen?

Niemand liebt gut, wenn er nicht geliebt wurde

Jede Fähigkeit zu lieben, wurzelt in einer vorherigen Erfahrung: bedingungslos geliebt worden zu sein. Wenn das in unserer Geschichte nicht geschehen ist — oder wir es nicht erkannt haben —, tragen wir womöglich Wunden, die unsere Hingabe blockieren.

Darum sollte der Weg der Ehevorbereitung auch ein Weg der Heilung sein. Es lohnt sich, demütig anzuerkennen: Jede Ehe besteht aus zwei verwundeten Menschen — nicht aus Helden oder Märchenfiguren. Sich kennenzulernen heißt nicht nur, über Vorlieben und Werte zu sprechen, sondern auch den Mut zu haben, die eigene Armut zu teilen und dem anderen zu erlauben, sie ohne Urteil anzunehmen.

Das ist nicht leicht und braucht oft Begleitung. In diesem Sinn können Ressourcen wie jene auf www.acompañandoelcrecimiento.com sehr hilfreich sein, um in diesem Prozess mit Klarheit und Wahrhaftigkeit voranzugehen.

Liebe entsteht nicht aus Anspruch oder Pflicht, sondern aus Annahme und Vertrauen. Und um so zu lieben, muss man sich zuerst lieben lassen — auch dort, wo man sich am liebsten verbergen würde.

Ein Ruf, der über uns hinausweist

Schließlich — und das ist entscheidend für Glaubende wie Nichtglaubende — ist die Ehe ein Ruf, der uns übersteigt. Sie ist kein privates Projekt, sondern eine Weise, in der Welt zu sein: als Gabe, als Same, als Zeichen.

Wer glaubt, erkennt in der Ehe eine göttliche Berufung. Wer nicht glaubt, kann sie als zutiefst menschliche Aufgabe verstehen, die das ganze Dasein beansprucht. In beiden Fällen geht es um eine Einladung, aus sich selbst herauszutreten und sich von einer Beziehung formen zu lassen, die nicht auf unmittelbares Glück zielt, sondern auf geteilte Fülle.

Und das ist heute weiterhin revolutionär.

José Víctor Orón Semper
Mehr Info über den Autor über den QR-Code:
https://familyvalued.org/jose-victor-oron-semper/

Reflexionsfragen

Was bedeutet für dich die Vorstellung, dass die Ehe eine „Schule innerer Verwandlung" ist — und wie könntest du diesen Gedanken in deinem persönlichen Leben konkret werden lassen?

Bist du bereit, die schwierigen Seiten der Liebe (Geduld, Verzicht, Vergebung) anzunehmen, um in einer Beziehung zu wachsen?

Wie kannst du Freiheit und Gemeinschaft in deiner Beziehung so verbinden, dass weder deine Identität noch die deines Partners oder deiner Partnerin verloren geht?

Deine Notizen, Kommentare und Vorsätze

Weitere Artikel über
Vorbereitung auf die Ehe

Miriam Cenoz Larrea
Stiftung Entwicklungsbegleitung
Projekt UPTOYOU
Spanien

Die Verlobungszeit dient der Vorbereitung auf die Ehe

Zusammenfassung

Die Verlobungszeit ist eine Schlüsselphase zur Vorbereitung auf die Ehe; sie gründet auf gegenseitigem Kennenlernen und Respekt. Die eigene Verwundbarkeit und die des Anderen anzunehmen, ermöglicht gemeinsames Wachstum ohne Masken. Aufrichtige Kommunikation verhindert spätere Brüche und stärkt die Bindung. Wahre Liebe schenkt sich frei — auch im Warten. Diesen Weg der gemeinsamen Vorbereitung zu gehen, öffnet das Herz für ein erfülltes, geteiltes Leben.

Artikel

Vor einiger Zeit hörte ich einen Satz, der mich lächeln ließ und zugleich zum Nachdenken brachte: *„Wenn ein Paar heiratet, denkt die Frau, ihr Mann werde sich ändern — aber er ändert sich nicht. Der Mann denkt, seine Frau werde sich nicht ändern — aber sie ändert sich.“* Es ist bemerkenswert, wie unterschiedlich wir sind — und dennoch ist eine Gemeinschaft zwischen Mann und Frau möglich! Ein Geheimnis, auf das wir uns vorbereiten können, indem wir bestimmte Themen frühzeitig ansprechen, auch wenn der Weg erst beim Gehen entsteht.

Sich nicht dafür schämen, dass der Andere uns unvollkommen sieht, also so, wie wir wirklich sind.

Ich glaube, dass in meiner Ehe-Erfahrung genau dies das Wertvollste war: *„Da waren*

33

beide nackt, der Mensch und seine Frau, und sie schämten sich nicht" (Gen 2,25). Eine Freundin meiner Eltern sagte mir diesen Vers an meinem Hochzeitstag, und ich habe mich oft daran erinnert. Sich nicht dafür zu schämen, dass der andere unsere Unvollkommenheit sieht — wie wir wirklich sind.

In der Verlobungszeit, zu Beginn einer Beziehung, ist es natürlich, die eigenen Stärken und guten Seiten zu zeigen — in der Erwartung, dass der andere uns dann mehr lieben wird. Ebenso ist es natürlich, dass man zunächst eher die Tugenden des Anderen als seine Schwächen sieht. Doch mit der Zeit und durch gemeinsame Erfahrungen entdeckt man, dass der andere nicht so freundlich, großzügig und geduldig ist, wie man anfangs dachte, oder dass die andere nicht immer so heiter und optimistisch ist wie zu Beginn. Und je mehr man miteinander erlebt, desto schwieriger wird es, sich — metaphorisch gesprochen — zu „schminken", denn die Wirklichkeit beider Personen tritt hervor. Nicht, dass der Anfang unwahr gewesen wäre; vielmehr lernen wir einander tiefer kennen, und auch die Beziehung vertieft sich.

Aber mangelnde Kommunikation kann später Brüche öffnen, die sich in der Stille gebildet haben — langsam, aber schmerzhaft.

Um uns auf diese „Nacktheit" vorzubereiten, die noch nicht körperlich, sondern existenziell ist, ist es menschlich, dass Ängste auftauchen: Wird er mich lieben, wenn er sieht, wie ängstlich ich bin? Wird sie mich lieben, wenn sie merkt, wie schnell ich mich entzünde? Kann ich ihn lieben — oder will ich ihn lieben — wenn ich sehe, wie nervös er in bestimmten Situationen wird? Kann ich ihn lieben, wenn ich seine Neigungen sehe?

Die Verlobungszeit wird auf die Probe gestellt, und verschiedene Wege sind möglich. Einer ist, alles zu beenden: leicht aufzugeben, weil der andere nicht meinen Erwartungen entspricht — doch so scheinen wir weder als Personen noch in Beziehungen zu wachsen. Eine andere Möglichkeit ist, der anderen Person vorzuwerfen, was sie tut, ohne die eigenen Defizite und Ängste sehen oder anerkennen zu können. Das baut kein gemeinsames Haus. Eine weitere Option ist, nichts zu sagen und an unseren Ängsten, Gedanken und Tendenzen vorbeizuleben. Aber mangelnde Kommunikation kann später Brüche öffnen, die sich in der Stille gebildet haben — langsam, aber schmerzhaft.

Man könnte noch viele weitere Wege nennen, die zu fehlender gegenseitiger Unterstützung, zu oberflächlichen Beziehungen, zu Forderungen, zur Instrumentalisierung des anderen oder sogar zur Untreue führen können. Wenn es keinen aufrichtigen Dialog über das Innere gibt, sind wir nicht weit von Situationen entfernt, die wir uns nie hätten vorstellen können.

Aber Liebe — wenn sie wahre Liebe ist — ist auch Hingabe.

Darum glaube ich: Sich weder für sich selbst noch für den anderen zu schämen, den anderen anzunehmen, wie er ist, und ihm zugleich eine Umarmung anzubieten, um in dem zu wachsen, was er braucht — das ist wahrer Respekt in einer Verlobungszeit, die sich auf die sakramentale Ehe ausrichtet. Respekt bedeutet nicht, dass jeder „sein Ding" macht, ohne sich zu stören oder zu verletzen, sondern zu wissen, dass wir verschieden sind, und zu lernen, diese Unterschiede zu nutzen, um eine reichere Familie und eine reichere Gesellschaft zu gestalten.

Die Vorbereitung auf die Ehe ist ein wunderbarer Weg.

Ich denke, das ist ein weiterer Gesprächspunkt in der Verlobungszeit, der auf die Ehe zugeht: Wollen wir eine Ehe-Familie als „Ghetto" oder eine Ehe-Familie, die offen für die Gesellschaft ist? In welchen konkreten Erfahrungen und Entscheidungen leben wir bereits wie in einem „Ghetto" und wo leben wir gesellschaftsoffen?

Denn Liebe — wenn sie Liebe ist — ist Hingabe. Unsere Liebe nur für uns zu behalten, verarmt das Geschenk. Wenn es nicht gegeben wird, wird es geizig, verschlossen, starr und hat große Schwierigkeiten, andere aufzunehmen — sogar den Ehemann und die Ehefrau! Darum sind unsere Beziehungen zur Arbeit (deine und meine), zu Freunden (deine, meine, unsere), zu den Familien und zur Gesellschaft insgesamt bedeutsam und wirksam.

Ich glaube, es lohnt sich, in gewissen Abständen Fragen zu öffnen, für die der schnelle Rhythmus des Alltags oft zu wenig Raum lässt: Welche Entscheidungen treffen wir gerade? Worin glauben wir, richtig zu liegen — und worin irren wir? Was hilft uns bei dem, was gelingt? Können wir jemandem danken? Und bei dem, was misslingt: Welche Ängste oder Verletzungen beeinflussen uns? Welche Art von Leben und

Ehe tragen wir im Herzen? Müssen wir jemanden um Verzeihung bitten? Wie könnten wir wachsen — in unserer Organisation, in unserer Weise, in der wir miteinander sprechen?

Letztlich ist die Vorbereitung auf die Ehe ein wunderbarer Weg, der auf ein viel erfüllteres Leben vorbereitet — mit Licht und Schatten. Jede Erfahrung in dieser Zeit bestimmt nicht zwangsläufig, welche Ehe wir einmal sein werden, aber sie prägt uns. Darum ist es sinnvoll zu fragen: Wenn wir eine Ehe wollen, in der wir uns gegenseitig achten — wie achten wir uns heute konkret in der Verlobungszeit? Und worin achten wir uns nicht?

Ohne Angst, ohne Scham, ohne einander Schuld zuzuschieben — sondern um zu wachsen, einander beim Wachsen zu helfen, „eine Hilfe, die ihm entspricht" zu sein.

Weil ich dich liebe, warte ich darauf, dir meine Liebe in voller Weise zu zeigen, wenn wir die Ehe geschlossen haben.

Manchmal werden bestimmte Vorschläge als absurde und unterdrückende Regeln verstanden. Zum Beispiel: Warum in der Verlobungszeit keusch leben? Manche stellen diese Frage, um Sexualität in der Verlobungszeit so zu leben, wie es später in der Ehe der Fall ist: „Wenn wir uns lieben, warum sollten wir dann nicht miteinander schlafen?" Andere antworten: „Wir halten diese Zeit eben aus, und in der Ehe genießen wir dann ‚All-inclusive'." Auch das ist keine gute Weise, den sexuellen Akt als Respekt und Umarmung des anderen zu verstehen — als Hingabe; es nähert sich eher einem individuellen Genuss, bei dem ich dich benutze, den ich doch zugleich liebe.

Aber Momente der Nähe und des Ausdrucks von Liebe in der Verlobungszeit können bereits eine konkrete Art sein, einander zu sagen: „Weil ich dich liebe, warte ich darauf, dir meine Liebe in voller Weise zu zeigen, wenn wir die Ehe geschlossen haben." Bis dahin weiß ich, dass unsere Ausdrucksformen der Liebe nur teilweise sind — aber ich lerne zu warten.

Ein Paar — und jeder Mensch — muss nicht nur im sexuellen Bereich warten lernen, sondern auch in vielen anderen Situationen des Lebens, wenn man nicht ungeduldig und fordernd gegenüber anderen werden will. So eröffnet die Verlobungszeit sehr viele Gelegenheiten, die entscheidenden Haltungen zu üben, die uns in der Ehe ein Leben lang helfen werden.

Die Verlobungszeit bereitet uns darauf vor, die immer gleiche Welt neu zu machen. Sie hilft uns, uns kennenzulernen und zu entdecken: Gerade meine eigene Schwäche ist es, die mich mit dem anderen verbindet und unsere Beziehung vertieft. Darum — unabhängig vom Alter —: Welchen aufrichtigen Dialog kannst du mit deinem möglichen oder tatsächlichen Freund/deiner Freundin führen, oder mit deinem Mann/deiner Frau, wenn du verheiratet bist, der euch hilft, euch besser kennenzulernen oder gemeinsam zu wachsen?

Miriam Cenoz Larrea
Mehr Info über die Autorin über den QR-Code:
https://familyvalued.org/miriam-cenoz/

Reflexionsfragen

Wie kannst du in eurer Beziehung einen aufrichtigen und offenen Dialog fördern, um gegenseitigen Respekt und ein vertieftes Verständnis füreinander zu stärken?

Auf welche Weise kann die Annahme der eigenen Verwundbarkeit und der Verwundbarkeit deines Partners/deiner Partnerin die Beziehung während der Verlobungszeit bereichern?

Was bedeutet es für dich, Geduld und das Warten als Ausdruck wahrer Liebe in der Verlobungszeit zu üben?

Deine Notizen, Kommentare und Vorsätze

**Weitere Artikel über
Vorbereitung auf die Ehe**

Pep Borrell Vilanova
Zahnarzt
Buchautor & Familienberater
Vortragender
Spanien

Zehn Themen, die man vor der Eheschließung bedenken sollte

Zusammenfassung

Der Artikel hebt hervor, dass die Eheschließung die wichtigste Entscheidung des Lebens ist und nicht auf Glück beruhen sollte, sondern auf Urteilsvermögen und Engagement. Er warnt vor mangelnder Anstrengungsbereitschaft, dem negativen Bild von der Ehe und der Suche nach Perfektion. Er schlägt zehn Schlüssel für eine gute Wahl vor: Tugenden und Fehler akzeptieren, faule Menschen meiden, Respekt, Kommunikation und Keuschheit pflegen sowie über wesentliche Themen wie Glaube, Kinder, Familie, Politik und Wirtschaft sprechen. Er erinnert daran, dass Liebe eine Entscheidung ist, nicht nur ein Gefühl, und dass die Verlobungszeit dazu dient, sich kennenzulernen und sich voneinander zu unterscheiden. Er schließt damit, dass die Ehe keine Liste von Ratschlägen ist, sondern die feste Überzeugung, ein Leben lang zu lieben.

Artikel

Für eine Person mit der Berufung zur Ehe – und das sind die allermeisten von uns – ist die Wahl der Person, die man heiraten wird, ohne Zweifel die wichtigste

Entscheidung unseres Lebens. So oft sind wir uns nicht bewusst, wie entscheidend diese Wahl ist, und denken, dass eine glückliche Ehe eine Frage des Zufalls oder des Glücks ist, als wäre es eine Lotterie, jemanden zum Heiraten zu finden.

Heutzutage flieht man vor der Bindung, es heiraten weniger Menschen. Die Zahlen lügen nicht, das ist so, obwohl ich sehr viele junge Menschen kenne, die heiraten möchten, denen es aber sehr schwerfällt, sich zu entscheiden. Ich denke, dass mehrere Faktoren die Schwierigkeit beeinflussen, die richtige Person zu finden.

Die Jugend ist verängstigt und glaubt, dass die Ehe fürs ganze Leben etwas Unmögliches ist.

Das Erste ist die Bequemlichkeit, in der wir uns eingerichtet haben. Junge Leute leben im Allgemeinen in unseren entwickelten Ländern zu gut, zu bequem, ohne viele Verpflichtungen, gerade die nötigsten, und sich zu binden bringt Opfer mit sich. Wer nicht bereit ist zu leiden, ist nicht bereit zu lieben. Wir opfern uns sehr, um gut auszusehen; wir halten strenge Diäten und unternehmen erschöpfende Trainings, aber bereit zu sein, für andere zu leiden… dazu sind wenige Menschen bereit.

Ein weiteres wichtiges Thema ist der schlechte Ruf, den man der Ehe und der Familie verpasst hat. Man redet schlecht über die Ehe; wir machen Witze und Scherze darüber, die jedem die Lust am Heiraten nehmen. Ich sage gerne: „*Menschen wollen nicht heiraten aufgrund des schlechten Beispiels der Verheirateten.*" Wir geben kein gutes Beispiel; wir beschweren uns; wir meckern. Wir müssen erreichen, dass unsere Kinder sagen: „Ich möchte eine Ehe wie die meiner Eltern", und das erreicht man nur durch beständiges Beispiel und die Weitergabe der Freude, das eheliche Engagement zu leben.

Verliebt bin „ich"; ich fühle mich gut; Liebe bist „du"; ich werde mich aufopfern, damit du glücklich bist.

Schließlich, da wir schlecht über die Ehe reden und die Trennungsstatistiken dabei auch nicht helfen, ist die Jugend verängstigt; sie glaubt, dass die Ehe fürs ganze Leben etwas Unmögliches ist, und wird sehr anspruchsvoll bei der Partnerwahl. Sie finden niemanden, der alle Anforderungen erfüllt; sie wollen einen Märchenprinzen finden; sie wollen jemanden Perfekten, und es ist offensichtlich, dass es das nicht gibt – und wenn doch, ist er verheiratet. Außerdem ist uns die Welt zu klein geworden, und viele denken, dass sie einen Besseren finden können. Man sollte nicht zu viele Bedingungen stellen, um einen Freund oder eine Freundin zu finden, der oder die zu uns passt.

Anziehung und Verliebtheit sind Gefühle; die Entscheidung, zu lieben, ist Vernunft: Verstand und Wille.

Es ist sehr wichtig zu wissen, welche Dinge wirklich relevant für dich sind, und danach viele Leute kennenzulernen, um dich verlieben zu können, denn die Verliebtheit „kommt über dich". Niemand kann sagen: „Heute werde ich mich verlieben", sondern man verliebt sich. Das Entscheidende ist, dass du weißt, wenn dieses oft verrückte Gefühl durch den Kopf geht, zu unterscheiden: Passt er/sie zu mir? Das muss die Frage sein, die du dir in einem Moment der Klarheit stellen musst. Aber ich kann mich verpflichten zu lieben, nicht aber zu fühlen.

Das Gefühl kommt und geht; die Liebe ist Frucht des Willens. Ich entscheide mich, dich zu lieben, und deshalb kann ich heiraten, weil ich frei entscheide, dich zu lieben, komme, was wolle, und für das ganze Leben, im Wissen, dass es gute und schlechte Tage geben wird und dass alles, was sich in diesem Leben lohnt, Anstrengung erfordert. Aber Beziehungen findet man nicht; Beziehungen baut man auf. Eine Person, in die wir uns verlieben, finden wir anziehend, und wir entscheiden uns, jene Person zu lieben, in die wir uns verliebt haben und die uns überaus anziehend erscheint. Anziehung und Verliebtheit sind Gefühle; die Entscheidung, zu lieben, ist Vernunft: Verstand und Wille. Verliebt bin „ich", ich fühle mich gut, Liebe bist „du", ich werde mich aufopfern, damit du glücklich bist. Faszinierend.

Ich möchte zehn Themen vorschlagen, die man bedenken sollte, um einen Kandidaten zu finden, der es wert ist. Los geht's.

1. Was du siehst, ist das, was du bekommst

Wie oft höre ich von Verlobten, die Dinge an ihrem Partner ändern wollen, oder, noch schlimmer, die denken, dass er sich schon ändern wird, wenn sie erst verheiratet sind? Ja, er wird sich ändern, aber wahrscheinlich zum Schlechteren. Was du siehst,

ist das, was du bekommst, und die Verlobungszeit ist der richtige Moment, um dich selbst und die anderen kennenzulernen. Natürlich verändern wir uns mit der Zeit und versuchen, uns zum Besseren zu verändern, aber was wir nicht tun können, ist die Veränderung des Anderen zu verlangen. Veränderungen können wir nur bei uns selbst vornehmen. Wissen, worin wir uns verbessern wollen, und die nötigen Mittel einsetzen, um es zu erreichen. Deshalb sollten sich Verlobte fragen: Worin kann ich mich verbessern? Was gefällt mir an dir nicht?

Wenn du keine Fehler an deinem Partner siehst, heirate nicht, sondern lerne ihn weiter kennen, um fundiert urteilen zu können.

Aber es kann sein, dass du möchtest, dass sich dein Partner ändert – in etwas, das der andere weder sieht noch für nötig hält. Man muss darüber reden, man muss es wissen, und jeder selbst muss entscheiden, ob er sich verbessern will. Es ist unerlässlich, die Tugenden und Fehler des Anderen zu kennen; wir müssen in der Lage sein, eine Liste zu erstellen, in der es offensichtlich mehr Tugenden als Fehler geben muss, im Wissen, dass wir alle Tugenden und Fehler haben. Wir müssen unseren Freund/unsere Freundin mit seinen/ihren guten wie weniger guten Seiten lieben. Wenn du keine Fehler an deinem Partner siehst, heirate nicht, sondern lerne ihn oder sie weiter kennen, um fundiert urteilen zu können.

2. Vorsicht vor den „Faulen"

Heutzutage gibt es viele „Faule"; das haben wir schon in der Einleitung gesagt: Leute, die wenig bereit sind, sich anzustrengen, und die Verlobungszeit und danach die Ehe erfordern eine totale Hingabe. Wenn dein Freund sehr am Sofa hängt, ist er kein guter Kandidat. Es gibt drei Themen, die normalerweise am schwersten fallen. Das Essen, das Trinken und der Sex. Gewöhnlich sind die Männer fauler als die Frauen, obwohl es sich, wie in allem, zunehmend angleicht. Sie essen launisch, trinken zu viel und es fällt ihnen sehr schwer, sich in Fragen der Sexualität zu beherrschen; sie konsumieren Pornografie und benutzen andere Menschen zu ihrem eigenen Vorteil. Ein „fauler" Freund taugt nicht.

3. Die Verlobungszeit muss das Beste aus dir herausholen

Eine gute Verlobungszeit muss dich zu einem besseren Menschen machen, zu einem besseren Berufstätigen, zu einem besseren Freund deiner Freunde, zu einem besseren Sohn, zu einem besseren Bruder. Du musst das Beste aus dir herausholen, und wenn du gläubig bist, musst du dir immer diese Frage stellen: Bringt mich diese Beziehung näher an Gott oder entfernt sie mich von Gott? Eine Beziehung darf dich von niemandem entfernen, darf dich nicht nach unten ziehen. Eine Beziehung muss dich zum Strahlen bringen. Das Problem ist, dass die ersten Phasen der Liebe – die Anziehung und die Verliebtheit – reine Gefühle sind und uns oft den Verstand vernebeln. Hier spielen die Freunde eine grundlegende Rolle: Wenn wir sehen, dass ein Freund, seit er eine Beziehung hat, schlechter wird, haben wir, wenn wir ihn wirklich lieben, die Pflicht, es ihm zu sagen. In meiner Beratung sage ich jungen Menschen, dass Ratschläge von Eltern oft schwerer zu akzeptieren sind, ohne zu behaupten, dass Eltern nichts sagen sollen. Mit Vorsicht, denn oft sind wir nicht objektiv und die Freunde unserer Kinder erscheinen uns nie gut genug, aber ich bin sicher, dass, auch wenn das Kind den elterlichen Rat über seine Beziehung mit Unmut aufnimmt, dieser immer einen Eindruck in seinem Herzen hinterlassen wird. Eltern, hören nicht auf, Ratschläge zu geben; die Kinder, auch wenn sie es nicht sagen, erwarten sie und brauchen sie.

4. Keine Respektlosigkeit, niemals

Hier sind wir uns wirklich alle einig: die Regierung, die Erzieher und die Eltern. Respektlosigkeiten darf man niemals dulden, so klein sie auch sein mögen. Sie können schwerwiegend oder sehr subtil sein, manchmal schwer zu erkennen: bei Dingen wie der Kontrolle des Handys, der Art, sich zu kleiden, dem Ausgehen, übertriebener Eifersucht – wie der Slogan sagt: „Null Toleranz". Eine Freundin wird nicht angeschrien, nicht beleidigt, nicht geschubst, niemals, nichts. Es ist ein klarer Grund, eine Beziehung zu beenden.

5. Die Verlobungszeit ist zum Beenden da

So wie es klingt: Entweder du heiratest oder du machst Schluss. Das Problem ist, dass heutzutage Verlobungszeiten gelebt werden, die wie Ehen sind, und Ehen, die anfangen, Verlobungszeiten zu werden. Es gibt Paare, die es sehr gut haben; sie

reisen, teilen Hobbys, haben Sex und denken: *„Wir haben es so gut, dass wir es immer toll haben werden."* Sie genießen, aber sie lernen sich nicht kennen. Und es gibt Ehepaare, die nach Jahren der Verlobung, sogar des Zusammenlebens, heiraten und sich kurz darauf trennen. Unglaublich. Warum? Aber in Wirklichkeit kannten sie sich nicht. Denn sie hatten eine gute Zeit, aber sie sprachen nicht über die wirklich wichtigen Themen; oder, noch schlimmer: Als ein Thema aufkam, zogen sie es vor, es nicht zu diskutieren, und diesen Punkt wird dir das Leben auf jeden Fall präsentieren. Die Verlobungszeit ist zum Kennenlernen und Unterscheiden da; die Ehe ist zum bedingungslosen Hingeben und Genießen da.

6. Dass der Sex nicht einfach fließt

Die Sexualität ist die Sprache der Liebe, so definierte sie der heilige Johannes Paul II. Die Menschen brauchen den Körper, um auszudrücken, dass sie sich lieben. Wenn jemand keinen einzigen Muskel seines Körpers bewegen kann, kann er einem anderen nicht sagen, dass er ihn liebt. Er kann seine Liebe nicht ausdrücken.

Wenn der Amazon-Lieferant zu dir nach Hause kommt, was machst du? Küsst du ihn? Der Lieferant kommt nicht über die Tür hinaus; du gibst ihm nicht einmal die Hand, nimmst das Paket entgegen und bedankst dich, wenn du ein höflicher Mensch bist. Wenn jedoch ein Bekannter an der Tür klingelt, der dir Arbeitsunterlagen bringt, lässt du ihn herein und gibst ihm die Hand; wenn es ein Freund ist, umarmst du ihn, und wenn er dir vertraut, lässt du ihn sogar in die Küche und er holt sich ein Bier aus dem Kühlschrank; und wenn dein Vater klingelt, umarmst du ihn anders, aber herzlicher, weil du ihn lange nicht gesehen hast, und wenn dein Mann oder deine Frau hereinkommt, gibst du ihm/ihr einen Kuss. Das Maximum der Beziehung zwischen zwei Körpern ist Geschlechtsverkehr; es gibt keine größere Intimität. Und warum haben dann so viele Menschen Geschlechtsverkehr mit jemandem, den sie weniger kennen als den Amazon-Lieferanten?

Wenn wir höfliche Menschen sind, werden wir allen zulächeln und ihnen danken. Einer kleineren Gruppe werden wir die Hand geben, einer noch kleineren eine Umarmung oder einen Kuss, und nur EINEM EINZIGEN werden wir unser ganzes Sein hingeben, unseren Körper und unsere Seele. Aber wenn nicht, was ist dann für ihn oder sie reserviert?

Lebe die Sexualität, wie du willst, aber tu es nicht nur, weil alle es tun.

Die Gesellschaft sagt dir: Sex ist eine Sache und Liebe eine andere; es sind zwei verschiedene Dinge, und ich glaube aufrichtig, dass dies eines der wichtigen Probleme der heutigen Gesellschaft ist: dass wir mit der Liebe spielen. Du kannst deinen Körper nicht von deinem Wesen trennen; wir Gläubigen nennen es Seele. Du kannst den Körper nicht von der Seele trennen; sie trennen sich nur, wenn wir sterben. Wenn dich jemand küsst, ist es nicht ein Körper, der einen anderen Körper küsst, sondern jemand, der dich küsst. Wenn dich jemand berührt, sind es nicht zwei Körper, die sich berühren; es sind zwei Personen, deren Körper sich berühren. Und unser Körper ist heilig.

Lebe die Sexualität, wie du willst, aber tu es nicht, weil alle es tun; tu es, weil du es wirklich willst. Denke nach und entscheide. Und wenn du dich entscheidest, die Verlobungszeit, die eine Zeit des Kennenlernens ist, ohne Geschlechtsverkehr bis zur Ehe zu leben, dann gib dich dieser Person mit freier, totaler, treuer und fruchtbarer Liebe hin (Eigenschaften, die nur in der Ehe gegeben sein können). Das muss man von Anfang an in der Beziehung besprechen. In der Sexualität führt eine Handlung zur nächsten und bereitet den Körper auf die Begegnung vor. Wenn wir eine keusche Verlobungszeit ohne Geschlechtsverkehr leben wollen, müssen wir es mit Worten sagen, nicht mit Gesten. Wir müssen es beide klar haben, uns anstrengen, es zu erreichen, und diese Anstrengung für das Wohl unserer zukünftigen Ehe aufopfern.

7. Es ist grundlegend, miteinander zu reden, um sich gut kennenzulernen

Um sich gut kennenzulernen, ist das Reden grundlegend. Die Kommunikation im Paar ist in der Verlobungszeit und in der Ehe bedeutsam. Auch das Beobachten ist sehr wichtig, denn die nonverbale Sprache ist von besonderer Bedeutung, um eine Person kennenzulernen. Wie behandelt er/sie die anderen? Wie geht man bei ihm oder ihr zu Hause miteinander um? Wie behandelt er/sie die Kellner? Und die Kinder? Und seine/ihre Großeltern?

Die Paare müssen über alles und viel reden können. Es ist sehr wichtig, viele und sehr verschiedene Gesprächsthemen zu haben, denn wenn wir nicht gewohnt sind

zu reden, wird es schwierig sein, über wichtige Fragen und intime Punkte zu sprechen, die aus dem Herzen kommen.

Ich gebe gläubigen Verlobten gerne drei Ratschläge: „viel reden, zusammen beten und sich wenig anfassen."

Du solltest nicht heiraten, ohne fünf Themen gründlich besprochen zu haben. Es sind die, die die allermeisten Streitigkeiten zwischen Ehepaaren umfassen. Auch wenn ihr sie in der Verlobungszeit gründlich besprochen habt, bewahrt euch das nicht vor Problemen; es erleichtert euch die Dinge. Diese Themen, die unerlässlich sind, um sich gründlich kennenzulernen, sind:

A) Glaube. Welchen Glauben hast du? Welchen Glauben habe ich? Welchen Glauben wollen wir unseren Kindern weitergeben? Wie werden wir den Glauben leben? Wie wichtig ist der Glaube für dich oder für mich? Das ist ein grundlegendes Thema, das viele Streitigkeiten mit sich bringt, vor allem, wenn man es nicht auf dieselbe Weise lebt und es an die Kinder weitergeben will.

B) Kinder haben. Willst du Kinder haben oder nicht? Wie viele hättest du gerne? Was werden wir tun, um Schwangerschaften zu planen? Und wenn keine kommen, wozu wärst du bereit? Was denkst du und was weißt du über Methoden der künstlichen Befruchtung? Hältst du sie für ethisch? Wärst du bereit zu adoptieren? Was denkst du über Abtreibung? Und wenn wir ein Kind mit einer Behinderung haben? Unendlich viele Fragen, mit denen wir unseren Partner viel besser kennenlernen können. Sicher werden aus diesen Fragen wunderbare Gespräche entstehen, die eure Beziehung bereichern.

C) Kinder erziehen. Kinder zu haben und sie zu erziehen ist nicht dasselbe. Art der Schule, Bildungssystem, Hobbys, Sport... Ja, ich weiß, dass es sehr konkrete Dinge sind, die man offensichtlich nicht vorab entscheiden muss, bevor sie eintreten, aber sie werden uns sehr dabei helfen, uns gründlich kennenzulernen und zu sehen, was für uns beide wirklich wichtig ist.

D) Die Schwiegerfamilie. Das ist ein entscheidendes Thema, das in vielen Familien viel Kopfzerbrechen verursacht. Ich sage gerne, dass *„man die Schwiegerfamilie lieben muss, auch wenn sie es vielleicht nicht verdient"*, aber es ist klar, dass du deinen Mann, deine Frau heiratest und nicht die Schwiegermutter. Herzlichkeit und gute Erziehung sind in diesem Thema unerlässlich.

E) Arbeit zu Hause und außer Haus sowie wirtschaftliche Punkte. Ist einer von beiden bereit, seine Arbeitszeit zugunsten der Familie zu reduzieren? Arbeiten wir beide weiter wie verrückt? Wie machen wir es mit den Haushaltsaufgaben? Es gibt keine konkrete Regel; jedes Ehepaar entscheidet nach seinen Umständen, und solange es besprochen und von beiden akzeptiert ist, wird es richtig sein, im Wissen, dass die Haushaltsaufgaben mit Liebe bezahlt werden und einen unendlichen Wert haben. Und schließlich: Wie denkt ihr, die Finanzen zu führen? Wie werden wir uns wirtschaftlich verwalten? Ein einziges Bankkonto? Zahlen wir halbe-halbe und jeder hat sein eigenes Konto? Das hängt von vielen Dingen ab, unter anderem von der Steuerpolitik deines Landes, aber denke daran, dass du, wenn du kirchlich heiratest, dich „in Wohlstand und in Not" heiratest, und dass es nicht gut ist, „ein Fleisch" zu sein und parallele Wirtschaften zu haben.

Heirate so jung wie möglich, ohne Dummheiten zu machen.

Diese fünf Themen sind Pflichtgespräche vor der Ehe; keines darf unter den Tisch fallen. Oft gibt es Verlobte, die, um nicht zu streiten, nicht über Fragen reden wollen, die in ihrem Eheleben auf jeden Fall auftauchen werden, und das kann unangenehme Überraschungen mit sich bringen. Es stimmt auch, dass das Leben Veränderungen mit sich bringt und man nie über alles reden kann, was einem das Leben bringen wird; deshalb ist es schön zu träumen.

8. Die Zeiten in der Verlobung

Es gibt kurze und lange Verlobungszeiten, die im Allgemeinen vom Alter und der sozioökonomischen Situation abhängen, die zum Heiraten führen. Es ist klar, dass man sie je nachdem, ob sie lang oder kurz sind, unterschiedlich angehen muss. Wie lange ist die ideale Verlobungszeit? Es gibt keine ideale Zeit, aber man sagt, dass mindestens ein Jahr nötig ist, um deinen Partner oder deine Partnerin in allen Jahreszeiten kennenzulernen. Ich bin ein Befürworter junger Ehen und mein Spruch ist: *„Heirate so jung wie möglich, ohne Dummheiten zu machen."*

Ein anderes Thema sind die festgefahrenen oder endlosen Verlobungen. Leute, die immer verlobt leben wollen, ohne jedes Interesse daran, sich zu binden, erleben eine solche Verlobung meistens schlecht. Eine Verlobung muss immer eine Zukunftsvision haben; wenn sie nicht funktioniert, beendet man sie. Denn wie wir gesagt haben, ist die Verlobungszeit da, um sie zu beenden: Entweder heiratest du oder machst du Schluss. So gibst du einem anderen/einer anderen die Gelegenheit.

9. Der Glaube in der Verlobungszeit

Wir haben schon gesagt, dass man über den Glauben, den man hat, und darüber, wie man ihn lebt, reden muss. Wenn ihr gläubige Verlobte seid, müsst ihr zusammen für eure Ehe und die Anliegen beten, die jeder in seinem Herzen trägt. Wenn du ledig bist und einen Partner suchst, musst du jeden Tag für den/die Freundin/den Freund beten, den/die du nicht hast, der/die aber existiert. Es ist sehr schön zu denken, dass dein Freund/deine Freundin existiert, und so sagst du ihm/ihr an dem Tag, an dem du ihn/sie kennst: *„Ich bete seit fünf Jahren jeden Tag für dich."* Das ist ein sicherer Erfolg. Ich gebe gläubigen Verlobten gerne drei Ratschläge: *„viel reden, zusammen beten und sich wenig anfassen."*

10. Meinungssachen, wichtige Sachen und schwerwiegende Sachen

Wir haben schon gesagt, dass wir verschiedene Menschen sind, aus verschiedenen Familien, mit unterschiedlichen Gewohnheiten, alle mit Tugenden und Fehlern. Es geht darum, zu wissen, welche Aspekte in einer Beziehung entscheidend zu beachten sind. Es gibt Meinungssachen, die nicht grundlegend sind und die wir nicht nur akzeptieren müssen, sondern auch anstrengen, damit sie uns gefallen. Es gibt wichtige Sachen; das sind die, die wir normalerweise in den fünf Themen behandeln, von denen wir gesprochen haben; diese muss man gründlich bewerten und entscheiden. Jeder wird wissen, was für ihn mehr oder weniger wichtig ist, und während der Verlobungszeit entscheiden, ob wir uns hingeben. Und schließlich gibt es schwerwiegende Sachen, und schwerwiegenden Sachen darf man *„nicht nachgeben"*. Bei einer schwerwiegenden Situation, in der es sinnvoll ist, zu handeln oder zu denken, zögere nicht, mach Schluss.

Bis hierher meine 10 wichtigsten Dinge, die man vor der Eheschließung bedenken sollte. Aber ich möchte mit einem Satz eines guten Freundes schließen, Don José Fernández Castiella: *„Die Ehe ist kein Thema von Empfehlungen oder Ratschlägen, es ist die feste Überzeugung, eine Person mit einer Liebe zu lieben, die uns übersteigt."* Es ist die wichtigste Entscheidung unseres Lebens.

Pep Borrell Vilanova

Mehr Info über den Autor über den QR-Code:
https://familyvalued.org/pep-borrell-vilanova/

Reflexionsfragen

Wie kannst du sowohl die Tugenden als auch die Fehler deines Partners erkennen und wertschätzen, um eine Beziehung aufzubauen, die auf Respekt und gegenseitiger Akzeptanz beruht?

Welche Bedeutung haben für dich Engagement und Opferbereitschaft in der Liebe, und wie kannst du sie in deinem Paarleben anwenden?

Warum ist es wesentlich, während der Verlobungszeit über grundlegende Themen wie Glauben, Kinder oder Wirtschaft zu sprechen? Und wie glaubst du, dass diese Gespräche deine zukünftige Ehe beeinflussen können?

Deine Notizen, Kommentare und Vorsätze

**Weitere Artikel über
Vorbereitung auf die Ehe**

Clara María Arranz Hierro
Doktorin der Rechtswissenschaften
Hochschuldozentin
Fachanwältin für Zivil- und kanonisches Recht
Universität CEU San Pablo
Spanien

Schlüssel zum Aufbau eines glücklichen Lebens in der Ehe

Zusammenfassung

Ausgehend von der persönlichen und gesellschaftlichen Bedeutung von Ehe und Familie als Weg zu Glück und Erfüllung wird in diesem Text die Frage der Ehevorbereitung behandelt, und es werden praktische Empfehlungen für Eltern, Erziehende und Begleitpersonen junger Menschen gegeben, damit diese im Prozess anleiten können.

Artikel

Der Mensch wünscht sich nichts anderes, als glücklich zu sein. Schon vor mehr als zweitausend Jahren hatten die griechischen Philosophen diese der menschlichen Natur eigene Wahrheit erkannt (1). Die Suche nach dem Glück leitet all unsere Lebensentscheidungen — bewusst oder unbewusst.

Da wir andererseits von Natur aus soziale Wesen sind, können wir das Glück, das wir suchen, nicht in der Einsamkeit erreichen, sondern nur in Beziehung zu anderen. Die Ehe ist ein privilegierter Weg, um diese Suche nach Glück in Gemeinschaft zu leben: Sie ist ein Liebesbund, in dem die Ehegatten sich einander frei und vollständig schenken und einander frei und vollständig annehmen. Daher die unbestreitbare Rolle, die diese Institution in allen Kulturen gespielt hat.

Die Familie, die als Frucht der Vereinigung der Ehegatten entsteht, ist ebenfalls eine Wirklichkeit von großer Bedeutung, denn sie ist die erste natürliche Gesellschaft, das Fundament und Zentrum der Zivilgesellschaft, die grundlegende Zelle, in der der Mensch geboren wird, wächst und lernt, zwischenmenschliche Beziehungen in einem Umfeld unentgeltlicher Liebe zu leben.

Angesichts der Bedeutung von Ehe und Familie für den Einzelnen und für die Gesellschaft insgesamt ist es entscheidend, sich angemessen darauf vorzubereiten, solche Verpflichtungen zu übernehmen — umso mehr, als leider immer mehr Ehen an ihrem Projekt gegenseitiger Liebe scheitern und immer mehr Familien zerbrechen.

Doch wie bereitet man sich auf die Ehe vor? Wie kann man junge Menschen, die sich auf diesen Weg vorbereiten wollen, seitens der Bildung, Psychologie usw. unterstützen? Gibt es Ressourcen, um sicherzustellen, dass die Entscheidung, zu heiraten, so bewusst und freiwillig wie möglich getroffen wird? Wie können wir unseren Kindern helfen, damit ihre Ehe die bestmöglichen Erfolgsaussichten hat?

Aus unserer Erfahrung in der Praxis des kanonischen Eherechts und der persönlichen Begleitung sind wir der Ansicht, dass die Vorbereitung auf die Ehe ein faszinierender Prozess ist, in dem wir drei notwendige Etappen unterscheiden sollen: eine ferne, eine mittlere und eine unmittelbare.

Ferne Vorbereitung: zur Liebe erziehen und die Schönheit der Ehe zu schätzen lernen.

Die Vorbereitung auf die Ehe beginnt in der Kindheit, lange bevor eine Person überhaupt daran denkt, zu heiraten. Wenn die Familie der prototypische Ort persönlichen Wachstums ist, dann gehört zu den Wirklichkeiten, in denen die Familie ihren Mitgliedern beim Wachsen helfen muss, die Einübung der Tugenden, die ein unverzichtbares Werkzeug dafür sein wird, damit sich der Mensch in seinem sozialen Leben zurechtfindet. So wird das Leben bestimmter Tugenden wesentlich sein, um die Grundlagen eines glücklichen Ehelebens richtig zu legen.

Da die Ehe eine Liebesbeziehung ist, ist es wichtig, dass ein Kind von klein auf in jenen Tugenden erzogen wird, die man zum Lieben braucht: Großzügigkeit, Loslösung, Dienstbereitschaft, Respekt, Verständnis, Aufrichtigkeit. Ein junger Mensch, der nicht dazu erzogen wurde, sich zu verschenken, wird dies schwerlich tun können, wenn er heiratet. In diesem Sinne sollte man — um ein Beispiel zu nennen — bei jungen Menschen keine Lebensformen fördern, die sie isolieren oder ihnen die Erfahrung des Lebens in Familie oder Gemeinschaft nehmen, denn dies ist die beste Schule für die Hingabe an andere.

Für diese Arbeit der *„Herzensbildung"* zum Lieben ist die Aufgabe der Eltern und Erziehenden unentbehrlich. Eine zweite Dimension, in der Eltern ihren Kindern bei der Vorbereitung auf die Ehe helfen können, besteht darin, ihnen an der Schönheit dieses Lebensstandes teilhaben zu lassen. Durch ihr eigenes Beispiel oder durch Zeugnisse von Ehepaaren, die ihren Weg der Hingabe glücklich gelebt haben, können sie zeigen, dass diese Berufung eine erfüllende Option ist — auch unter schmerzhaften Umständen wie Krankheit oder Leid.

Mittlere Vorbereitung: die Bedeutung der Unterscheidung.

In der Jugend stellt sich bei Menschen häufig die Frage, welchen Lebensstand sie wählen sollen. Meist wird diese Überlegung nicht abstrakt angestellt („Möchte ich heiraten, unverheiratet bleiben, das religiöse Leben wählen?"), sondern die Frage wird durch eine persönliche Begegnung ausgelöst, die das Herz berührt.

Worin bestünde die Vorbereitung auf die Ehe in dieser zweiten Etappe? Vor allem darin, eine klare Unterscheidung zu treffen. „Unterscheiden" bedeutet etymologisch, eine Sache von einer anderen zu trennen und klar auseinanderzuhalten. Im ehelichen Bereich bezieht sich die Unterscheidung auf die Fähigkeit, die eine Person haben muss, zu verstehen, zu differenzieren und zu beurteilen, was die Institution der Ehe ist, die sie gründen will, und wer die Person ist, mit der sie diese gründen will.

Um jungen Menschen zu helfen, diese Unterscheidung zu treffen, ist es sehr wichtig, ihnen eine fundierte theoretische Bildung über die Ehe zu vermitteln, einschließlich ihrer wesentlichen Elemente und Ziele. Sie müssen wissen, dass es sich um eine Lebensgemeinschaft in Einheit handelt, die von Natur aus vollständig und umfassend sein soll und daher keine Bedingungen oder Einschränkungen zulässt. Ebenso müssen sie wissen, dass als Frucht der ehelichen Liebe Kinder hervorgehen können, die sie mit Verantwortung und Hingabe aufnehmen und erziehen sollen.

Ein weiteres Schlüsselelement der vorehelichen Unterscheidung ist die Freiheit gegenüber äußerem Druck und inneren Bindungen, die das Urteil beeinträchtigen.

Nehmen wir ein Beispiel: Eine Ehe, die allein aus der Motivation geschlossen wird, die Zustimmung der Familie zu erhalten, oder um eine unkontrollierbare körperliche Anziehung zu befriedigen, ist — sofern sie nicht korrigiert wird — auf ein krachendes Scheitern angelegt.

In diesem Sinne ist es ratsam, unseren Kindern zu raten, sich in die bestmögliche Lage zu versetzen, um sich unterscheiden zu können. Unter anderem sollten sie vor der Eheschließung keine Entscheidungen treffen, die sie lebensprägend an eine andere Person binden, weil Verpflichtungen, die eher dem Eheleben eigen sind (wie gemeinsam ein Haus zu kaufen oder sich vollständig mit Leib und Seele hinzugeben), der vorehelichen Unterscheidung Freiheit nehmen.

Zusammengefasst sucht man in dieser mittleren Vorbereitung, an der sowohl Eltern als auch Erziehende und andere Begleitpersonen mitwirken können, dem jungen Menschen zu helfen, zu einer Person zu werden, die fähig ist, in Freiheit zu entscheiden: mit voller Kenntnis dessen, was sie wählt, und mit voller Bereitschaft, es zu übernehmen.

Unmittelbare Vorbereitung: persönliche und gemeinschaftliche Verantwortung.

Die unmittelbare Vorbereitung setzt de facto eine Art Überprüfung der mittleren Vorbereitung voraus. Diese Prüfung nehmen nicht nur die zukünftigen Ehegatten vor, sondern auch ihre Familien, Freunde oder Begleitpersonen. Da die Ehe ein öffentlicher Akt ist, der nicht nur Auswirkungen auf die Ehegatten, sondern auch auf die ganze Gesellschaft hat, zeigt die jahrhundertelange weltliche und religiöse Tradition, dass auch die Vorbereitung darauf eine öffentliche Angelegenheit ist: Die bevorstehende Eheschließung wird den Familien und der Gemeinschaft angekündigt; von den Brautleuten wird — im Fall der kanonischen Ehe — verlangt, eine bestimmte öffentliche Vorbereitung vor der Ehe nachzuweisen usw.

Es ist der Moment, in dem diejenigen, die die Brautleute begleiten, ihnen mitteilen müssen, ob sie der Ansicht sind, dass irgendein Faktor vorliegt, der das Eheleben erschweren oder verhindern könnte. Darum verlangt diese Etappe von den zukünftigen Ehegatten eine Haltung der Transparenz und Offenheit, die in der Praxis zwar nicht leicht ist, aber grundlegend ist, um die Feier von Ehen zu verhindern, die nicht geschlossen werden sollten.

Wenn Eltern beispielsweise bei ihrem Kind eine ungewöhnliche Eile zu heiraten sehen oder erkennen, dass die Beziehung offenkundig unreif ist oder dass währenddessen noch nicht gelöste Probleme sichtbar geworden sind, dann müssen sie es ihm so mitteilen, dass das Kind — falls es nicht in der Lage war, es selbst zu erkennen — vor der Eheschließung über möglichst viele Informationen verfügt, bevor es seine eheliche Zustimmung gibt. Diese Begleitung ist mit großer Behutsamkeit und Diskretion zu leisten, denn die Freiheit der Person ist heiliges Terrain.

Während der unmittelbaren Vorbereitung sollten die Brautleute tief darüber nachdenken, was sie feiern werden, und sich so gut wie möglich darauf vorbereiten, die eheliche Zustimmung in voller Weise zu erteilen und sie zu leben. So ist es unter anderem ratsam, dass das Paar darüber nachdenkt, wie das Eheleben aussehen wird, und über die Schwierigkeiten spricht, die das gemeinsame Leben mit sich bringen kann, etwa über Routine, Krankheit und das Verhältnis zur Arbeit. Sie sollten erst heiraten, wenn sie nach ehrlicher Selbstprüfung der Meinung sind, reif genug zu sein, um diesen Schritt zu gehen.

Und nach der Hochzeit? Die Begleitung von Ehepaaren.

Die Ehe ist nicht nur ein Akt — der Akt des Eheschließens —, sondern auch ein Lebensstand, eine Gemeinschaft des Lebens und der Liebe. Diese benötigt gelegentlich Begleitung oder externe Hilfe (z. B. Beratung, Mediation) in Krisensituationen. Es ist wichtig, unsere jungen Menschen zu lehren, Hilfe demütig zu erbitten und anzunehmen, wenn sie erkennen, dass sie Hilfe brauchen; denn mitunter hängt der Erfolg der Ehe davon ab.

Fazit
Als Eltern, Erziehende, Psychologen, Juristen, Begleitpersonen junger Menschen usw. stellt sich uns die Herausforderung, jungen Menschen die Schönheit der Ehe zu zeigen und ihnen zu helfen, den Prozess der Vorbereitung auf die Ehe in all seinen Etappen gut zu leben, indem wir ihnen die Ressourcen zur Verfügung stellen, die uns erreichbar sind, um diesen faszinierenden Weg fruchtbar zu machen.

(1) Aristoteles, Nikomachische Ethik, 1101.

Clara María Arranz Hierro
Mehr Info über die Autorin über den QR-Code:
https://familyvalued.org/clara-maria-arranz-hierro/

Reflexionsfragen

Wie können Eltern und Erziehende bei jungen Menschen von Kindheit an die Tugenden fördern, die notwendig sind, um solide und dauerhafte Beziehungen aufzubauen?

Welche Rolle spielt die Unterscheidung in der Phase vor der Ehe, und wie kannst du sie anwenden, um freie und bewusste Entscheidungen über deine Zukunft zu treffen?

Warum hältst du es für wichtig, in der Phase der unmittelbaren Vorbereitung über die Herausforderungen des Ehelebens nachzudenken und in den Dialog zu treten?

Deine Notizen, Kommentare und Vorsätze

**Weitere Artikel über
Vorbereitung auf die Ehe**

María Álvarez de las Asturias
Institut Coincidir
Spanien

Angst vor Bindung oder an die Liebe glauben?

Zusammenfassung

Hinter der scheinbaren Angst vor Bindung stehen junge Menschen, die sehr wohl für immer lieben wollen, aber nicht wissen, wie sie das schaffen sollen. Mangelnde affektive Bildung, das romantische Ideal und sozialer Druck erzeugen Unsicherheit und fragile Beziehungen. In der Liebe von Kindheit an zu erziehen — mit Vernunft, Gefühl und Willen — ist entscheidend, um die Ehe als freie und erfüllte Wahl zu leben. Die Verlobungszeit sollte eine Phase realistischer und ehrlicher Unterscheidung sein, nicht nur Vorbereitung auf eine Hochzeit. Lieben heißt, den anderen so anzunehmen, wie er ist, und gemeinsam ein treues, dauerhaftes und zutiefst menschliches Projekt aufzubauen.

Artikel

Auch wenn man uns sagt, dass junge Menschen nicht heiraten, weil sich die Zeiten geändert hätten und Heiraten aus der Mode gekommen sei, gibt es mehr als genug Hinweise, die in eine andere Richtung deuten.

In Sitzungen der Ehe- und Beziehungsseelsorge für junge Menschen hat man mich gebeten, auch Vorträge für Singles zu organisieren, die eine Familie wünschen, aber keinen Partner finden. Sofort kommt einem das Klischee vom vierzigjährigen Single in den Sinn, der nicht mehr weiß, wo er suchen soll — doch als die Sitzung begann ... war es dasselbe Publikum im Alter von 25 bis 35 Jahren.

Wie ist es möglich, dass Zwanzigjährige sich wünschen, eine Familie zu gründen, und zugleich davon ausgehen, dass es nicht passieren wird?

Es spielen mehrere Elemente hinein: Man spricht meist von Angst vor Bindung, die sie nicht nur daran hindert, eine Beziehung einzugehen, sondern auch daran, sich für neue persönliche Beziehungen zu öffnen. Diese Angst wurzelt oft in einer fast immer unbegründeten Unsicherheit — und ist dennoch so bedrängend, dass sie eine ganze Generation gelähmt hat: Wir erziehen sie mit der Botschaft, „Wollen ist Können", und mit der Überzeugung, dass sie als Herren ihres Lebens tun können, was ihnen beliebt. Indirekt führt das dazu, dass sie glauben, jedes Scheitern sei ihre Schuld. Das erzeugt eine Fragilität, die den Mut auslöscht. Mut, der andererseits gar nicht mehr nötig zu sein scheint, denn eine Nachricht über Instagram zu schicken, erfordert weniger Courage als das Mädchen anzurufen, das man mag.

Viele junge Menschen wünschen sich eine Liebe für immer, wissen aber nicht, wie sie diese erreichen können.

Dazu kommen die Klischees wie: „Ich bin nicht bereit zu heiraten, weil das Verzicht, Hingabe, ein Leermachen meines eigenen Lebens bedeutet ..." — und das gibt uns einen Hinweis: Junge Menschen (und viele Ältere) haben nicht verstanden, worum es in der Ehe geht: um eine doppelte Wahl — der Person (ich wähle dich) und der Beziehungsform (für das ganze Leben, in einer Liebesunion, die sich gegenseitig schenkt und empfängt).

Und schließlich ist da die Emotionalität: Gefühle ändern sich, und sie wissen nicht, wie sie damit umgehen sollen. Das Mädchen, das am ersten Tag dafür sorgte, dass er jedes Mal, wenn sie durch die Tür kam, einen Mini-Herzinfarkt bekam, löst diesen Effekt nun nicht mehr jedes Mal aus — was normal ist —, und er schließt daraus, dass sie mich nicht mehr mag. Und obwohl der Mini-Herzinfarkt oder die Schmetterlinge im Bauch, oder wie ihr es nennen wollt, ein fantastisches Gefühl sind, hängt es auch vom Charakter jedes Einzelnen ab, ob man es so stark oder ruhiger empfindet, und es dennoch Liebe ist. Und die Ehe hat — neben der emotionalen Komponente —

noch weitere Bestandteile, die sie sogar viel, viel besser machen können. Dafür müssen wir die jungen Menschen jedoch vorbereiten.

„Aber es gibt doch schon Ehevorbereitungskurse." Natürlich, und ausgezeichnete. Doch so wie die Angst vor Bindung häufig in tieferen Ängsten verwurzelt ist, muss auch die Lösung über eine bloß theoretische Erklärung hinausgehen und beim eigenen Leben und in der eigenen Erfahrung ansetzen — so wie es Johannes Paul II. getan hat, als er junge Verlobte und Ehepaare begleitete und uns seine Theologie des Leibes hinterließ. Haben junge Menschen, denen man ständig wiederholt, sie seien nicht zu endgültigen Lieben fähig, lebenslange feste Freundschaften, würden sie ihr Leben für ihre Freunde geben und — wie wir Eltern manchmal sagen — „und wenn dein Freund xy dir sagt, du sollst von einer Brücke springen, springst du dann?" Sie müssten es sich überlegen. Sie leben in der Freundschaft alle Merkmale ehelicher Liebe: Sie lieben von ganzem Herzen und verteidigen die Bindung mit absoluter Treue zum gegebenen Wort. Folglich sind sie vollkommen fähig zu einer endgültigen Liebe und Ehe — auch wenn sie es nicht wissen.

Der Schlüssel, um „Ja" zu einem ganzen Leben zu sagen, liegt darin, Gefühl, Vernunft und freie Entscheidung zu verbinden.

Papst Franziskus hat das in *Amoris Laetitia* sehr klar gemacht, als er erneut auf einer Ehevorbereitung bestand, die sogar schon in der Kindheit beginnt — und darin ebenfalls Johannes Paul II. folgte. Wie kann es sein, dass die priesterliche Berufung Jahre des Studiums erfordert, um schließlich gelebt zu werden, und dass für die eheliche Berufung ein paar Monate genügen sollen? Das gemeinsame Leben, die glücklichen Momente, die Krisen, die Elternschaft ... und allgemein die Liebe über den Tod hinaus (Achtung: nichts von „bis dass der Tod uns scheidet" — der Tod kann die Liebe nicht auflösen) sind wunderbare Wege, die eine gewisse Hilfe brauchen, um sie zu verstehen und so möglichst voll zu genießen — oder in schlechten Momenten gemeinsam zu lösen.

„Aber schon in der Kindheit? Ist das nicht ein bisschen zu viel?" Nein, denn viele Kinder bekommen ihr Smartphone zur Erstkommunion, was ihnen direkten Zugang zu Pornografie verschafft — eine der größten Gefahren für die Liebe. Wenn diese Kinder die Schönheit der Liebe nicht gesehen haben, bevor das passiert, sind sie

bereits „kontaminiert", und es wird schwierig, die Spur der Pornografie zu löschen, um darüber hinweg die Bedeutung der Liebe neu zu schreiben. Darum ist es sehr wichtig, sie in der Liebe Gottes und der menschlichen Liebe zu erziehen: Denn aus der Erklärung der menschlichen Liebe gelangt man dazu, die göttliche Liebe zu entdecken, und wer die göttliche Liebe entdeckt hat, versteht die menschliche Liebe besser. Und das lehrt man, indem man ihnen zeigt, dass Liebe nicht Verzicht auf sich selbst ist, sondern Öffnung und Begegnung mit dem anderen.

Wer den anderen so kennt und annimmt, wie er ist, kann gemeinsam mit ihm wachsen — auch in der Krise.

Wenn sie das von klein auf erkennen, verflüchtigt sich die Angst vor Bindung allmählich; außerdem werden ihre affektiven Fähigkeiten und sogar ihre Art zu sein gestärkt: aufmerksamer und rücksichtsvoller gegenüber anderen sowie viel fröhlicher. Darum ist es sehr wichtig, dass Familien, in denen Ehe gelebt und gewollt wird, ihre Türen Kindern aus zerbrochenen Familien öffnen: damit sie sehen können, dass diese Ehe, die bei ihren Eltern nicht möglich war, dennoch ein attraktiver Lebensentwurf bleibt und dass man sie glücklich leben kann.

In dieser Bildung — sowohl für Kinder als auch für Jugendliche — ist es gut, dass sie nach und nach die drei Elemente erkennen, aus denen Liebe besteht (Gefühle, Vernunft und Wille), denn man muss bemüht sein, ein Gleichgewicht zwischen diesen drei Elementen zu bewahren, um ein erfülltes und gutes Lieben über das ganze Leben hinweg zu leben.

Gefühle und Emotionen: Liebe beginnt meist emotional. Zwei Menschen lernen sich kennen, mögen sich, verabreden sich und reden. Wenn sie Zeit investieren und einander wirklich kennenlernen, kommt die Vernunft ins Spiel.

Vernunft: Das Gefühl wird zum Nachdenken, indem man dem anderen zuhört und über das Gesagte nachdenkt: ob man es gut aufnimmt, ob man übereinstimmt und allgemein ob man sich gegenseitig versteht. Es geht darum, in dem übereinzustimmen, was für beide im Leben fundamental ist, und dass man Unterschiede, die es gibt, mögen oder ohne große Anstrengung respektieren kann. Und hier kommt der Wille.

Wille: Wenn diese Liebe gefühlt und durchdacht wurde, entscheiden sie, einander zu wählen: „Ich wähle dich und ich schenke mich dir."

Und mit Blick auf die Ehevorbereitung wird es dann endgültig ernst. Oft sind sich die Verlobten wegen dieses Mangels an Bildung in Sachen Liebe und Ehetheologie nicht einmal bewusst, warum sie heiraten und was das bedeutet. Denn die Ehe ist eine doppelte Wahl: Ich wähle **dich** in einer Verbindung für das **ganze Leben**. Und manchmal denken Verlobte, es sei etwas Vorübergehendes, oder dass sie in Zukunft vielleicht eine dieser beiden Wahlen vernachlässigen könnten.

Eine gute Übung, um Fehler zu vermeiden, ist: Statt in der Vorbereitung zu fragen „Willst du nach den Normen der Kirche heiraten?", sollte man die Verlobten getrennt fragen, was Ehe für sie bedeutet — und ihr wärt überrascht, wie oft die Antworten beider unterschiedlich sind, was bereits ein schlechter Anfang ist (wenn auch nie irreparabel, vor allem, wenn sie diese Unterschiede vor der Hochzeit erkennen). Das deutet oft darauf hin, dass sie loslegen mit Blick auf das Hochzeitsdatum, das Kleid, den DJ, das Bankett ... ohne stehenzubleiben und darüber nachzudenken, was eine Ehe in Wahrheit ist.

„Uff, María, die Lage ist schlimm, aber gib uns einen Rat und hör auf, nur auf die Fehler hinzuweisen!"

Es gibt tausende gültige Wege, in der Liebe zu erziehen und darin, was Ehe und Hingabe für den anderen bedeuten. Wie gesagt: Ehe ist eine doppelte Wahl — ich wähle dich, für immer. Darum ist es sinnvoll, sie von Anfang an noch einmal durchzugehen, sich hinzusetzen, mit dem anderen zu sprechen und diese Wahl zu klären:

- Ich wähle dich — warum? Welche Tugenden und Schwächen sehe ich an dir? Was gefällt mir am meisten und was fällt mir an unserer Beziehung am schwersten? Gibt es etwas, wobei ich denke: „Das wird sich schon ändern"?
- Ich wähle eine Art, meine Liebe mit dir zu leben: Sag mir, welche Bestandteile du in dieser Beziehung willst: für immer oder nicht? In Treue oder nicht? Offen für Kinder oder nicht? Sakramental oder nicht?

Diese doppelte Wahl hängt vollständig vom Willen der Verlobten ab und wird ergänzt durch das, was ich den *„Brief an die Heiligen Drei Könige"* nenne: Er

beantwortet sehr wichtige Fragen, die wir nicht zu 100 % kontrollieren und bei denen die Krisen entstehen, die in der Ehe unvermeidlich auftreten: **Möchten wir Kinder oder nicht — und falls ja: viele, wenige ...?** Welche Erziehung würden wir uns für sie wünschen? Wo würden wir am liebsten leben? Wie hätten wir gern die Beziehung zu Freunden oder zur Familie? Wie wollen wir Familien- und Arbeitsleben vereinbaren? Für welches Güterrecht entscheiden wir uns?

Diese Übung hilft uns, uns gegenseitig besser kennenzulernen, denn normalerweise ist es so: Wenn ihr euch sonst zum Abendessen trefft, ins Kino geht oder auf eine Feier ... dann kommt es euch vielleicht nicht natürlich vor, über so etwas zu sprechen. **Aber diese Fragen helfen, der anderen Person näherzukommen, Unterschiede zu klären ... und außerdem Krisen vorzubeugen!**

Stellen wir uns vor, ein Paar ist sich einig, dass es drei Kinder haben möchte — aber leider vergeht die Zeit und sie kommen nicht. Es wird eine Krise entstehen, die sie gemeinsam überwinden müssen. Wenn sie jedoch schon wussten — weil sie es bereits besprochen hatten —, dass das, was sie sich für ihr gemeinsames Leben wünschen, vielleicht nicht eintreten wird, dann wird sich diese Krise viel natürlicher bewältigen lassen, als wenn sie in die Ehe gingen, ohne sich klarzumachen, dass das wirklich Wichtige **„du und ich — zusammen, immer"** ist. Und dass wir allem anderen, was wir nicht kontrollieren können, **vereint** begegnen.

Lieben heißt nicht nur fühlen, sondern den anderen jeden Tag wählen: in Wahrheit, ganz, für immer.

Und dasselbe gilt auch für die ganz kleinen Dinge: Wir müssen die Emotionalität, von der wir zuvor gesprochen haben (Schmetterlinge/Mini-Herzinfarkt/Feuerwerk), in Schach halten, damit wir verstehen, dass Liebe etwas viel Tieferes und Schöneres ist. Ein Freund erzählt, dass er, wenn er zum ersten Mal ein Paar empfängt, das sich auf die Ehe vorbereitet, sie immer fragt, **was sie am anderen auf die Palme bringt.** „Was für eine seltsame Art, eine Ehe vorzubereiten!" Im Gegenteil. Wir müssen lernen, die Seiten am anderen zu sehen, die uns weniger gefallen, um ihn **als Ganzes** so lieben zu können, wie er ist. Und so können wir — wenn wir es wissen und uns dessen bewusst sind — darüber lachen, wenn wir diese kleine Marotte wiedersehen, oder ihn später begleiten, wenn eine alte emotionale Wunde unerwartet wieder aufbricht. Darum ist es auch wichtig zu fragen: **Welche Wunden trägt jeder von uns?**

Zusammengefasst müssen wir jungen Menschen beibringen, dass Liebe Öffnung, Begegnung, Verständnis ist — sie ist **vollumfänglich**. Sie ist kein Kleid, eine Torte und eine Reise auf die Malediven, sondern zu lernen, den anderen so zu sehen, wie er ist, und ihn **für immer** zu lieben, bereit, allem entgegenzutreten ... **gemeinsam**. Und so können sie, wenn die Krisen kommen (die es immer gibt in Beziehungen, die wir dauerhaft leben wollen — weil Krisen Veränderungen der Lebensumstände sind, die wir gemeinsam bewältigen müssen, und nicht gleichbedeutend mit Trennung), beide zur selben Zeit überwinden, indem sie die Liebe — wie Papst Franziskus sagte — in Fülle leben und sich niemals mit Mittelmäßigkeit zufriedengeben.

Und so verliert man, wenn man die Liebe als Quelle des Glücks versteht, die Mühe erfordert, den anderen gut kennenzulernen, um sie so zu leben, wie es sich gehört, die Angst vor Bindung; und alle — Junge und nicht mehr ganz so Junge — können begreifen, dass es sich wirklich um einen kostbaren Weg handelt und nicht um einen Verzicht auf sich selbst, um in Abhängigkeit von einem anderen zu leben.

María Álvarez de las Asturias

Mehr Info über die Autorin über den QR-Code:
https://familyvalued.org/maria-alvarez-de-las-asturias/

Reflexionsfragen

Wie kannst du die drei Elemente der Liebe (Gefühle, Vernunft und Wille) in ein Gleichgewicht bringen, um eine solide und dauerhafte Beziehung aufzubauen?

Welche Schritte könntest du unternehmen, um die Angst vor Bindung zu überwinden und die Liebe als freie und erfüllte Entscheidung zu leben?

Warum ist es wichtig, vor dem Schritt in die Ehe offen über Unterschiede und emotionale Verletzungen in einer Beziehung zu sprechen?

Deine Notizen, Kommentare und Vorsätze

Weitere Artikel über Vorbereitung auf die Ehe

Eine solide Vorbereitung
auf die Ehe

Das Abenteuer der Liebe – Buch von Arturo Cattaneo

Ehevorbereitung: der Schlüssel zu einer erfüllten und stabilen Partnerschaft

4 Paarbeziehung

Dr. Nacho Tornel
Familienmediator
Spanien

Die Kunst, einer Beziehung Stabilität zu verleihen

Zusammenfassung

Die Paarbeziehung bildet das Rückgrat jeder Familie und verleiht damit der Gesellschaft Stabilität. Zahlreiche Faktoren beeinflussen eine glückliche Beziehung. Einer jedoch ragt heraus: die Priorisierung des anderen Menschen. Die Partnerin oder den Partner über alles andere zu stellen, schafft das Fundament einer glücklichen und stabilen Beziehung. Sich geliebt zu fühlen, verleiht der Beziehung die Kraft, jede auftretende Schwierigkeit zu überwinden.

Interview

Im Folgenden werden anhand von sieben Fragen einige Anregungen zur Verbesserung der Paarbeziehung in kompakter Form vorgestellt. Vieles mag vertraut erscheinen, hat jedoch nichts an Relevanz eingebüßt.

Dieser Text basiert auf der Transkription des Interviews mit Nacho Tornel, das am 20. Mai 2025 vom Redaktionsteam von FamilyValued.org geführt wurde.

FamilyValued.org: Wie kann man in einer Paarbeziehung glücklich sein?

Tornel: Es gibt keine Zauberformeln, keine geheimen Konzepte und keine magischen Lösungen. Doch gelungene Beziehungen haben eines gemeinsam: *Die Beziehung steht an erster Stelle*. Sie nimmt den obersten Platz auf der Prioritätenliste ein.

Kürzlich sagte ein Vater zu mir: *„Aber es gibt doch auch andere Dinge in meinem Leben."* Darauf gibt es nur eine klare Antwort: *„Die Beziehung kommt zuerst."*

Eine glückliche Beziehung gleicht einem sicheren Zufluchtsort, einer Heimat. Der schönste Ort der Welt ist es, an der Seite des geliebten Menschen zu sein. Damit das so sein kann, muss man spüren, dass der andere einen priorisiert — einem hilft, sich um einen sorgt und für einen da ist. Dieses Gefühl entsteht nur dann, wenn die Beziehung Vorrang hat: vor der Arbeit, vor den Freunden, vor der Herkunftsfamilie und vor den Hobbys. Wenn beide dies beherzigen, entsteht etwas, das man mit Recht als *„Glücksformel der Beziehung"* bezeichnen könnte. Das ist nicht immer einfach. Und es hat tiefgreifende Konsequenzen für die eigene Lebensgestaltung.

Dieses Gefühl entsteht nur dann, wenn die Beziehung Vorrang hat — vor der Arbeit, vor den Freunden, vor der Herkunftsfamilie und vor den Hobbys.

Wer seine Prioritäten richtig setzt, gibt dem anderen das Gefühl, der wichtigste Mensch im eigenen Leben zu sein. Dies erzeugt eine tiefe Zufriedenheit bei beiden. Man könnte folgende Prioritätenordnung aufstellen: 1) Paarbeziehung, 2) Kinder, 3) Eltern und Geschwister, 4) Freunde und erst dann 5) Beruf und Hobbys. Von all den Dingen, die am meisten Zeit beanspruchen, ist es die Arbeit, die Interessen, Perspektiven und dergleichen vereint. Die Arbeit gibt dem Tag seinen Rhythmus. Beim Aufstehen denkt man bereits an die Aufgaben, die man heute erledigen möchte. In der Regel denkt man nicht bewusst darüber nach, wie man der Partnerin oder dem Partner Aufmerksamkeit schenken könnte. Die Arbeit absorbiert unsere Gedanken. Fragen wie *„Was kann ich heute für meine kleine Tochter tun?"* oder *„Wann rufe ich meine Mutter an?"* verschwinden gewöhnlich in der Hektik des Berufsalltags.

Daher ist es für eine gute Beziehung von großer Bedeutung, dass die Arbeit den Platz einnimmt, der ihr auf der Prioritätenliste tatsächlich zusteht.

FamilyValued.org: Es heißt, Frauen ohne Partner seien glücklicher. Was halten Sie davon?

Tornel: Studien belegen, dass viele Frauen in einem bestimmten Alter nach einer Trennung oder dem Verlust ihres Partners einer neuen Beziehung zurückhaltend gegenüberstehen. Männer hingegen sind in solchen Situationen eher bereit, eine neue Bindung einzugehen. Ja, manche Frauen ziehen es vor, allein zu leben, und tun dies durchaus bewusst. Das bekannte Sprichwort bringt es auf den Punkt: „Besser allein als in schlechter Gesellschaft."

Ein weiterer Faktor, der den Ausgang einer Beziehung beeinflussen kann, ist die emotionale Intelligenz.

Ein wesentlicher Aspekt, der in diesem Zusammenhang häufig übersehen wird: Das Ausmaß der Enttäuschung in Beziehungen ist bei Frauen in der Regel größer als bei Männern. Frauen gehen mit höheren Erwartungen in eine Beziehung: Sie sehnen sich nach Nähe, emotionaler Tiefe, Unterstützung und gemeinsamer Weiterentwicklung. Folglich nehmen sie Defizite schneller wahr, wenn diese Erwartungen nicht erfüllt werden. Und nicht selten richtet sich die Aufmerksamkeit gerade auf diese Defizite, was die Enttäuschung zusätzlich verstärkt.

Darüber hinaus denken Frauen tendenziell integrativer. Für sie bilden Emotionen, Privatleben, berufliche Herausforderungen und kulturelle Interessen eine Einheit. Es fällt schwer, eine Sphäre von der anderen zu trennen. Männer hingegen vermögen es in der Regel besser, familiäre Schwierigkeiten vom Berufsleben zu trennen. Dies ermöglicht es ihnen häufig, auch in angespannten familiären Situationen beruflich produktiv und erfolgreich zu bleiben. Frauen hingegen haben in belasteten Beziehungen geringere Chancen auf beruflichen Erfolg, da sie emotional stärker involviert sind.

Auch die Ansprüche an die Beziehung selbst unterscheiden sich: Frauen sind in den meisten Fällen beziehungsorientierter, reflektierter, erwarten mehr Tiefe und Austausch. Dies macht sie nicht nur anspruchsvoller, sondern auch verletzlicher.

Ein weiterer Faktor, der den Ausgang einer Beziehung beeinflussen kann, ist die emotionale Intelligenz; sie ist bei Männern im Allgemeinen weniger ausgeprägt als

bei Frauen. Gleiches gilt für die kommunikativen Fähigkeiten: Männer können in diesem Bereich Defizite aufweisen, was zu Missverständnissen und Frustration führen kann.

Insgesamt ergibt sich ein komplexes Bild: Zahlreiche Faktoren tragen dazu bei, dass manche Frauen in einer Beziehung unglücklicher sind, als sie es allein wären. Und dennoch — trotz aller Unterschiede, aller Emotionalität, aller Verletzlichkeit — bleibt die Wahrheit, die am Anfang des Textes galt, auch am Ende bestehen: Eine gelingende Beziehung ist dazu bestimmt, Quelle der Erfüllung und des Glücks zu sein.

FamilyValued.org: Welche sind die Parameter einer guten Kommunikation?

Tornel: Der Schlüssel zur Kommunikation ist das Zuhören. Auf den ersten Blick mag dies widersprüchlich erscheinen. Schließlich verstehen viele Menschen unter Kommunikation zunächst das Mitteilen eigener Gedanken, das Vorstellen von Ideen oder das Formulieren einer Meinung. Doch gerade in Beziehungen ist es das aufmerksame Zuhören, das den entscheidenden Unterschied ausmacht. Damit ist nicht das bloße Hören von Worten gemeint, sondern ein wahrhaftiges Zuhören mit dem Herzen: aufmerksam, empathisch und interessiert. Ein solches Zuhören schafft Verbindung und eröffnet den Raum für Vertrauen.

Dieses Schweigen kann in bestimmten Momenten zu einem gravierenden Problem werden.

Erst dann folgt das, was wir gemeinhin unter Kommunikation verstehen: *das aktive Sprechen*. Auch hier spielen Feinheiten eine wesentliche Rolle: die bewusste Wortwahl, der angemessene Tonfall, der richtige Zeitpunkt, die Wahrnehmung der Situation und der passende Kontext, um ein Thema anzusprechen. All dies trägt zur Qualität der Kommunikation in einer Beziehung bei. Nicht zuletzt bedarf es auch des Mutes, das Schweigen zu überwinden — insbesondere, wenn es um schwierige oder belastende Themen geht.

Dieses Schweigen kann in bestimmten Momenten zu einem gravierenden Problem werden. Beobachtungen und Studien zeigen, dass Männer dazu neigen, über kritische oder emotional belastende Themen zu schweigen. Frauen hingegen sprechen diese

Themen häufiger an, versuchen sie zu verbalisieren und lösen sie auf diese Weise. Dieses geschlechtsspezifische Kommunikationsverhalten führt insbesondere auf Seiten der Männer zum Schweigen, das als verborgener Risikofaktor für die Beziehung gilt.

Und ungeachtet der Tiefe der besprochenen Themen darf die Kommunikationsform nicht unterschätzt werden. Guter Stil beginnt mit guten Umgangsformen: ein respektvoller Ton, eine behutsame Wortwahl, das Vermeiden von Ironie auf Kosten des anderen, das Unterlassen von Bloßstellungen und verletzenden Bemerkungen. Auch darin spiegelt sich die Kultur einer Beziehung wider: ein bewusster Umgang miteinander, insbesondere in der Sprache.

FamilyValued.org: Ist Verbindlichkeit in diesen dynamischen Zeiten noch zeitgemäß?

Tornel: In den letzten Jahren hat das Wort „**Verbindlichkeit**" zunehmend eine negative Konnotation erhalten, da es in erster Linie Einschränkung bedeutet. Häufig hört man Sätze wie: *„Wegen dieser Verpflichtung kann ich andere Dinge nicht tun*." Verbindlichkeit erscheint dann als etwas, das die eigenen Entscheidungsmöglichkeiten begrenzt. Doch diese Sichtweise ist zu vereinfachend; sie beraubt den Begriff seines eigentlichen Sinns.

Verbindlichkeit entsteht nicht aus Zwang, sondern aus Freiheit. Aus der Freiheit, eine Entscheidung für etwas zu treffen, das man als wertvoll und richtig erkennt. Dies zeigt sich besonders deutlich in Beziehungen. Wer sich auf eine Beziehung einlässt, wer ihr in seinem Leben Vorrang einräumt, handelt aus freiem Willen — und darin liegt die wahre Bedeutung der Verbindlichkeit.

Verbindlichkeit erscheint dann als etwas, das die eigenen Entscheidungsmöglichkeiten begrenzt.

In einem vereinfachten Denkmodell gehen häufig zwei Dimensionen verloren: die Wahlfreiheit und die Priorisierung dessen, was im Leben wirklich zählt. Wer jedoch diese beiden Elemente ernst nimmt und sie bewusst gestaltet, erlebt Verbindlichkeit nicht als Last, sondern als Kraftquelle. Sie kann die Beziehung bereichern und

zugleich zur Entfaltung der eigenen Persönlichkeit beitragen. Die Verbindung von Verbindlichkeit, Freiheit und Priorisierung entfesselt eine ungeahnte Kraft in einer Beziehung. Sie schafft Bindung, Verlässlichkeit und Vertrauen, um schwierige Zeiten gemeinsam zu überstehen. Die Überzeugung, füreinander einzustehen, befähigt Paare, Herausforderungen zu meistern — unabhängig von ihren moralischen oder religiösen Überzeugungen. In diesem Sinne hat der Begriff der Verbindlichkeit nichts von seiner Relevanz eingebüßt.

Fragte man jemanden auf der Straße: *„Wenn Sie jemanden finden könnten, der Sie auch in schwierigen Momenten unterstützt, der sich um Sie sorgt, der für die Beziehung einsteht — würden Sie eine solche Beziehung wollen*?", so würde kaum jemand mit Nein antworten. Nahezu alle sehnen sich nach genau dieser Art von Verlässlichkeit.

Und dennoch nährt sich unsere Gesellschaft zunehmend an individualistischen Idealen. Uns wird geraten, auf uns selbst zu achten. Auf unsere Gesundheit zu achten. Unser persönliches Wohlbefinden zu pflegen. Dies ist zweifellos wichtig, doch darf nicht vergessen werden, dass Verbindlichkeit in einer Beziehung zwar die Optionen einschränken mag, dafür aber die Tür zu etwas weitaus Größerem öffnet: innerem Wachstum und emotionaler Reife.

FamilyValued.org: Wie gelingt ein angemessenes Maß an Zuneigung in der Partnerschaft — weder zu viel noch zu wenig?

Tornel: Das Maß an Zuneigung in einer Beziehung bemisst sich nicht an dem, was gesagt oder getan wird, sondern an dem, was beim anderen ankommt. Entscheidend ist nicht, ob man liebt, sondern ob der andere sich geliebt fühlt. In meiner Arbeit als Eheberater stelle ich daher beiden Partnern immer wieder dieselbe Frage: „Fühlst du dich geliebt?" Und überraschenderweise fallen die Antworten häufig sehr unterschiedlich aus.

Zuneigung ist keine objektive Größe. Sie folgt weder einer Norm noch einem Standard. Sie ist vielmehr ein inneres Empfinden, vergleichbar mit der Temperaturwahrnehmung: Während die eine Person das Klima als angenehm empfindet, ist es der anderen zu warm oder zu kalt. Der Körper reagiert auf Temperatur; der Geist auf

Nähe, Wärme und Liebe. Und auch hier gilt: Was für den einen ausreicht, kann für den anderen zu wenig sein.

Eine WhatsApp-Nachricht mit den Worten „Ich liebe dich" mag eine nette Geste sein, reicht aber manchmal nicht aus. Vielleicht erwartet die Ehefrau, dass ihr Mann früher nach Hause kommt, sich um die Kinder kümmert und im Haushalt präsent ist. Die Sprachen der Liebe sind vielfältig: Für manche ist es das Gespräch, für andere die gemeinsame Unternehmung, für wieder andere die körperliche Nähe oder die kleinen alltäglichen Gesten. Entscheidend ist nicht die Form, sondern die Zuneigung.

Und es sind gerade die kleinen Gesten, die den Alltag tragen: eine Umarmung beim Abschied, ein Kuss zur Begrüßung, eine liebevolle Nachricht zwischendurch. Werden sie über längere Zeit vernachlässigt, besteht die Gefahr, dass die Beziehung emotional austrocknet. Es entwickelt sich eine fortschreitende Distanz — sowohl physisch als auch emotional. Das Sexualleben verkümmert, die Intimität geht verloren, und die Grundfesten des ehelichen Zusammenlebens beginnen zu bröckeln.

Man könnte stundenlang darüber schreiben, zumal Männer und Frauen in dieser Hinsicht häufig sehr unterschiedlich funktionieren.

Zuneigung muss nicht immer laut sein. Manche Menschen sind zurückhaltender, suchen weniger körperlichen Kontakt oder tun sich schwer, ihre Gefühle auszudrücken. Doch auch dann muss der andere sich geliebt fühlen — auf eine Weise, die er versteht. All das ist es, was die Liebe trägt.

Man könnte stundenlang darüber schreiben, zumal Männer und Frauen in dieser Hinsicht häufig sehr unterschiedlich funktionieren. Sie sind von Natur aus komplementär: verschieden in ihren Wahrnehmungen, in ihren Bedürfnissen, in ihrer Art zu lieben. Doch gerade darin liegt die Schönheit: in der Komplementarität. Es wäre leicht, jemanden zu lieben, der genauso fühlt und denkt wie man selbst. Doch wahre Liebe entsteht, wenn man den Weg vom „Ich" zum „Du" beschreitet. Wenn man den eigenen Widerstand überwindet und den anderen so liebt, wie er ist und wie er es braucht.

FamilyValued.org: Können nahezu erloschene Beziehungen wiederbelebt werden?

Tornel: Wenn sich ein Paar entfremdet hat, wenn die Zuneigung nahezu verschwunden ist und eine Distanz zwischen beiden herrscht, bedarf es einer Entscheidung — einer eher rationalen als emotionalen. In dieser Phase weist nicht das Herz den Weg, denn es ist ausgetrocknet, sondern die freie Entscheidung, gemeinsam weiter nach dem Glück zu suchen. Es ist der Verstand, der die Gedanken ordnet und die Richtung vorgibt.

Gerade in solchen Momenten empfiehlt es sich, innezuhalten und sich zu fragen: Wie sind wir an diesen Punkt gelangt? Was ist schiefgelaufen? Was ist aus unserer Heimat, aus unserer Nähe, aus unserem gemeinsamen Leben geworden? Diese Fragen sind nicht leicht, sondern herausfordernd, denn sie zwingen dazu, die Beziehung ernsthaft zu betrachten. Und dieser Blick ist eine harte Prüfung — für beide.

Wir sind es gewohnt, Beziehungen mit Gefühlen zu verbinden: Zuneigung, Leidenschaft, Nähe. Doch wenn diese Quellen versiegen, braucht es etwas anderes: die rationale Entscheidung, die Beziehung zu retten. Nicht aufgrund dessen, was man in diesem Moment empfindet, sondern weil man weiß, was auf dem Spiel steht und an die gemeinsame Grundlage glaubt. In dieser Phase gleicht die Beziehung einem stehen gebliebenen Auto. Es springt nicht von selbst an. Man muss es mit Kraft und Entschlossenheit anschieben — stets in der Hoffnung, dass der emotionale Motor irgendwann wieder anspringt. Ohne diese Hoffnung wäre die Anstrengung vergeblich. Doch mit ihr wird sie der Brücke hin näher.

Es ist wichtig zu verstehen, dass dieser Prozess nicht sofort Früchte tragen wird. Er erfordert Geduld und Ausdauer. Doch wenn beide bereit sind, die Dürrezeit zu durchstehen, kann gerade daraus eine neue Qualität der Beziehung erwachsen. Die Liebe kehrt nicht augenblicklich zurück, doch sie kann wieder wachsen, wenn sie regelmäßig genährt wird. Es sind kleine, bewusste Schritte, regelmäßige „Aufladungen" — wie ausgetrocknete Erde, die erst wieder lernen muss, Wasser aufzunehmen.

Was zählt, sind der gemeinsame Wille und die Hoffnung, dass der Frühling nach der Dürre erneut erblüht.

FamilyValued.org: Können Sie uns das englische Wort „*respect*" erläutern, das Ihnen so am Herzen liegt?

Tornel: Die Interaktionen in einer Beziehung sollten von Respekt geprägt sein. Doch für mich reicht das Wort Respekt allein nicht aus. Es impliziert meines Erachtens etwas Tieferes: Bewunderung.

Das englische Wort „*respect*" vermittelt genau diese Idee: eine Form der Wertschätzung, die von innerer Ergriffenheit begleitet wird. Es ist, als bekäme man Gänsehaut und riefe innerlich aus: „*Was für einen wunderbaren Menschen habe ich an meiner Seite!*" Man staunt über seine Intelligenz, Feinfühligkeit, Schönheit, Eleganz und Güte. Diese Haltung führt zu einer ehrlichen und aufrichtigen Bewunderung, zu einem stillen, aber echten „Wow!"

In meiner Arbeit als Eheberater bin ich ein entschiedener Verfechter dieser Bewunderung und ihrer kontinuierlichen Pflege. Denn erinnern wir uns: Als wir uns verliebten, bewunderten wir. Niemand verliebt sich in einen mittelmäßigen Menschen. Liebe beginnt oft mit einem Gefühl des Staunens über den anderen, mit einem tiefen Gefühl von Faszination.

Wenn man heute das Gefühl hat, mit einem nichtssagenden Menschen verheiratet zu sein, drängt sich unweigerlich die Frage auf: Was ist in der Zwischenzeit geschehen? Wann haben wir aufgehört, den anderen mit diesem Blick der Bewunderung zu sehen? Es handelt sich meist um einen schleichenden Prozess. Die Beziehung erkaltet, das positive Bild des Partners verblasst, der Glanz weicht dem Alltag — und mit ihm verschwindet die Bewunderung.

Doch gerade die Bewunderung vermag den Teufelskreis zu durchbrechen. Wer den anderen wieder mit wohlwollenden Augen betrachtet, wer bewusst nach Eigenschaften sucht, die Respekt und Bewunderung verdienen, setzt etwas in Gang. Etwas Lebendiges. Etwas Heilsames.

Ich bin überzeugt: Bewunderung ist ein Heilmittel. Und zwar nicht nur in der Ehe. Sie wirkt in allen Beziehungen: zu den Kindern, zu den Eltern, zur Familie, selbst im

spirituellen Bereich, in der Beziehung zu Gott. Wer bewundert, wertschätzt. Wer wertschätzt, liebt. Und wer liebt, baut auf — statt zu zerstören.

Dr. Nacho Tornel
Mehr Info über den Autor über den QR-Code:
https://familyvalued.org/nacho-tornel/

Reflexionsfragen

Was bedeutet es für Sie, die Paarbeziehung zu priorisieren, und wie könnten Sie das in Ihrem Alltag umsetzen?

Dem Artikel zufolge ist Bewunderung ein „Heilmittel" in Beziehungen. Welche Eigenschaften bewundern Sie an Ihrem Partner oder an nahestehenden Personen und wie können Sie diese Bewunderung zum Ausdruck bringen?

Wie kann Ihrer Meinung nach eine wirksame Kommunikation, die auf aktivem Zuhören und Respekt gründet, eine Paarbeziehung stärken?

Deine Notizen, Kommentare und Vorsätze

Fernando Poveda
Experte für persönliche
und Paarkommunikation
Autor des Buches "La Pareja que Funciona"
Spanien

Wenn kommunizieren Lieben bedeutet

Zusammenfassung

Gute Kommunikation in der Partnerschaft bedeutet nicht einfach mehr zu reden, sondern vielmehr eine konkrete Form, besser zu lieben. Sie erfordert eine positive innere Haltung, aktives Zuhören und geschützte Momente für den Dialog. Entscheidend ist es, von den eigenen Gefühlen her zu sprechen, Vorwürfe zu vermeiden und Worte zu verwenden, die aufbauen: Danke, Bitte und Verzeihung. „Assertivität" ermöglicht es, sich auszudrücken, ohne zu verletzen, und das Kennen der Liebessprache des anderen verbessert die Verbindung. Auch das Sexualleben nährt sich von guter alltäglicher Kommunikation. Die Pflege kleiner Gesten und gemeinsam verbrachter Zeit stärkt die Bindung. Letztlich gilt: Gut kommunizieren heißt, einander gut zu lieben.

Artikel

In nahezu allen Büchern über Paarbeziehungen finden sich Sätze wie *„Das Wichtigste in einer Beziehung ist die Kommunikation."* Doch selten wird erklärt, wie man gut kommuniziert. Es ist leicht zu sagen: *„Man muss mehr miteinander reden"*, aber ist das alles? Wann und wie? Worüber? Und was geschieht, wenn der eine reden möchte und der andere nicht?

   Dieser Artikel erhebt nicht den Anspruch, zu theoretisieren, sondern möchte konkrete Hinweise zur Verbesserung der Kommunikation in der Ehe geben. Gut zu sprechen, bedeutet nicht einfach, Informationen auszutauschen: *Kommunizieren heißt*

Lieben. Und wahrhaft zu lieben, impliziert eine konkrete Art, präsent zu sein, sich auszudrücken, zuzuhören, zu bitten und zu vergeben. Wenn man die Kommunikation verbessert, gelingt es, einander besser kennenzulernen, und das führt dazu, mehr zu lieben.

Die innere Haltung pflegen

Die Grundlage guter Kommunikation ist nicht technischer, sondern innerer Natur. Wenn man in ein Gespräch mit dem Wunsch eintritt, sich in den anderen hineinzuversetzen, ihn zu verstehen, aufzubauen und das Beste für beide zu suchen, verändert sich alles. Das Gegenteil gilt ebenso: Wenn man mit Vorwürfen, Groll oder in Abwehrhaltung in ein Gespräch geht, ist es nahezu unmöglich, dass der Dialog konstruktiv wird; ein Vorwurf führt zum nächsten, und die Eskalation endet in der Regel im Streit, wenn nicht gar in der Kränkung. Daher ist der erste Schlüssel zu einer guten Kommunikation die positive und offene Haltung, mit der man dem Anderen begegnet. Ich fasse es im Blick zusammen: Wenn unser Blick auf den anderen positiv ist, ohne zu urteilen, mehr nach dem Suchen, was verbindet, als nach dem, was trennt, dann ist der Ausgangspunkt der richtige, um die Kommunikation zu beginnen.

Wer zuzuhören versteht, liebt besser, weil er besser versteht.

Momente zum Reden finden

Im realen Leben besteht das Problem nicht nur darin, wie wir sprechen, sondern auch darin, wann wir sprechen. Viele Paare kommunizieren nicht schlecht — sie kommunizieren gar nicht. Oder nur sehr wenig, weil sie keine Zeit finden. Der Alltag, die Müdigkeit, die Verpflichtungen — sie füllen alles aus. Und ohne es zu bemerken, hören sie auf zu reden. Ja, man spricht über die üblichen Dinge: ob die Küche aufgeräumt werden muss oder ob morgen die Lieferung kommt. Doch es geht darum, über tiefere Dinge zu sprechen: Wie fühlst du dich? Wie fühle ich mich? Was erfüllt mich? Was betrübt mich?

Daher ist ein erster Schlüssel, geschützte Momente zum Reden zu schaffen. Über unsere Gefühle zu sprechen, über unsere Sorgen ... Ein Kaffee, ein Spaziergang, ein Essen ohne Mobiltelefon, hin und wieder ein gemeinsamer Ausflug. Die Liebe braucht ihren Raum. Wenn ein Paar wertvolle gemeinsame Zeit verbringen kann, verbessert sich seine Kommunikation automatisch. Das Erste, was man bemerkt, ist, dass man dem anderen wieder zuhört.

Wahrhaftig zuhören

Einer der großen Schlüssel der Kommunikation ist das aktive Zuhören. Nicht zuhören, um zu antworten, nicht, um zu korrigieren, nicht, um Recht zu behalten. Zuhören, um zu verstehen. Zuhören und dabei in die Augen schauen. Zuhören, ohne zu unterbrechen, mit voller Aufmerksamkeit und Empathie. Sogar das Hören, was der andere nicht sagt. Wer zuzuhören versteht, übt Selbstdisziplin, reduziert Missverständnisse, findet den richtigen Moment für Fragen, misst der Stille Wert bei und hört nicht neutral oder mechanisch zu. Wer zuzuhören versteht, liebt besser, weil er besser versteht.

Nicht sagen: „Du hörst mir nie zu", sondern: „Ich fühle mich einsam, wenn wir nicht miteinander reden."

Zauberworte verwenden

Es gibt drei Wörter, die Kommunikation und Zusammenleben verwandeln: *Danke, Bitte und Verzeihung*. Wenn man sich aufrichtig ausspricht, öffnen sich Türen. Danke zu sagen für alltägliche Aufmerksamkeiten stärkt die Bindung. Bitte mildert jede Bitte ab. Und um Verzeihung zu bitten, wenn man verletzt hat, baut man den Weg wieder auf.

Doch wenn es unter den Dreien ein Zauberwort gibt, das das Herz verwandelt, dann ist es **Verzeihung**. Um Verzeihung zu bitten, bedeutet nicht, sich herabzusetzen — es ist ein Akt der Liebe und des Mutes. Und zu vergeben, heißt nicht, zu rechtfertigen oder zu vergessen, sondern sich zu entscheiden, was man hinter sich lässt, was einen am Lieben hindert. Die Vergebung befreit, ermöglicht es voranzuschreiten und stärkt die Bindung. Vergeben heißt, sich dafür zu entscheiden, diese Last nicht den Rest des Weges zu tragen. Und um Verzeihung zu bitten, in Aufrichtigkeit, ist ein Akt der Reife und Demut.

Assertiv kommunizieren

Assertiv zu sein bedeutet, auszudrücken, was man denkt und fühlt, und dabei den anderen zu respektieren. Ohne Aggressivität, aber ohne zu verschweigen, was wichtig ist. Viele Paare kommunizieren schlecht, weil der eine schreit und der andere sich verschließt. Und beide sind frustriert.

Assertiv zu sein heißt, nicht anzuklagen, sondern mitzuteilen, was man fühlt oder erlebt. Zum Beispiel: Nicht sagen: *„Du hörst mir nie zu"*, sondern: *„Ich fühle mich einsam, wenn wir nicht miteinander reden."* Es ist eine Art, die Beziehung zu schützen, ohne die Person anzugreifen. Wo Assertivität herrscht, gibt es Raum für Wahrheit, ohne dabei zu verletzen.

Von den Gefühlen her sprechen

Eine konkrete Form der Assertivität ist, von den Gefühlen her zu sprechen. Nicht von dem, was der andere falsch gemacht hat, sondern davon, wie ich es erlebe. *„Ich spüre, dass du mir fehlst"*, *„Es schmerzt mich, dass wir keine gemeinsame Zeit verbringen"*, *„Es freut mich, wenn du mich grundlos umarmst."*. Dies öffnet das Herz, entschärft den Konflikt und schafft emotionale Nähe.

Über Gefühle zu sprechen, lässt uns einander näher kennenlernen. Es bringt uns einander näher und hilft uns, nicht zu urteilen. Von den Gefühlen zu sprechen heißt, von der Wahrheit zu sprechen, denn was wir fühlen, urteilt nicht, sondern zeigt eine unbestreitbare Wirklichkeit. Von den Gefühlen auszugehen hilft, die Beziehung zu verbessern. Es ist ein hervorragendes Werkzeug zur Verbesserung der Kommunikation.

Das Gift der Vorwürfe vermeiden

Einer der größten Feinde der Kommunikation sind **Vorwürfe**. Ständige Vorwürfe erzeugen Distanz, blockieren Empathie und töten den Wunsch nach Veränderung. Anstatt zu sagen *„Du machst immer das Gleiche"*, ist es hilfreicher, ein Bedürfnis auszudrücken: *„Ich würde mich freuen, wenn wir gemeinsam nach einer Lösung suchen könnten."* Wenn der eine Vorwürfe macht, verteidigt sich der andere. Wenn der eine vorschlägt, hört der andere zu.

Deshalb sage ich stets, dass Vorwürfe die Liebe töten: Wenn Worte wie „nie", „immer", „alles" oder „nichts" auftauchen, wird kein Raum für den Irrtum gelassen.

Es gibt kein Entkommen: Es gibt nur Anklage und Urteilsvermögen, und dann ist es normal, dass dies als persönlicher Angriff interpretiert wird, man zum Gegenangriff übergeht und in den Teufelskreis gegenseitiger Vorwürfe gerät.

Wenn man sich bemüht, die Sprache des Anderen zu sprechen, erblüht die Beziehung.

In der Sprache des Anderen sprechen

Der Psychologe Gary Chapman entwickelte die Theorie der *„Sprachen der Liebe"*, die unterschiedliche Formen beschreibt, in denen jeder Mensch bevorzugt ausdrückt und empfängt, wie er Liebe zum Ausdruck bringt. Manche brauchen Worte, andere Gesten, andere gemeinsam verbrachte Zeit, andere praktische Hilfe oder körperliche Berührung. Gut zu kommunizieren bedeutet auch, in der Sprache des Anderen zu sprechen. Sie zu entdecken, sie einzuüben, sie zum Bestandteil des täglichen Lebens zu machen. Viele Paare scheitern daran, ihre Zuneigung zu vermitteln, weil sie sie nicht in einer Liebessprache ausdrücken, die der andere versteht. Wenn Ihre Partnerin oder Ihr Partner Worte braucht, sagen Sie, was Sie fühlen. Wenn er oder sie Zeit braucht, schenken Sie ihm oder ihr Aufmerksamkeit ohne Bildschirm. Wenn er oder sie Gesten braucht, hinterlassen Sie eine Notiz. Wenn er oder sie Hilfe braucht, tun Sie etwas Entlastendes. Und wenn er oder sie körperliche Zärtlichkeit braucht, umarmen Sie ihn oder sie öfter. Wenn man sich bemüht, die Sprache des Anderen zu sprechen, erblüht die Beziehung. Die Kommunikation verbessert sich. Und die Liebe wächst.

Die Sexualität als Höhepunkt der Kommunikation

Das Sexualleben eines Paares ist kein isolierter Anhang: Es ist der intimste Ausdruck seiner Beziehung und Kommunikation. Und wenn die Kommunikation fließt, fließt auch das Begehren. Und umgekehrt: Wenn die Kommunikation abreißt, erlischt in der Regel auch das Sexualleben.

Manchmal verbindet ein gutes Gespräch tiefer als jede körperliche Geste. Ein aufrichtiger Satz, ein verschwörerischer Blick, eine versöhnende Vergebung … können das wahre Vorspiel der Intimität sein. Die Sexualität beginnt nicht im Schlafzimmer: Sie beginnt in der Art, wie wir miteinander sprechen, einander behandeln und

einander zuhören. Die Kommunikation zu pflegen, heißt auch, die Leidenschaft zu pflegen, denn im Grunde ... lernt man auch durch das Gespräch, gut zu lieben.

Assertiv zu sein heißt, nicht anzuklagen, sondern mitzuteilen, was man fühlt oder erlebt.

Geschützte Momente festlegen

Zum Abschluss ein einfacher und wirkungsvoller Rat: Schützt regelmäßige Räume für die Paarkommunikation. Einen kurzen Moment am Tag, ein gemeinsames Mittag- oder Abendessen in der Woche, einen Tag im Monat nur für euch, ein Wochenende im Jahr. Ohne Kinder. Ohne Bildschirme. Nur ihr zwei. Wer diese Momente pflegt, pflegt die Beziehung. Denn Kommunikation wird nicht improvisiert, sondern kultiviert.

Zusammenfassend lässt sich sagen: Gut zu kommunizieren bedeutet nicht einfach mehr zu reden, sondern besser zu lieben. Es heißt, mit Zuneigung hinzuschauen, mit Aufmerksamkeit zuzuhören, sich mit Respekt auszudrücken und mit Demut zu vergeben. Es heißt, Zeit zu widmen, auf die Details zu achten, der Wahrheit Raum zu geben und auch die Stille zu umarmen. Wenn die Kommunikation fließt, wächst die Liebe. Und wenn die Liebe wächst, findet alles andere seinen Platz. „Denn im Grunde heißt gut kommunizieren, einander gut zu lieben."

Fernando Poveda

Mehr Info über den Autor über den QR-Code:

https://familyvalued.org/fernando-poveda/

Reflexionsfragen

Wie können Sie in Ihrem Alltag geschützte Momente schaffen, um die Kommunikation mit Ihrem Partner zu stärken?

Dem Artikel zufolge verbessert das Ausdrücken von Gefühlen die emotionale Verbindung. Wie könnten Sie diese Praxis in Ihre Gespräche mit den wichtigen Menschen in Ihrem Leben einbringen?

Welche Liebessprache überwiegt Ihrer Meinung nach in Ihrer Beziehung, und wie könnten Sie sie nutzen, um die Kommunikation und die Bindung zu Ihrem Partner zu verbessern?

Deine Notizen, Kommentare und Vorsätze

Weitere Artikel über Paarbeziehungen

Prof. Jokin de Irala

Lehrstuhlinhaber für Präventivmedizin und
Public Health
Universität von Navarra
Spanien

Umarme seine Seele mit deinem Körper und mit der Lust der Liebe

Zusammenfassung

Der Orgasmus ist ein wesentlicher Bestandteil einer erfüllten und gemeinsamen Sexualität – über das rein Körperliche hinaus. Lust erhält Sinn, wenn sie Ausdruck von Liebe, Respekt und wechselseitiger Hingabe ist. Eine gesunde Beziehung zielt auf das Wohl des Anderen und nicht nur auf die individuelle Befriedigung. Reife Keuschheit richtet Sexualität auf das Wachstum der Bindung aus. Dies zu verstehen hilft, authentische und dauerhafte Beziehungen zu stärken.

Artikel

Was ist ein Orgasmus?

Das Wort „Orgasmus" stammt aus dem Griechischen und bedeutet „vollkommene Freude". Es umfasst mehr als bloße Muskelkontraktionen. Diese „vollkommene Freude" schließt psychologische (und spirituelle) Aspekte ein, so vielfältig wie das Glück, die geliebte Person ohne Vorbehalt anzunehmen und sich ihr hinzugeben, oder auch die Freude daran, Freude zu schenken, unter anderem.

Der Orgasmus der Frau setzt in der Regel eine längere Phase der Vorbereitung voraus. Beim Mann besteht der Orgasmus im Wesentlichen darin, sexuelle Spannung zu entladen; dies erklärt, warum er dazu neigt, ihn rasch zu suchen. Bei der Frau wird er hingegen eher als Konzentration als fortschreitende Sättigung sexueller

Spannung beschrieben und erfordert ihren eigenen Rhythmus. Klassischerweise wird der Orgasmus des Mannes als das Feuer beschrieben, das entsteht, wenn ein Haufen Heu verbrannt wird (es brennt schnell, erzeugt viel Hitze, erlischt aber bald), während der der Frau mit der weniger intensiven, dafür gleichmäßigeren Wärme der Holzkohle verglichen wird, die sich nach und nach entzündet.

Es ist gut, gerecht und deshalb auch notwendig

Manchmal können angesichts der Schwierigkeit, einen Orgasmus zu erreichen, folgende Gedanken aufkommen: „Nun, so entscheidend ist es in meinem/seinem Leben auch nicht, ihn zu spüren", „Sex ist nicht das Wichtigste", „Es ist auch nicht weiter schlimm", „Solange mein Partner/meine Partnerin Freude hat, ist es für mich nicht wichtig", „Das Wichtigste an einer sexuellen Beziehung ist die Fortpflanzung" usw. Ich möchte vorschlagen, dass beide Ehepartner das Recht haben, ihre sexuellen Beziehungen in voller Weise zu genießen, und dass es wichtig ist, dies zu versuchen – beinahe so, als wäre es eine Pflicht –, aus folgenden Gründen:

Aus ‚**Design'-Gründen**: Der Orgasmus ist ein natürliches Ergebnis einer gesunden sexuellen Beziehung. Es ist natürlich, alle sexuellen Beziehungen in ihrer Fülle leben zu wollen.

Aus **Gründen der Gerechtigkeit**: Es ist gerecht, dass beide die liebevolle Hingabe ihrer Körper so gut wie möglich genießen.

Die **Lust der Hingabe**: Ein Teil der empfundenen Lust besteht in „der Lust, der geliebten Person Lust zu bereiten". Eheleute werden in ihren Herzen intensiver leben und spüren, was es bedeutet, „sich der geliebten Person vollständig zu schenken".

Wechselseitige Zufriedenheit: Wenn eine Person ihre sexuellen Beziehungen genießt, aber wahrnimmt, dass die andere sie nicht genießt, kann sie am Ende selbst unzufrieden werden.

Intensität der Hingabe: Wenn man in einer sexuellen Beziehung Lust empfindet, erlebt man das Geschenk, das in der Hingabe der geliebten Person liegt, die diese Lust schenkt, mit größerer Intensität.

Geteilte sexuelle Lust: Auch wenn sie nicht gleichzeitig ist, spielt sie eine wichtige Rolle dafür, dass sich beide stärker verbunden fühlen.

Positive Effekte: Die in einer liebevollen sexuellen Vereinigung empfundene Lust hilft Ehemännern und Ehefrauen, sich dankbar, fröhlich, optimistisch und geduldiger zu fühlen und die täglichen Aufgaben in Familie oder Beruf mit mehr Energie anzugehen.

Das Internet ist in vielen Fällen verwirrend und enthält zahlreiche Inhalte, die für die eigenen sexuellen Beziehungen schädlich sind.

Da es so schön und wichtig ist, die sexuelle Beziehung in ihrer Fülle zu leben – einschließlich ihrer orgastischen Komponente – und da die Probleme, auf die Eheleute stoßen, so häufig sind, halte ich es für unerlässlich, diesen Prozess im Detail zu erklären. Viele junge Menschen haben bei Schwierigkeiten als „Alternative", Zeit verstreichen zu lassen und im Internet nachzusehen. Das sind nicht notwendigerweise einfache oder gute Alternativen. Beispielsweise ist das Internet verwirrend und führt sehr schnell zu Materialien, die den eigenen sexuellen Beziehungen schaden. Der Orgasmus ist Teil der Hingabe der Liebe, und es ist gut, alles zu erklären, was mit der Liebe zusammenhängt.

Orgasmus als letztes Ziel oder als Ergebnis

In seinem Buch *„Society and Sensibility"* schrieb Frank J. Sheed, dass die sexuelle Vereinigung eine hervorragende Funktion habe, weil sie in einem und demselben freien Akt Liebe ausdrücken und Leben schenken könne – und dass diese Vereinigung daher auf hervorragende Weise vollzogen werden sollte. Beide müssen technische Kompetenz erwerben, denn es handelt sich nicht nur um eine Vereinigung von Körpern, sondern auch von Personen. Tiere werden erregt, aber nicht bewegt. In der Lust, die ein Mensch erleben kann, sind Erregung, Emotion, Gefühl und Zuneigung vermischt. Das ist weitaus komplexer und bietet einen Reichtum, den es zu schützen lohnt, weil dabei unsere Fähigkeit, unseren Körper zu lieben, auf dem Spiel steht. In jeder sexuellen Beziehung kann es einen Unterschied geben zwischen der bloßen Suche nach Lust aufgrund sexueller Stimulation und dem Entstehen von Lust in einer liebevollen Beziehung, die wirklich ausdrückt, wie sehr diese Personen einander lieben. Beides ist manchmal schwer zu unterscheiden.

Es ist nicht dasselbe, Lust als Zweck an sich zu suchen, als Lust als Folge einer von Liebe geschützten Beziehung zu empfinden.

Der Orgasmus als letztes Ziel konzentriert sich fast ausschließlich auf sexuelle Technik, ist ungeduldig und nicht originell (vieles ist Nachahmung dessen, was man in Filmen sieht) und kann tiefe Unzufriedenheit, ein Gefühl des „Missbraucht zu werden" oder der „Leere" erzeugen; zudem kann er leichter Abhängigkeit hervorrufen. In diesen Rahmen fallen pornografische Beziehungen, in denen das Ziel des Orgasmus steht, ohne die persönliche, psychologische und spirituelle Vereinigung dieser Menschen zu berücksichtigen. Was Eheleute im Innersten wahrscheinlich suchen und ersehnen, ist zu lieben, geliebt zu werden und als Frucht der Intensivierung der persönlichen und körperlichen Beziehung diese Liebe auszudrücken, indem sie ihre Körper vereinen, bis sie zur Ekstase geteilter Lust gelangen. **Der Orgasmus als Ergebnis der Liebe** richtet sich stärker auf das Wohl und die Lust der geliebten Person. Es ist eine Lust, die verbindet und mit Fülle erfüllt, weil sie Trägerin der Liebe ist. Die Liebe intensiviert die Qualität dieser Lust (es kommt zu einer dreifachen Lust: körperlich, psychologisch und spirituell).

Das Ziel der Keuschheit besteht darin, die Liebe zu bewahren – die Berufung zur Liebe –, die in allen Menschen vorhanden ist.

Es ist nicht dasselbe, Lust als Zweck an sich zu suchen, als Lust als Ergebnis einer von Liebe geschützten Hingabe zu empfinden. Doch alle, die sexuelle Beziehungen haben, merken, dass sie sich in manchen sexuellen Beziehungen eher entlang der Linie der Lustsuche als letztes Ziel verhalten als entlang der Linie, Lust als Ergebnis einer Hingabe der Liebe zu erleben. Mitunter ist es schwierig, den Unterschied zu erkennen; doch, wenn sie in Liebe und in ihrer persönlichen Beziehung wachsen, werden sie schließlich für diesen Unterschied sensibel und werden das Gleichgewicht zwischen beidem suchen, ohne dabei zu vernachlässigen, wie wichtig es ist, Lust als Konsequenz der Liebe auszudrücken – mit ihren Körpern. Zärtlichkeit und Zuneigung in ihren persönlichen und sexuellen Beziehungen helfen ihnen, dieses Gleichgewicht zu bewahren und sich an der Logik der Gabe zu orientieren. Dies hilft, die Suche nach Lust nicht zu verdunkeln. Manchmal lässt sich dieser Unterschied nicht als „schwarz oder weiß" klassifizieren; es gibt Grauzonen. Es ist notwendig, für die Unterschiede sensibel zu werden, ohne dabei skrupulös zu werden. Es gilt, einen „Stil" in der Sexualität zu entwickeln, in dem die Liebe einen zentralen Stellenwert einnimmt.

Die Suche nach einem Gleichgewicht zwischen Lust als Ziel und als Ergebnis der Liebe hängt mit dem Begriff der Keuschheit zusammen. Keuschheit bedeutet nicht, den Sexualtrieb zu unterdrücken, sondern ihn zu stärken, um ihm seine wahre Bedeutung zu geben, das heißt: eine Sexualität zu erreichen, die im Dienst der Liebe steht. Das Ziel der Keuschheit besteht darin, die Liebe zu bewahren – die Berufung zur Liebe –, die in allen Menschen vorhanden ist. Sie will die Größe des Menschen fördern. Ein Beispiel dafür ist die periodische Enthaltsamkeit, die gelebt wird, um die Liebe zu bewahren. Angst vor Sexualität oder eine negative Haltung gegenüber ihr ist keine Keuschheit. Auf sexuelle Reize oder sexuelle Beziehungen zu verzichten, ist ebenfalls keine Keuschheit, wenn diese Person nicht von Liebe inspiriert oder auf Liebe ausgerichtet ist.

Kurze und längere sexuelle Beziehungen spielen jeweils ihre Rolle und bringen Abwechslung, um Ehepartner zu verbinden.

So wie es kurze wie längere, leidenschaftlichere Küsse gibt, werdet ihr sexuellere Beziehungen haben, die feuriger, kürzer, unerwarteter sind, und andere, die ausgearbeiteter und länger sind. Beide sind gut. Die Kurzen können den Eindruck erwecken, impulsiver zu sein und stärker auf jenes „schnelle Vergnügen" ausgerichtet zu sein, von dem ich zuvor sprach. Dennoch sind sie gut, wenn die Qualität der Liebe zwischen den Ehepartnern gut ist; wenn sie im Alltag andere, weniger physisch-sexuelle Wege pflegen und aufrechterhalten, um einander ihre Liebe zu zeigen. Beide – die kurzen sexuellen Beziehungen und die längeren – spielen ihre Rolle, bringen Abwechslung und dienen dazu, die Ehepartner verbunden zu halten.

Die körperliche Lust des Orgasmus ist weder spezifisch noch originell für ein Paar. Ich meine damit: Jeder Mensch kann sie mehr oder weniger auf dieselbe Weise erleben. Die Orgasmen, die in der Pornografie zu sehen sind, sind „mechanisch" und erfordern häufig „Sexspielzeug", um zu erreichen. Was Orgasmen jedoch einzigartig und persönlich machen kann, ist, dass sie das Ergebnis einer liebevollen, persönlichen Beziehung sind, die die Ehepartner vereint. Dadurch können sie sie mit größerer Intensität erleben – als etwas sehr Besonderes, als etwas Eigenes. Denjenigen, die

heiraten werden, empfehle ich gewöhnlich, dies während ihrer sexuellen Beziehungen nie zu vergessen.

Die liebevolle Hingabe des Körpers spielt eine wichtige einigende Rolle im Paar.

Als Konsequenz des Vorstehenden möchte ich daran erinnern, dass der Orgasmus nicht gleichbedeutend mit Glück ist, auch wenn er sicherlich dazu beiträgt, dass eine Person ihre sexuelle Hingabe mit größerer Fülle erlebt. Die Aufmerksamkeit in der sexuellen Beziehung sollte sich nicht darauf konzentrieren, ausschließlich den höchstmöglichen Grad eigener Lust zu erreichen, sondern darauf, sich dem anderen hinzugeben, indem man aktiv sein Wohl sucht – im weiten Sinn des Wortes. Eine sexuelle Beziehung kann lustvoll sein und zugleich mit einem gewissen Gefühl der Leere erlebt werden, wenn man neben der Lust nicht die Spur wahrnimmt, die wahre Liebe hinterlässt. Umgekehrt können sexuelle Beziehungen sehr befriedigend sein, auch wenn nicht immer – oder nicht mit derselben Intensität – ein Orgasmus erreicht wird. Dies ist möglich, weil die liebevolle Hingabe des Körpers eine wichtige einigende Rolle im Paar spielt. In der Pornografie existieren ausschließlich Erregung und Lust als letztes Ziel; es gibt keinen Wunsch, eine persönliche Beziehung aufzubauen. Deshalb ist es auf lange Sicht eine „weniger lustvolle Lust".

Text aus dem Buch: de Irala, J. *Un momento inolvidable. Juntos por primera vez* https://linktr.ee/jokin_de_irala

Reflexionsfragen

Wie kann nach Ansicht des Autors in einer Paarbeziehung ein Gleichgewicht zwischen Lust als letztem Ziel und Lust als Ergebnis der Liebe erreicht werden?

Welche Rolle spielt reife Keuschheit bei der Stärkung der Beziehung, und wie könnte sie im eigenen Leben angewendet werden?

Wie lässt sich die Logik der Gabe und der wechselseitigen Hingabe in die Beziehung integrieren, sodass körperliche Lust ein authentischer Ausdruck der Liebe ist?

Deine Notizen, Kommentare und Vorsätze

Weitere Artikel über Paarbeziehungen

Dra. María Elena Anaya Hamue

Doktorin der Neurowissenschaften und
Leiterin von *Marca Familia*
Mexiko

Das Geheimnis hinter dem „für immer": Prädiktoren für Erfolg in der Liebe

Zusammenfassung

Der Erfolg in der Ehe ist keine Frage des Glücks, sondern das Ergebnis bewusster Entscheidungen, von Commitment und emotionaler Reife. Faktoren wie affektive Kommunikation, respektvolle Konfliktlösung und eine sichere Bindung stärken die eheliche Beziehung. Die Zeit der Partnerschaft vor der Ehe (das „Noviazgo") ist zentral, um einander kennenzulernen und eine tragfähige Grundlage aufzubauen – jenseits des Romantischen. Tägliches Commitment, wechselseitige Hingabe und Treue machen das „für immer" möglich. Risiken zu erkennen und Beziehungsfähigkeiten zu kultivieren, erlaubt es, Liebe in ein dauerhaftes Bündnis zu verwandeln.

Artikel

Kann man von **Erfolg** in der **Liebe** sprechen? Diese Frage ist Gegenstand zahlreicher Studien, die das eheliche Zusammenleben als Erfahrung untersuchen, die – abhängig von vielfältigen Faktoren – als bereichernd oder tief frustrierend erlebt werden kann. Was für manche Paare ein Raum von Freude, Stabilität und Wachstum ist, kann für andere zu einem feindseligen Feld voller Verschleiß, Unzufriedenheit und Konflikt werden. In diesem Kontext haben viele Forschende untersucht, welche Faktoren die

Qualität der ehelichen Bindung fördern oder beeinträchtigen, und dabei wertvolle Instrumente zur Stärkung des Zusammenlebens bereitgestellt.

Der vorliegende Artikel ist Ergebnis einer Untersuchung in Jalisco (Mexiko) zwischen 2013 und 2021 im Rahmen des Projekts AMAR (Antecedents of Marital Adjustment Research) der Universität Navarra. Beteiligt waren 310 Paare, die kurz vor der Eheschließung standen und umfassende, wertvolle Auskünfte über sich selbst und ihre Beziehung erteilten. So konnten Prädiktoren für Erfolg oder Misserfolg in der Ehe analysiert werden. Diese Forschung stellte ich bei der Verteidigung meiner Dissertation mit dem Titel *„Studie der Variablen, die mit ehelichem Erfolg und ehelichem Scheitern in der Metropolregion Guadalajara im Bundesstaat Jalisco, Mexiko, assoziiert sind"* vor.

Eheliche Zufriedenheit und ihre Grundlagen

Die eheliche Zufriedenheit ist ein zentraler Bestandteil des ehelichen Erfolgs. Sie steht in direktem Zusammenhang mit der Stabilität der Partnerschaft sowie mit der emotionalen Lebensqualität jedes einzelnen Partners. Arbeiten verschiedener Autorinnen und Autoren – darunter John Gottman (2000) – haben die Bedeutung der Affektivität im ehelichen Leben hervorgehoben. Nach seinen Untersuchungen sind die Art und Weise, wie Paare einander im Alltag begegnen, wie sie ihre Meinungsverschiedenheiten lösen, die Freundlichkeit im Umgang, der gegenseitige Respekt sowie die Praxis von Vergebung und Dankbarkeit entscheidend – nicht nur dafür, dass eine Ehe Bestand hat, sondern auch dafür, dass sie zu einer echten Quelle des Wohlbefindens wird.

Unter den klarsten Indikatoren für ein Trennungsrisiko sticht Feindseligkeit als einer der gefährlichsten Faktoren hervor.

Verschiedene Studien haben ergeben, dass verheiratete Menschen häufig glücklicher sind als Unverheiratete, weil sie über stärkere emotionale Unterstützung verfügen, wie der Forscher Wilson (2002) hervorhebt. Ebenso wurde beobachtet, dass bestimmte Praktiken die Bindung in der Partnerschaft stärken, etwa durch die konstruktive Besprechung von Meinungsverschiedenheiten, das Teilen gemeinsamer Ziele oder das Ausüben gemeinsamer Aktivitäten – einschließlich religiöser Praktiken.

Tatsächlich zeigen Untersuchungen wie jene von Mahoney und Ellison (1999), dass Paare, die ihre religiöse Praxis teilen, seltener mit schweren Konflikten, Untreue oder Gewaltsituationen konfrontiert sind.

Insgesamt ist eheliche Zufriedenheit das Ergebnis einer Kombination aus affektiven, verhaltensbezogenen und sozialen Faktoren. Dabei wirken nicht nur das alltägliche Miteinander, sondern auch das Umfeld, das das Paar umgibt, sowie Praktiken, die seine Bindung stärken. Im Folgenden werden einige Prädiktoren für Erfolg und Misserfolg betrachtet, die ebenfalls das Paarleben und das emotionale Wohlbefinden beeinflussen.

Prädiktoren für ehelichen Erfolg und eheliches Scheitern

Die Forschung hat mehrere Faktoren identifiziert, die die Zukunft einer ehelichen Beziehung vorhersagen können. Der Psychologe Howard Markman (2010) schlug vor, diese Faktoren in zwei Typen zu unterteilen: statische und dynamische. Statische Faktoren sind Bedingungen, die bereits vor der Ehe bestehen: in einer Familie mit geschiedenen Eltern aufgewachsen zu sein, Kinder aus früheren Beziehungen zu haben, unterschiedlichen Religionen anzugehören oder sehr jung geheiratet zu haben. Dynamische Faktoren betreffen hingegen die Art und Weise, wie das Paar seinen Alltag gestaltet. Beispiele sind Kommunikationsschwierigkeiten, unrealistische Erwartungen, geringes Commitment sowie negative Muster im Streit und bei der Konfliktlösung – Aspekte, die die eheliche Bindung schwächen können.

*Einer der Faktoren mit der größten Vorhersagekraft für die Entwicklung der Paarbeziehung ist die Art der **affektiven Bindung**, die sich herausbildet.*

Unter den deutlichsten Indikatoren für ein Trennungsrisiko sticht Feindseligkeit als einer der Gefährlichsten hervor. Matthews und Wickrama (1996) fanden, dass Paare, deren Beziehung durch Feindseligkeit gekennzeichnet ist, eine Scheidungswahrscheinlichkeit von bis zu 80 % aufweisen. In ähnlicher Weise benannte John Gottman (1994) die „vier Reiter der Apokalypse" des Paarlebens: dauerhafte Kritik, defensive Haltung, Vermeidung und vor allem Verachtung. Paare, die hingegen gut funktionieren, teilen häufig gesunde Kommunikationsfertigkeiten, können sich an Veränderungen anpassen und zeigen Bereitschaft, Konflikte offen und respektvoll zu lösen.

Zudem zeichnen sie sich durch ein hohes Maß an Commitment sowie die Fähigkeit aus, andere zu erkennen und zu verstehen. Seine Geschichte anzuerkennen sowie seine Bedürfnisse und Grenzen zu verstehen, ist der Schlüssel zum Beziehungserfolg.

Auch die Persönlichkeit beeinflusst die Stabilität des Paares.

Einer der Faktoren mit der größten Vorhersagekraft für die Zukunft der Paarbeziehung ist die Art der affektiven Bindung, die sich entwickelt. Wie eine Person wahrnimmt, in ihrer Kindheit geliebt worden zu sein, ebenso wie die Liebe, die sie zwischen ihren Eltern beobachtet hat, beeinflussen ihre Art, sich in einer Partnerschaft zu verhalten. Die Bindungstheorie erklärt, dass Menschen, die eine sichere Bindung entwickeln – gegründet auf Vertrauen und Respekt –, tendenziell stabilere und zufriedenstellendere Beziehungen aufbauen. Eine ängstliche oder vermeidende Bindung erschwert hingegen Commitment und Nähe. Damit eine Ehe gesund ist, bedarf es einer affektiven Bindung, in der beide füreinander sorgen können, die Individualität respektieren und eine tiefe Verbindung aufrechterhalten, ohne in Abhängigkeit oder Distanzierung zu geraten.

Darüber hinaus beeinflusst die Persönlichkeit die Beziehungsstabilität. Obwohl es kein „ideales Profil" gibt, weisen verschiedene Studien darauf hin, dass Personen mit ausgeprägter Tendenz zu Angst, Impulsivität und emotionaler Instabilität (Neurotizismus) mehr Konflikte erleben und ein höheres Trennungsrisiko haben. Menschen, die freundlich und gewissenhaft/verantwortungsbewusst sind, bauen häufiger solidere, stabilere und zufriedenstellendere Bindungen auf.

Die Phase der Partnerschaft vor der Ehe sollte nicht bloß eine romantische Vorstufe sein, sondern eine Zeit des realen Kennenlernens und der Vorbereitung auf eine endgültige Hingabe.

Zusammenfassend sind sowohl die vor der Ehe gegebenen Bedingungen als auch der Bindungstyp, der die Beziehung prägt, die Kommunikations- und Konfliktmuster sowie die Wahrung gegenseitigen Respekts entscheidend für den Erfolg oder Misserfolg. Diese Faktoren zu kennen hilft, Paardynamiken besser zu verstehen, und bietet zugleich Instrumente zur Stärkung der Bindung und zur Vorbeugung emotionaler Abnutzung.

Vorbereitung auf die Ehe und die Rolle der Verlobungs-/Kennenlernphase

Die Phase vor der Ehe sollte nicht bloß eine romantische Vorstufe sein, sondern eine Zeit des realen Kennenlernens des Anderen und der Vorbereitung auf eine endgültige Hingabe. Falsche Erwartungen und/oder das Einüben von Zusammenlebensmodellen, die echtes Commitment erschweren, verhindern, dass das Paar entscheidende Aspekte seines gemeinsamen Lebens mit Offenheit und Aufrichtigkeit angeht.

Diese Phase ist eine Schlüsselzeit, um die Fundamente einer soliden und dauerhaften Beziehung zu legen.

Eheliche Liebe ist – neben Anziehung und geteilten Träumen – eine bewusste Entscheidung, den anderen jeden Tag zu lieben. Wenn eine Beziehung auf gegenseitigem Kennen, Respekt, realistischer Annahme des Anderen und einem authentischen Commitment aufgebaut ist, hat sie deutlich bessere Chancen, in Schwierigkeiten standzuhalten. Eine so gelebte Phase vor der Ehe hilft, bewusst zu wählen, mit wem man das Leben teilen möchte – auch wenn der Weg unerwartete Richtungen einschlagen kann.

Auf diese Weise ist diese Phase ein entscheidender Abschnitt, um die Fundamente einer soliden und dauerhaften Beziehung zu errichten. Sie verantwortungsvoll, authentisch und in die Tiefe gehend zu leben, ermöglicht dem Paar bewusstere Entscheidungen und eine reifere, realistischere Gestaltung des Commitments.

Commitment und geteiltes Leben

Ehe bedeutet nicht, Aufgaben aufzuteilen, als ob es sich um einen Vertrag handelte, sondern gemeinsam ein Lebensprojekt aufzubauen. Die aktive Präsenz beider in der Erziehung der Kinder, die wechselseitige Sorge und die stetige Unterstützung sind Pfeiler, die das Eheleben bereichern und umfassender machen. Die Forschung zeigt, dass Paare, die ein hohes Maß an Hingabe/Dedikation kultivieren – das heißt, Zeit, Zuneigung und Energie in ihre Beziehung investieren – und zudem Restriktion

praktizieren, also durch den Verzicht auf andere Optionen Treue und ein klares Commitment leben, eine deutlich höhere Wahrscheinlichkeit haben, eine erfolgreiche Beziehung zu führen.

Lieben ist eine tägliche Wahl, die Mäßigung, Hingabe und Reife erfordert. In Anlehnung an Papst Johannes Paul II. besteht Treue darin, im eingegangenen Commitment standhaft zu bleiben – auch in der Dunkelheit, wenn man das Licht der ersten Begeisterung nicht mehr spürt.

Fazit

Das sogenannte Geheimnis hinter dem „für immer" in der Ehe ist weder Frucht des Zufalls noch romantische Idealisierung, sondern das Ergebnis eines bewussten, verantwortlichen und kontinuierlichen Prozesses des gemeinsamen Lebensaufbaus. Die Forschung zeigt, dass ehelicher Erfolg auf einer Reihe identifizierbarer und entwickelbarer Prädiktoren beruht, darunter affektive Kommunikation, konstruktive Konfliktlösung, Freundlichkeit, Vergebung, authentisches Commitment und emotionale Reife. Ebenso ermöglicht die Identifikation bestimmter Risikofaktoren – wie unsichere Bindung, anhaltende Feindseligkeit in der Beziehung oder emotionale Instabilität – Paaren, an ihrer persönlichen und relationalen Entwicklung zu arbeiten, um ihre Bindung zu stärken. Ehe, verstanden als tägliche und verantwortliche Entscheidung, wird zu einem Raum des Wachstums, der Zugehörigkeit und der Beständigkeit, der sich über die Zeit hinweg tragen und erneuern lässt.

Dra. María Elena Anaya Hamue
Mehr Info über die Autorin über den QR-Code:
https://familyvalued.org/maria-elena-anaya-hamue/

Reflexionsfragen

Wie beeinflusst die Art der affektiven Bindung (sichere, ängstliche oder vermeidende) die Stabilität und den Erfolg einer Paarbeziehung?

Welche konkreten Praktiken könntest du in deiner Beziehung umsetzen, um affektive Kommunikation und konstruktive Konfliktlösung zu fördern?

Inwiefern kann die Phase vor der Ehe zu einer Schlüsselzeit werden, um die Fundamente einer soliden und dauerhaften Beziehung zu legen?

Deine Notizen, Kommentare und Vorsätze

**Weitere Artikel über
Paarbeziehungen**

Weitere Artikel über Paarbeziehung

Merkmale einer ausgewogenen Gleichberechtigung in der Ehe

Das Abenteuer der Liebe – Buch von Arturo Cattaneo

Der Begriff Gleichberechtigung im Buch „Die Renaissance der Familie"

5 Kindererziehung

Prof. María Calvo Charro
Professorin für Verwaltungsrecht
Universität Carlos III
Spanien

Das Privileg, ein „unerwünschtes" Kind zu sein

Zusammenfassung
Der Text betont den grundlegenden Unterschied zwischen Wunsch und Liebe. Der Wunsch ist zentripetal, auf das eigene Ich gerichtet, selbstbezogen und narzisstisch und erzeugt eine flüchtige, inkonsistente Lust. Liebe hingegen ist zentrifugal; sie besteht im Geben, darin, den anderen vor sich selbst in den Blick zu nehmen, und erzeugt ein tragfähiges Gefühl von Erfüllung und Glück. Der Wunsch, so Recalcati, trägt einen nihilistischen Zug in sich, der uns von einem Objekt zum nächsten treibt, ohne dauerhafte Befriedigung zu ermöglichen.

Artikel
In den sogenannten entwickelten Ländern erhalten Kinder sozialen und rechtlichen Wert in dem Maße, in dem sie „gewünscht" sind. Eine „ungewollte" Schwangerschaft gilt als hinreichende Rechtfertigung, um die Würde des Ungeborenen – und damit sein Recht auf Leben – zu negieren. Wir erleben eine Sublimierung der Wünsche zulasten der Vernunft, die radikal vor Gefühlen und Emotionen zurückweicht. Unter

diesen Umständen wird zur Befriedigung der eigenen Wünsche alles technisch Mögliche moralisch erlaubt: einschließlich der Kommerzialisierung menschlichen Lebens durch Leihmutterschaft, der „Erlangung" eines Kindes mittels ökonomischer Transaktion, der Abgabe eines Kindes, das nicht dem entspricht, was die Eltern erträumt oder programmiert hatten oder das mit einer „Macke" bzw. einem genetischen Defekt zur Welt käme, oder der Verurteilung des Kindes dazu, noch vor der Geburt vaterlos zu sein, indem seine Genealogie durch Technologie ersetzt wird.

Der Wunsch ist zentripetal, die Liebe hingegen zentrifugal.

Dennoch gibt es viele Frauen – manche in zutiefst traumatischen Umständen und in völliger Einsamkeit –, die sich entscheiden, eine „ungewollte" Schwangerschaft fortzuführen. Frauen, die trotz der Schwierigkeiten ihren Körper aus Liebe hingeben, damit er von einer Andersheit bewohnt werde, die sie übersteigt. In diesen Fällen weicht der Wunsch der Liebe. Dabei handelt es sich um zwei Begriffe, über die gegenwärtig große Verwirrung herrscht und die diametral entgegengesetzt sind: Während Wunsch darin besteht, zu nehmen, bedeutet Liebe zu geben. Der Wunsch, so Bauman in *Liquid Love*, ist zentripetal; die Liebe hingegen zentrifugal. Der Wunsch erzeugt eine flüchtige und inkonsistente Lust, die Liebe hingegen ein solides Gefühl von Erfüllung und Glück. Wunsch bedeutet, an sich selbst zu denken, und ist deshalb selbstbezogen und narzisstisch; Liebe heißt, den anderen vor sich selbst zu stellen. Liebe stiftet Fülle, während der Wunsch – wie Recalcati festhält – jene nihilistische Eigenschaft besitzt, uns von einem Objekt zum nächsten zu treiben, ohne dass eines von ihnen uns zu erfüllen vermöchte; denn im postmodernen Mythos der neuen Tendenzen zeigt sich, dass die Unzufriedenheit stets dieselbe bleibt.

Annehmen heißt, auf unsere allmächtigen Kontrollträume zu verzichten.

Der Unterschied zwischen Wunsch und Liebe markiert einen weiteren Unterschied: zwischen dem Kind, das absichtlich gesucht und bis ins Äußerste geplant wurde, und dem Kind, das angenommen wird, wenn es kommt – als Überraschung, als neuartige und unerwartete Gabe und so, wie es kommt, mit all seinen Fehlern und

Unvollkommenheiten, die Ausdruck der Originalität des Lebens sind und uns humanisieren. Die Freude der Mutterschaft besteht darin, Leben zu schenken, nicht darin, das „ideale" Kind zu besitzen. Annehmen bedeutet, auf unsere allmächtigen Träume von Kontrolle zu verzichten, Risiko zu akzeptieren, eigene Projekte einem neuen Leben unterzuordnen, von eigenen Erwartungen abzulassen und sich für Überraschung und Unvorhergesehenes zu öffnen – häufig in heroischer Weise.

Es besteht ein großer Unterschied zwischen dem Kind, das frei geboren wird – denn menschliche Freiheit verlangt einen unverfügbaren Anfang – und dem Kind, das in ein Dominanzverhältnis hineingeboren wird, weil es einem Zweck und einem vorgezeichneten Schicksal unterworfen ist: dem eigenen Leben Sinn zu geben, mir in meiner Einsamkeit Gesellschaft zu leisten oder archaische Leiden zu lösen, die in meinem Unterbewusstsein begraben liegen und die – wie das Spanische Bioethikkomitee feststellt – keine Schwangerschaft zu stillen vermag. Wird ein Kind gesucht, um die eigenen unbewussten Erwartungen zu erfüllen, so ist es, wie Recalcati sagt, *„ohne es zu wissen, im Begehren der Mutter entführt"*. Denn es gibt keinen schlimmeren Albtraum als Gefangener der Träume eines anderen zu sein.

Das „unerwünschte" Kind wird von der öffentlichen Gewalt und großen Teilen der Gesellschaft als Problem betrachtet.

Dies markiert wiederum einen weiteren Unterschied: zwischen dem Kind als Produkt meiner Wünsche und dem Kind als Nebenfolge der sexuellen Beziehung seiner Eltern, in der idealerweise Liebe und Hingabe zwischen Mann und Frau vorhanden wären (das Kind wäre Ergebnis der Liebe seiner Eltern, die nicht ein Kind wünschten, sondern einander wünschten), was jedoch häufig nicht der Fall ist (verlassene und misshandelte Frauen) – was die Großzügigkeit und den Mut der Frau, die sich entscheidet, diese Schwangerschaft fortzuführen, umso stärker hervorhebt.

Das „unerwünschte" Kind wird von der öffentlichen Gewalt und von großen Teilen der Gesellschaft als Problem, als Last, als Bürde, als Hindernis der eigenen persönlichen und beruflichen Selbstverwirklichung angesehen – was hinreichend rechtfertigt, es willkürlich „loszuwerden". Für jene Frauen jedoch, die sich – offen für Ungeplantes – trotz Gefahren und Unwägbarkeiten entscheiden, diese Schwangerschaft fortzuführen, die nicht in ihre Pläne passte, wird das Kind zu einer Gabe: zu einem neuartigen

und unerwarteten Geschenk, zu Transzendenz in ihrer reinsten Immanenz und vor allem zu Andersartigkeit.

Diese Frauen wissen: Gewährende zu sein macht nicht zu Eigentümerin.

Als „unerwünschtes" Kind geboren zu werden, ist heute ein seltenes und eigenartiges Privileg; denn es bedeutet, in voller Freiheit geboren zu werden – ohne Erwartungen an seine Zukunft, ohne konkrete Ziele, die es zu erfüllen hätte, ohne dass es uns „das Leben schuldet", sondern in einem vitalen Prozess; ohne Vorprogrammierung, ohne Eingriff Dritter oder der Technik. Dies kann – in den Worten Habermas' – die moralische Selbstverständigung beeinträchtigen, denn wenn das Kind mittels eines geplanten Verfahrens „geschaffen" wird, wird es jeder Spontaneität oder Improvisation entzogen, die im natürlichen Beginn des Lebens im Allgemeinen in gewisser Weise vorhanden ist, und so wird seine Freiheit beschnitten.

Diese mutigen Frauen verdienen Respekt, Unterstützung und Schutz. Sie wissen, dass Gewährende zu sein nicht heißt, Eigentümerin zu sein; dass Mutterschaft Gastfreundschaft ohne Eigentum ist; dass Kinder Nachkommenschaft, nicht Besitz, sind und folglich nicht dazu kommen, eigene existenziellen Leerräume zu füllen, eigene frustrierte Träume zu erfüllen oder der eigenen Einsamkeit Gesellschaft zu leisten, sondern dazu, zu fliegen und ein eigenes Leben zu haben, das oft ein unentzifferbares Rätsel darstellt. Großzügige Mutterschaft ist jene, die das Kind nicht mit ihren Projekten erstickt, sondern seine Entscheidungen bei der Gestaltung eines eigenen, vom Traum der Mutter verschiedenen Schicksals zu respektieren weiß. Genau dies ist die größte Prüfung, die jede Mutter erwartet: ihr Kind gehen zu lassen, nachdem sie es gezeugt, geliebt und versorgt hat. Eine Mutter, die weiß, dass ein Kind zu empfangen, es im Innersten zu tragen, es mit dem eigenen Körper und den eigenen Gedanken zu nähren, bedeutet, es in dem Moment zu verlieren, in dem es geboren wird: es als reine Transzendenz anzuerkennen (ein Leben, das die Mutter nicht besitzt, sondern beherbergt) und es als Andersartigkeit hervorzubringen. Freiheit ist jedoch das höchste und schwierigste Geschenk, das jede Mutter einem Kind aus Liebe machen kann.

Prof. Maria Calvo Charro

Mehr Info über die Autorin über den QR-Code:

https://familyvalued.org/maria-calvo-charro/

Reflexionsfragen

Worin besteht nach dem Artikel der grundlegende Unterschied zwischen Wunsch und Liebe, und wie beeinflusst diese Unterscheidung die Wahrnehmung von Mutterschaft und Vaterschaft?

Warum hält die Autorin es im heutigen Kontext für ein Privileg, als „nicht gewünschtes" Kind geboren zu werden?

Wie ließe sich – entsprechend der Argumentation des Textes – eine Sicht auf Mutterschaft und Vaterschaft fördern, die die Freiheit und Individualität der Kinder respektiert?

Deine Notizen, Kommentare und Vorsätze

Weitere Artikel über Kindererziehung

Viola Patricia Herrmann
Bildungsexpertin
Deutschland

VERTRAUEN STATT ANGST!
Was unsere Kinder stark macht

Zusammenfassung

Dieser Text zielt darauf ab, die Kompetenzen und Fähigkeiten unserer Kinder in den Fokus zu rücken. Er soll Eltern dazu motivieren, sich in elementaren Bereichen der Erziehung zurückzuhalten und Ängste durch Vertrauen zu ersetzen. Ich möchte das Zutrauen der Eltern in ihre Kinder stärken und positive Impulse für eine liebevoll begleitende Erziehung geben. Dabei werden auch mögliche Ängste thematisiert, die ich als Mutter von vier Kindern durchaus nachvollziehen kann. Anhand dieser Beispiele wird aber auch die Perspektive der Kinder eingenommen und vermittelt, wie sie durch neue Herausforderungen wachsen können. Der Text soll Eltern darin bestärken, ihre eigenen Sorgen nicht auf die Kinder zu übertragen, ihnen genügend Freiräume für ihre individuelle Entwicklung zu geben und sich im Umgang mit herausfordernden Situationen als kompetent zu erleben. Kurzum: Ein Statement für die Großartigkeit unserer Kinder, die wir liebevoll fördern und nicht durch eigene Blockaden im Keim ersticken lassen sollten.

Artikel

Vor Kurzem wurde ich Zeugin eines Gesprächs zwischen zwei Nachbarsjungen, die etwa 10 Jahre alt waren. Sie spielten gemeinsam Fußball im heimischen Garten, bis

einer den anderen auf einmal fragte: „Sag mal, was hast du da eigentlich am Gürtel hängen?" *„Ach, das, das ist mein AirTag. Den macht mir meine Mutter immer ran, weil sie sich Sorgen macht, dass ich sonst verloren gehe.* Was der andere Junge nur mit erstauntem Blick quittierte, ist mir bis heute nicht aus dem Kopf gegangen. Wie kann es nötig sein, das eigene Kind zu tracken, wenn es sich ganz offensichtlich nur 50 m entfernt aufhält? Eine Straße befand sich ebenfalls nicht zwischen den Grundstücken und ein weiterer Ausflug war nach dem Spiel nicht geplant. Das freie Spiel in Nachbars Garten scheint heute nicht mehr so frei zu sein, wie es eigentlich sein sollte.

Ich habe selbst vier Kinder und kenne vermutlich alle Ängste, die wir Eltern durchmachen. Wir alle wünschen uns für unsere Kinder eine sorgenfreie Kindheit, beschützt vor den Gefahren dieser Welt und geborgen in unserer Liebe, die sämtliche Hindernisse aus dem Weg räumt. So sollte es sein, denn unsere Kinder sind unser größter Schatz. Die Frage ist jedoch, wie ich als Elternteil mit meinen unvermeidlichen Ängsten umgehe. Je mehr ich davon auf mein Kind übertrage, umso mehr verunsichere ich es. Es bekommt das Gefühl, nichts eigenständig bewirken zu können, hilflos zu sein und keinerlei Kompetenz zu besitzen. Darunter leidet das Selbstwertgefühl. Die persönliche Entwicklung, die ja auch durch Scheitern und Wiederaufstehen gefördert wird, kann gehemmt werden. Das Kind wird ausgebremst und entwickelt unter Umständen ein von Verunsicherung und Angst geprägtes Weltbild. Das finde ich schade und das möchte ich für meine Kinder nicht.

Wie gelingt es uns also, unsere eigenen Ängste zu kontrollieren und unsere Kinder loszulassen? Diese nachfolgenden fünf Leitlinien haben mir dabei geholfen, meinem eigenen Anspruch gerecht zu werden und dabei das Selbstwertgefühl meiner Kinder zu stärken:

1. **Einen sicheren Raum schaffen**

Kinder müssen Neues ausprobieren dürfen, allerdings in einer sicheren Umgebung. Auf guten Spielplätzen gibt es z.B. immer neue Herausforderungen, die Kinder liebend gerne annehmen und stolz sind, wenn sie sie allein gemeistert haben.

2. **Übermäßige Warnungen vermeiden**

Wie oft haben eure Eltern euch mit ihren Warnungen genervt? Genau! Ein ständiges „Achtung!" oder „Pass auf!" führt zu Verunsicherung. Besser ist es, selbst ruhig zu bleiben und dem Kind beizustehen, damit es einen sicheren Ausweg aus der Situation findet.

3. Den Radius altersgemäß erweitern

Kinder wollen Neues entdecken und sich ausprobieren. Wir sollten ihnen diesen Raum geben. Je nach Alter können wir den Bereich, in dem sich unser Kind allein bewegen darf, schrittweise vergrößern.

4. Unserem Kind vertrauen

Ein wichtiger Punkt, der viel zu oft ignoriert wird: Unser Kind verdient unser Vertrauen! Wir dürfen darauf bauen, dass es in der Lage ist, eigenständig zu handeln und mit verschiedenen Situationen umzugehen. Ein kraftvolles „Du schaffst das, ich glaube an dich!" bringt Kinder zum Strahlen und kann innere Wunder bewirken.

5. Eigene Freiräume schaffen

Ja, es geht um uns Eltern, denn wir sind der Kompass für unsere Kinder. Folglich müssen wir auch auf uns selbst achten, um unsere vielen Aufgaben gut erfüllen zu können. Je älter das Kind wird, umso mehr Freiräume dürfen auch wir uns nehmen und neue Wege gehen. Durch unser Vorbild lernt unser Kind, dass es in Ordnung ist, Neues auszuprobieren und dass Herausforderungen zum Leben gehören.

Wir brauchen keine unsichtbare Leine für unsere Kinder. Wir brauchen ein unsichtbares Band zwischen uns. Ein Band, das aus Liebe und Vertrauen besteht und beiden Seiten – Eltern und Kindern – die nötige Souveränität für eine Erziehung ohne Angst ermöglicht. Natürlich müssen wir auf unsere Kinder aufpassen, sie beschützen und mögliche Gefahrenquellen vermeiden. Doch wir müssen ihnen auch Mut, Vertrauen und Selbstwertgefühl vermitteln, um Herausforderungen in ihrem Leben allein bewältigen zu können. Die Wurzeln, die wir ihnen mit unserer Liebe geben, sind unersetzlich und dieses Fundament wird sie über ihr ganzes Leben hinweg tragen. Doch wenn unsere Kinder ihre Flügel langsam ausbreiten und ihre Spannweite immer größer wird, dann müssen wir sie ziehen lassen und auf ihrem Weg unterstützen. Für eine selbstbestimmte Zukunft voller Zuversicht und ohne Angst.

Viola Patricia Herrmann

Mehr Info über die Autorin über den QR-Code:

https://familyvalued.org/viola-patricia-herrmann/

Reflexionsfragen

Inwiefern beeinflusst die Elternangst die Entwicklung des Selbstwertgefühls und der Selbstständigkeit der Kinder?

Welche praktischen Strategien schlägt die Autorin vor, um in der Erziehung von Kindern ein Umfeld des Vertrauens und der Freiheit zu fördern?

Warum ist es wichtig, dass Eltern auch eigene Freiräume schaffen, und wie wirkt sich das auf das Vorbild aus, das sie ihren Kindern geben?

Deine Notizen, Kommentare und Vorsätze

Weitere Artikel über Kindererziehung

Alfonso Aguiló Pastrana

Präsident der Spanischen Konföderation von
Bildungseinrichtungen (CECE)
Spanien

Freiheit und Verantwortung in der Erziehung der Kinder

Zusammenfassung

Erziehung verlangt, Freiheit und Verantwortung in ein ausgewogenes Verhältnis zu bringen: weder genügt allein die Inspiration durch Ideale, noch trägt ein „überbehütetes Erziehungsmuster". Persönliche Anstrengung und der Erwerb stabiler Gewohnheiten sind unverzichtbar, um zu reifen und eine fragile, verlängerte Kindheit nicht zu verlängern. Überbehütung fördert eine geringe Frustrationstoleranz und eine größere Vulnerabilität, was psychische Probleme begünstigt. Man muss sowohl aus guten als auch aus schlechten Beispielen lernen und sich auf unvollkommene Kontexte vorbereiten, ohne in „Aussortieren" zu verfallen. Die erziehende Person macht auch ihre eigenen Anstrengungen sichtbar: Wir alle erziehen im Alltag und sollen Kinder zu autonomen, reifen und urteilsfähigen Menschen heranbilden.

Text

Freiheit gepaart mit Verantwortung zu harmonisieren, ist vielleicht eine der größten Herausforderungen in der Erziehung. Es ist klar, dass es nicht ausreicht, lediglich gute Ideen zu vermitteln. Erziehung kann jedoch ebenso wenig darauf beruhen, Regeln und Verfahren aufzuzwingen. Beide Extreme sind recht häufige Fehler, in die

wir alle regelmäßig oder zumindest punktuell in bestimmten Situationen geraten können.

Persönliche Entwicklung setzt immer die eigene Anstrengung voraus.

Ein gutes Beispiel zu geben, über gute Prinzipien nachzudenken, den Wunsch zu wecken, gute Menschen zu sein und Gutes zu tun usw., genügt in der Regel nicht, denn es gibt keine Erziehung ohne ein gewisses Maß an Begrenzung: Andernfalls würde man nicht erziehen, sondern lediglich Vorgaben machen. Wir sehen, dass es relativ leicht ist, wissenschaftliche oder wirtschaftliche Inhalte zu vermitteln; Bildungs- oder moralische Prinzipien hingegen bleiben immer eine schwierige Aufgabe, weil sie persönliche Aneignung und praktische Umsetzung erfordern – und dies durch gute emotionale und verhaltensbezogene Gewohnheiten. Dafür ist es unerlässlich, dass jeder sich bemüht, diese Gewohnheiten anzueignen; und das wird stets kostspielig sein – für jede Person, an jedem Ort und in jeder Epoche. Es ist eine individuelle Entwicklung, die uns ein Leben lang begleitet und von der unser Gelingen im Leben in hohem Maße abhängt.

Ebenso wenig lässt sich Erziehung durch übermäßige Kontrolle oder durch Dynamiken der Überbehütung lösen.

Persönliche Entwicklung setzt immer die eigene Anstrengung voraus. Es genügt nicht, nur kindliche oder jugendliche Spontaneität zu begleiten. Es braucht viel Unterstützung, um all jene Wünsche, Gewohnheiten und Haltungen zu entwickeln, die Menschen zunehmend menschlicher machen und die Gesellschaft humaner. Grundlegend ist die Offenheit für Begegnungen mit anderen. Denn wenn wir uns um das Unsere oder das unserer Nächsten kümmern, uns aber gegenüber den anderen abwenden oder sie gar misshandeln, führen uns diese egoistischen Dynamiken in eine Welt voller Konflikte, die vollständig unbewohnbar wäre.

Die Kunst des Erziehens verlangt, Autorität und Freiheit miteinander zu verbinden.

Auch lässt sich Erziehung nicht durch übermäßige Kontrolle oder Überbehütung lösen. Wenn eine erziehende Person zur Überbehütung neigt, erschwert sie das Lernen und den Umgang mit den Spannungen des Lebens. Und vielleicht ist eines der bedeutendsten und besorgniserregendsten Phänomene unserer Zeit die Verlängerung der Kindheit. Diese Infantilisierung zeigt sich in einem Vorrang der Gefühle gegenüber der Vernunft sowie in einer Fragilität, die Kindern und Jugendlichen als selbstverständlich zugeschrieben wird, statt die altersgemäße Reife vorauszusetzen. Diese projizierte Fragilität zieht sie zu immer niedrigeren Schwellen der Toleranz gegenüber Spannung oder Frustration herunter. Es handelt sich um eine infantilisierte Haltung, die in vielen Fällen gefördert wird: Behandelt man Kinder (oder Schülerinnen und Schüler) als übermäßig verletzlich und fragil, nehmen sie sich schließlich so wahr und werden auch so – und damit wird jene Stärkung verhindert, die sich auf natürliche Weise im Kontrast zu den Schwierigkeiten und Unplanbarkeiten der realen Welt ausbildet. Ein überbehütetes Erziehungsmuster erzeugt zahlreiche psychische Probleme und lädt vor allem dazu ein, Symptome psychischen Leidens bei gewöhnlichen Themen zu zeigen, die man normalerweise bewältigen können sollte.

Wie sollte ein Umfeld beschaffen sein, damit Einflüsse positiv wirken?

Die Kunst des Erziehens verlangt, Autorität und Freiheit zu verbinden: zu wissen, wann man eingreifen und wann sich zurücknehmen soll; zu wissen, wann man spricht und wann man schweigt. Zu wissen, wie man vor schlechtem Beispiel schützt, aber auch, wie man Kinder auf das schlechte Beispiel vorbereitet, dem sie zweifellos begegnen werden (beginnend mit dem, was wir ihnen selbst geben können).

Es ist gewiss traurig, dass es Menschen gibt, die andere verderben.

Wie sollte ein Umfeld beschaffen sein, damit Einflüsse positiv wirken? Manche halten ein insgesamt positives Umfeld für ausschlaggebend. Andere sind der Ansicht, ein heterogeneres Szenario sei besser, in dem das Vorhandensein unterschiedlicher Situationen positiv sei, um sich in jeder Umgebung zurechtzufinden. Es gibt sehr unterschiedliche Meinungen darüber, wie Einflüsse zwischen Menschen wirken, und vielleicht haben alle ihre Gründe und ihre Einwände – ihre Licht- und Schattenseiten,

ihren Anteil an Wahrheit und an Vereinfachung. Es ist ohne Zweifel sehr gut, in einem sorgfältig gestalteten, anregenden und positiven Umfeld zu erziehen. Aber man muss auch lernen, zurechtzukommen, wenn das Umfeld nicht so ist; denn Erziehung muss auch darauf vorbereiten. Kinder werden im Leben viele schlechte Beispiele sehen (vielleicht deutlich früher, als wir glauben), und man muss sie darauf vorbereiten. Man könnte sogar sagen, dass sie selbst vieles falsch machen werden, und sie sollten gelernt haben, voranzukommen, auch wenn sie sich selbst kein gutes Beispiel gegeben haben.

Eine gute Erziehende findet stets einen Weg, zumindest hin und wieder zu zeigen, dass auch sie mit manchen Dingen Schwierigkeiten hat.

Es ist gewiss traurig, dass es Menschen gibt, die andere verderben. Aber solche Menschen wird es immer geben, und man muss lernen, sich zu behaupten, wenn das geschieht. Außerdem sollte man bedenken, dass jener Junge oder jenes Mädchen, das wir als schlechtes Beispiel ansehen, dein Sohn oder deine Tochter sein könnte – und dir nicht gefallen würde, wenn die Lösung schlicht im Aussortieren bestünde. Das gute Beispiel ist wichtig, doch vielleicht ist es noch wichtiger, sowohl aus guten als auch aus schlechten Beispielen zu lernen. Gute Beispiele geben uns einen Anreiz, ihnen zu folgen; schlechte Beispiele können uns jedoch manchmal sehr nützlich sein, wenn wir sehen, wohin sie führen, und klar erkennen, dass wir jene Defizite, die wir bei anderen sehen und überhaupt nicht mögen, nicht haben wollen. Vielleicht ist dies eine der großen Herausforderungen der Erziehung. Man kann jedenfalls nicht sagen, die ideale Erziehung sei diejenige, die in einem perfekten Umfeld stattfindet, frei von schlechten Beispielen (vorausgesetzt, das ließe sich überhaupt erreichen). Aber ebenso würde niemand als erzieherisches Ideal das Gegenteil verteidigen: die dauerhafte Exposition gegenüber schlechten Beispielen.

Es ist kein einfaches Thema, und vielleicht ist es gerade deshalb so wichtig, zu helfen, das Gute vom schlechten Beispiel zu unterscheiden – ohne allzu einfache Typisierungen –, indem man lernt, sich zunehmend reifere und persönlichere, besser begründete Auffassungen zu bilden. Denn letztlich geht es darum, autonom agierende Menschen zu formen, die ihren eigenen Weg finden, indem sie im Leben anderer – und im eigenen – entdecken, was ihre Natur entfaltet und was sie verfehlt.

Eine gute Erziehende findet stets einen Weg, zumindest hin und wieder zu zeigen, dass auch sie mit manchen Dingen Schwierigkeiten hat, wenn sie erwähnt, dass es Fragen gibt, bei denen sie sich um Besserung bemüht. Es können einfache Dinge sein, doch ohne Angst davor, zu zeigen, dass wir alle uns anstrengen und dass – wie sie es von ihren Kindern verlangen – auch die Eltern zu lernen und sich zu verbessern versuchen. Wichtig ist zu erkennen, ob es uns gefällt oder nicht: Erwachsene zeigen jeden Tag, wie wir leben, was wir denken und was für uns unsere gesamte Umgebung bedeutet. Wir alle sind Erziehende – auch Eltern und Geschwister –, auch dann, wenn wir es nicht beabsichtigen, weil wir unsere Kultur und unsere Werte durch uns selbst mit jeder kleinen Handlung unseres Lebens vermitteln.

Alfonso Aguiló Pestrana

Mehr Info über den Autor über den QR-Code:
https://familyvalued.org/alfonso-aguilo-pastrana/

Reflexionsfragen

Wie gestalte ich das Gleichgewicht zwischen Freiheit und Verantwortung in der Erziehung meiner Kinder? Neige ich eher zur Überbehütung oder zur Permissivität?

Inwiefern könnten meine eigenen Ängste oder Unsicherheiten die Art beeinflussen, wie ich erziehe oder schütze?

Wie kann ich meine Kinder dazu anleiten, sowohl aus guten als auch aus schlechten Beispielen zu lernen – und welches Beispiel gebe ich selbst durch mein alltägliches Verhalten?

Deine Notizen, Kommentare und Vorsätze

**Weitere Artikel über
Kindererziehung**

Claire de Gatellier
Gründerin von Famille et Liberté
Frankreich

Fragen zum Gendern bei Kindern und Heranwachsenden. Was tun?

Zusammenfassung

Kinder und Jugendliche sind altersbedingt auf der Suche nach ihrer Identität. Gerade in dieser Lebensphase brauchen sie die stabilisierende Hand der Eltern und Lehrer. Und ausgerechnet in der Schule sind sie so gefährdet wie nirgends sonst. In diesem Artikel beschreibe ich die Gefahren für ihre Geschlechtsidentität, die in den Schulen auf Kinder lauern. Dazu füge ich einige Hinweise für die Eltern, damit sie eine stabilisierende und orientierende Wirkung auf ihre Kinder entfalten können.

Artikel

Unsere Kinder sind die Ersten, die das Nachsehen haben, wenn wir aufgrund einer falsch verstandenen Freiheit alle Regeln infrage stellen, wodurch eine gewisse Beliebigkeit entsteht. Letztere nimmt Kindern und Jugendlichen die nötige Orientierung und die Sicherheit, die sie für eine gesunde Persönlichkeitsentwicklung benötigen.

Heute erleben wir, wie in Schulen und Familien ein nahezu unbekanntes Phänomen entsteht: Jugendliche, aber auch vermehrt Kinder, sagen, dass sie sich in dem bei der Geburt „zugeordneten" biologischen Geschlecht nicht wiedererkennen und es ändern wollen. In Frankreich liegt die Zahl der Kinder, die jährlich eine medizinische Behandlung zur Geschlechtsumwandlung in Anspruch nehmen, zwischen 1.500 und

2.000. Parallel dazu beobachten wir an zahlreichen Schulen die Forderung seitens der Mitschüler nach einer besseren Anerkennung der neuen Geschlechtsidentität. Dieses Phänomen betrifft nicht nur Frankreich, sondern auch ganz Europa und Nordamerika.

Tatsächlich ist es nicht klug, den Wunsch eines Kindes oder Jugendlichen nach einer Geschlechtsumwandlung unüberlegt zu akzeptieren.

Es war schon immer ein Merkmal der Adoleszenz, dass junge Menschen während ihrer Entwicklung ihre Neigungen und sexuelle Identität ausloten. Diese Phase ist oft von Unsicherheit geprägt und endet normalerweise erst mit dem Erwachsenwerden.

Der Wunsch, das Geschlecht ändern zu lassen, ist ein nicht zu vernachlässigendes Symptom tiefer Not und großen Leids. Wenn wir bereit wären, nach den Ursachen zu suchen, hätten wir bessere Chancen, das Problem zu lösen. Leider ist der Druck der in Frankreich sehr präsenten LGBT-Lobby in den Medien, in den politischen Kreisen und in den Schulen so groß, dass wir bei diesem Wunsch nach einer Geschlechtsumwandlung stehen bleiben, ohne nach dem wahren Grund zu suchen, der dahinter verbirgt ist. Ignoranz, mangelnde Vorsicht und falsches Mitgefühl: Erwachsene überlassen diese jungen Menschen ihrem Leid, indem sie ihnen zu schnell und ohne Widerrede ihren momentanen Wünschen nachgeben, anstatt ihnen klare Grenzen zu setzen. Dies nennen wir den transaffirmativen Ansatz, und dieser wird von den staatlichen Schulen in Frankreich aufgezwungen.

Unwissen und mangelnde Vorsicht bei den Eltern haben wir oben erwähnt. Tatsächlich ist es nicht klug, den Wunsch eines Kindes oder Jugendlichen nach einer Geschlechtsumwandlung unüberlegt zu akzeptieren, ohne genau zu analysieren, welche Konsequenzen diese Handlung für die Betroffenen und deren Familien mit sich bringt.

Der Prozess des Gendertauschs

Jugendliche können aus familiären, schulischen, persönlichen oder anderen Gründen Phasen intensiven Leidens und Unbehagens erleben. Sie sind in nicht wenigen Fällen von sich selbst angewidert und denken, dass sie vielleicht nicht im „richtigen Körper" stecken. Und dass es viel besser wäre, wenn z.B. er kein Junge, sondern ein Mädchen wäre, oder umgekehrt. Vor allem, wenn sie durch Gespräche mit Freunden, durch Posts in sozialen Medien oder manchmal leider auch durch den Rat von Ärzten in dieser Richtung beeinflusst werden. Bevor man Jugendlichen erlaubt, sich auf diese ihrer Natur widersprechende Transformation, d.h. Geschlechtsumwandlung einzulassen, ist es wichtig, alle Phasen und Konsequenzen der Transformation zu kennen.

Nachfolgend listen wir diese Phasen.

Die erste Phase betrifft die sozialen und offiziellen Implikationen, die die Transformation mit sich bringt: erstens die Änderung des Vornamens, dann die Anerkennung der neuen Geschlechtsidentität durch das eigene Umfeld, es folgen Änderungen am Aussehen durch neue Kleidung, neuen Haarschnitt und Make-up, dann – unter bestimmten Umständen – auch die Änderung des Personenstandes.

Das Ganze wäre weniger problematisch, und die Jugendlichen könnten ihre Entscheidung leicht rückgängig machen, wenn nicht die Gefahr bestünde, dass sie von ihrem eigenen Umfeld und aggressiven LGBT-Gruppen in diese neue Geschlechtsrolle hineingedrückt würden. Es ist daher für sie schwierig, den eingeschlagenen Weg zu verlassen, wenn sie zum ursprünglichen Geschlecht zurückkehren möchten. Dies wäre für sich allein genommen noch möglich.

In der **zweiten Phase** sollen sogenannte Pubertätsblocker, die bereits ab dem zehnten Lebensjahr verabreicht werden können, die Pubertät verzögern, um Zeit für Überlegungen und Entscheidungen zu gewinnen. Allerdings warnt Dr. Anne-Laure Boch [1], eine Neurochirurgin am Pariser Krankenhaus La Pitié-Salpêtrière, dass *„Dinge, die zur richtigen Zeit geschehen müssen, sich nie wirklich nachholen lassen".* Da der Mensch ein Ganzes ist, wird ein verzögerter sexueller Entwicklungsprozess auch psychologische und körperliche Entwicklungsverzögerungen nach sich ziehen, die nicht immer nachgeholt werden können

Ab dem fünfzehnten Lebensjahr kann man mit der medikamentösen Behandlung beginnen, das heißt, mit der Verabreichung von geschlechtsspezifischen Hormonen: männlichen Hormonen für Mädchen und weiblichen Hormonen für Jungen.

Sollte der Jugendliche an seinem Wunsch festhalten, kommt es zu einer Operation. Zunächst werden die Geschlechtsorgane entfernt, und anschließend die Geschlechtsteile des anderen Geschlechts „eingepflanzt". Dieser Eingriff ist tiefgreifend und

theoretisch endgültig. So ein Eingriff ist in Frankreich grundsätzlich nur bei Erwachsenen zulässig. Aber wird – wie wir oben beschrieben – tatsächlich auch in Einzelfällen bei Minderjährigen durchgeführt (die jüngste Person, die eine Mastektomie [1] am Pariser Krankenhaus Robert Debré erlitten hat, war 14 Jahre alt).

Sowohl bei einer medikamentösen Behandlung als auch bei einem chirurgischen Eingriff wird der anfänglich gesunde Jugendliche lebenslang auf schwere Behandlungen angewiesen sein. Überdies muss er erhebliche und lebenslange Nebenwirkungen in Kauf nehmen. Die künstlich geschaffenen Geschlechtsorgane sind zudem funktionsgestört: Sie ermöglichen weder Lust noch Fortpflanzung.

Sind wir uns ausreichend darüber im Klaren, dass diese äußerst anstrengende Umwandlung nichts am Wesen der Jugendlichen ändert, außer am Aussehen? Das wahre Geschlecht bleibt unauslöschlich in den Genen und in der Psyche bestehen. Auch die geschlechtsspezifische Gefühlswelt bleibt unverändert. Die Gene bleiben trotz Medikamente oder Operationen unverändert.

Nach der ersten Geschlechtsumwandlung kommt womöglich die Erkenntnis für das Kind und seine Familie, dass diese nicht die wahre Lösung des Problems war.

Darf man so weit gehen, dem Wunsch des Kindes nachzugeben, wohlwissend, dass das Kind in dem Alter die wahren Folgen des Eingriffs nicht überblicken kann? Es ist gut, dass Eltern die Wünsche des Kindes respektieren; das darf aber nicht so weit gehen, dass sie Entscheidungen treffen, die das Wohl des Kindes für den Rest seines Lebens ruinieren. Das Kind ist in der Regel emotional so belastet, dass es das Thema nicht objektiv wahrnehmen kann. Das Kind lässt sich vom Jetzt-und-gleich leiten, ohne an das Nachher zu denken. Ja, es könnte sogar sein, dass das Kind unter dem heutigen Geschlecht leidet. Es glaubt felsenfest, dass eine Geschlechtstransformation die Lösung wäre. Daher gilt es in dieser Situation, nach den wahren Ursachen des Wunsches des Kindes nachzuforschen. Es kann mit u. U. sein, dass das Unwohlsein des Kindes nicht einem Geschlechtsproblem zuzuordnen ist.

Ergänzend zum oben Gesagten: Ein allzu leichtfertiges Einverständnis der Eltern mit einem Wunsch des Kindes nach einer Geschlechtsumwandlung, ohne vorherige und tiefgründige Auseinandersetzung mit der zugrunde liegenden Problematik, könnte als Vernachlässigung der Fürsorgepflicht durch die Eltern bzw. Lehrer aufgefasst werden.

Es könnte wohl passieren, dass nach der oben erwähnten Geschlechtsumwandlung das alte Problem wieder aufflammt, und zwar deswegen, weil dieses verkannt wurde. Man dachte, die Geschlechtsumwandlung wäre die Lösung. War es aber nicht. Die Folgen des Eingriffs sind nicht nur körperlicher, sondern auch psychischer Art.

Und dann wird es noch spannender. Nach der ersten Geschlechtsumwandlung kommt womöglich die Erkenntnis für das Kind und seine Familie, dass diese nicht die wahre Lösung des Problems war. Deswegen gibt es eine wachsende Zahl von Kindern wie von Erwachsenen, die ihre Geschlechtsumwandlung de facto rückgängig machen. Dies kommt häufig in Ländern wie Schweden, Norwegen, Großbritannien und den Vereinigten Staaten vor, wo Geschlechtsumwandlungen seit geraumer Zeit praktiziert werden. Und dieser Trend bestätigt sich mittlerweile auch in anderen Ländern, die erst später damit begonnen haben.

Eine in Schweden von Lisa Littman [4] durchgeführte Studie zu Personen, die ihre Geschlechtsumwandlung rückgängig gemacht haben, zeigt, dass mehr als ein Drittel von ihnen angibt, bei ihrer Entscheidung von Dritten beeinflusst worden zu sein. Die Aussagen dieser Personen beleuchten die Gründe, die sie dazu bewogen haben, ihre Entscheidung zu revidieren. Wir zählen einige Gründe:

- Letztendlich stellen die Jugendlichen nach der Geschlechtsumwandlung fest, dass „das Geschlecht eine unveränderliche Tatsache ist".
- Die Operation an den Geschlechtsorganen hat ihre anfänglichen Probleme nicht gelöst, sondern sie eher verstärkt.
- Sie bedauern, nicht früher eine passende und korrekte Beratung zu Ihren Problemen erhalten zu haben.
- So empfinden sich die Jugendlichen nach der Geschlechtsumwandlung: „Ich fühle mich in einer Welt gefangen, in der ich weder als Mann noch als Frau dazugehöre."

Was können Eltern tun?

Wie können Eltern verhindern, dass es so weit kommt? Was sollten sie tun, wenn ein Kind den Wunsch hat, sein Geschlecht ändern zu lassen?

Hier einige Optionen, damit es nicht so weit kommt:

1) Die Benutzung von Notebooks, Smartphones und Social Media durch Jugendliche sollte eingeschränkt werden, auch wenn dies nicht leicht ist. Diese elektronischen Mittel hindern Kinder und Jugendliche daran, eine eigenständige und selbstbewusste Persönlichkeit zu entwickeln, da die heutigen Social-Media-Kanäle Nachahmung und aufgezwungene Gruppendynamiken fördern. Bedingt durch diese Gruppendynamik in den Kanälen werden die Kinder einem äußeren Druck ausgesetzt, wodurch das eigenständige Denken erschwert wird. Auf den Punkt gebracht: „Sie gehören sich selbst nicht mehr." Sie gehören vielmehr einer Gruppe mit ihren Riten und Codes an. Das Streben nach Anerkennung durch Likes ersetzt ihr Innenleben und entfremdet sie zugunsten einer virtuellen Welt ihrer Familie und ihrer Freunde. Sie verlieren allmählich den Bezug zur Realität und zur Natur, wie sie ist, und ersetzen die reale Welt durch eine Wunschvorstellung. Selbst Lehrer greifen immer häufiger auf digitale Medien zurück, sei es nur, um Hausaufgaben zu verteilen. Das ist äußerst besorgniserregend.

2) Man sollte unbedingt die Jugendlichen von pornografischen Darstellungen fernhalten, in denen Frauen in einer erniedrigenden Form dargestellt werden, als seien sie nur Objekte, die immer zu Sexualhandlungen einwilligen; und Männer ausschließlich auf ihre sexuelle Leistungsfähigkeit reduziert werden. Nichts entfremdet die Jugendlichen mehr von ihrem eigenen Körper und ihrer Sexualität als pornografische Darstellungen.

3) Die beste Lösung war und ist, den Kindern Zeit zu widmen. Es geht nicht darum, eine rigide Zeit festzulegen, nach dem Motto: "Von dieser bis zu dieser Uhrzeit reden wir miteinander!" Vielmehr sollten gemeinsame Aktivitäten der Eltern mit den Kindern im Vordergrund stehen, wie zum Beispiel Spaziergänge, gemeinsame Besuche von Veranstaltungen oder das Kochen und Backen, Abende mit Brettspielen verbringen, aber auch sich mehr für die Themen der Kinder zu interessieren als für ihre

Schulnoten. Diese gemeinsamen Aktivitäten reduzieren dann die Zeit mit dem Notebook oder den Smartphones, stärken den Realitätssinn der Kinder und fördern ihr Selbstvertrauen.

Psychiater und Psychologen sind überzeugt, dass viele Kinder und Jugendliche, die das Geschlecht wechseln möchten, Schwierigkeiten haben, sich mit ihrem gleichgeschlechtlichen Elternteil zu identifizieren: Mädchen mit der Mutter, Jungs mit dem Vater.

4) Eine weitere Option ist es, Kinder und Jugendliche dazu zu bringen, Sport zu treiben oder sich körperlich zu betätigen, z. B. Spazieren zu gehen oder zu wandern. Das heißt, alles, was den Körper und den Geist fördert. Körperliche Anstrengung stärkt das Gefühl für den eigenen Körper: seine Grenzen und die darin innewohnenden Gesetzmäßigkeiten.

5) Im Gegensatz zur modernen Erziehung sollte man Kindern frühzeitig vermitteln, dass sie nicht der Nabel der Welt sind. Sie sind nicht allmächtig und haben das Leben, einschließlich ihres sexuellen Körpers, nicht selbst erschaffen, sondern als Geschenk erhalten. Sie müssen lernen, dass es sowohl gesellschaftliche als auch natürliche Gesetze gibt, die uns helfen, uns weiterzuentwickeln. Und wenn sich das Kind doch die Geschlechtsumwandlung wünscht. Was tun?

Die Eltern sollen die gefährdeten Jugendlichen von ihren falschen Freunden in den sozialen Medien, in ihrer Schulklasse oder in der Clique trennen.

Keine Panik! Es könnte sein, dass wir „vor lauter Bäumen den Wald nicht sehen". Anders ausgedrückt: Wir sehen auf Anhieb keine Lösung fürs Problem.
1) Die Eltern sollen erkennen, dass zumeist hinter dem Wunsch nach einer Geschlechtsumwandlung großes Leid steckt. Sie müssen jedoch auf der Hut sein, weil dieses Leid nicht zwangsläufig durch einen solchen Schritt geheilt wird. Dies ist so, weil deren Ursache ganz anders sein kann.
2) Christian Flavigny [2] erklärt, dass Kinder nicht in einem falschen Körper stecken, sondern Schwierigkeiten haben, sich mit ihrem Körper zu identifizieren. Bevor man

zu einer radikalen und übereilten Geschlechtsumwandlung greift, sollte man nach deren Ursachen suchen.

3) Rita de Roucy [3] nennt die häufigsten Ursachen für den Wunsch nach Geschlechtsumwandlungen:

a) Das Mädchen hat sexuelle Übergriffe erlitten – vor längerer Zeit oder erst neulich. Die Kurzschlussreaktion heißt: *„Wenn ich kein Mädchen mehr bin, muss ich nicht mehr ertragen, was ich erlebt habe."* Bei dem Jungen kann es zwei verschiedene Gründe geben: weil er Missbrauchsopfer ist und daraufhin meint, in die Täterrolle fallen zu können. Oder weil er sich fürs eigene Geschlecht schämt, weil es aggressiv ist.

Überlassen wir unsere Kinder nicht denjenigen, die ihnen falsche Hoffnungen machen.

b) Ein möglicher Grund: Die Eltern hatten sich ein Kind mit einem anderen Geschlecht gewünscht und ließen es dem Kind spüren.

c) Der Vater für die Jungen oder die Mutter für die Mädchen ist kein Vorbild.

d) Ein weiterer Grund kann sein: Der Konsum von Pornografie und sexuellen Erfahrungen in jungen Jahren kann zu einer Abwertung des eigenen Körpers führen.

Um diese Ursachen zu erkennen und zu beheben, sollten die Eltern nicht zögern, die Hilfe von Fachleuten in Anspruch zu nehmen.

4) Die Eltern sollen die gefährdeten Jugendlichen von ihren falschen „Freunden" in den sozialen Medien, in ihrer Schulklasse oder in der Clique trennen. Für Jugendliche ist es schwierig, wenn sie sich ihren Freunden gegenüber als trans geoutet haben, diesen Schritt rückgängig zu machen, ohne das Gefühl zu haben, sich selbst zu verleugnen. Ein Schulwechsel erleichtert einen Neustart.

5) Weg von den virtuellen Welten in den sozialen Medien und wieder zurück zur Realität: die Natur erleben und bewundern, sich von ihr überraschen zu lassen. Sport treiben, spazieren gehen, wandern usw. Aber auch Bücher lesen oder sich Filme anschauen, die reale Geschichten erzählen und keine Fiktionen sind; Werke, die zeigen, wie reale Menschen echte Hindernisse überwinden und inspirierende Vorbilder sind.

6) Vor allem aber sollen Eltern den Kindern mit großer Sanftmut und Geduld begegnen. Kinder müssen das sichere Gefühl haben, geliebt zu werden, von ihren Eltern

stolz geliebt zu werden und verstanden zu werden. Das bedeutet aber nicht, Wünsche des Kindes zu unterstützen, wenn diese für dessen Wohl abträglich sind.

Überlassen wir unsere Kinder nicht denjenigen, die ihnen falsche Hoffnungen machen. Die Familie ist der beste Schutzraum. Ein Ort, an dem sich Kinder geborgen fühlen und wo sie, umgeben von Liebe, ihren Platz finden können – zunächst in der Familie, später in der Gesellschaft. Eine Gesellschaft, die Familie und deren Bedeutung vernachlässigt, wird früher oder später zerrüttet sein, unter deren Folgen vor allem junge Menschen leiden werden. Sie werden oft zu instabilen, unglücklichen und verantwortungslosen Erwachsenen. Das muss aber nicht sein. Viele junge Menschen sehnen sich nach Verbindlichkeit und Treue.

Literatur

[1] Dr. Anne-Laure Boch, Neurochirurg at the Pitié-Salpêtrière Hospital, Paris

[2] Dr. Christian Flavigny, Kinderpsychiater und Psychoanalytiker

[3] Rita de Roucy, Klinische Psychologin, Psychotherapeutin

[4] Lisa Littmann, US-Professorin für Fragen rund um das Geschlecht. Studie: *Plötzlich einsetzende Geschlechtsdysphorie bei Jugendlichen und jungen Erwachsenen: eine beschreibende Studie*

Claire de Gatellier

Mehr Info über die Autorin über den QR-Code:

https://familyvalued.org/claire-de-gatellier/

Reflexionsfragen

Wie beeinflussen meine eigenen Werte und Überzeugungen in Bezug auf Geschlecht die Art und Weise, wie ich meine Kinder erziehe oder mit Jugendlichen in meinem Umfeld interagiere?

Auf welche Weise kann ich meinen Kindern ein Gleichgewicht zwischen Orientierung und Freiheit bieten, damit sie ihre Identität erkunden können, ohne äußeren Druck zu empfinden?

Welche Schritte könnte ich unternehmen, um ein familiäres und schulisches Umfeld zu fördern, das eine gesunde Identitätsentwicklung unterstützt, ohne in Extreme wie Überbehütung oder mangelnde Unterstützung zu verfallen?

Deine Notizen, Kommentare und Vorsätze

Weitere Artikel über Kindererziehung

Carlos Chiclana Actis MD PhD
Arzt, Psychiater, Psychotherapeut
Ärztlicher Direktor, Praxis Dr. Carlos Chiclana
Institut für Suchtforschung an der
Universität CEU San Pablo
Forschung zu Verhaltenssüchten an der
Internationale Universität La Rioja
Spanien

Sex bereichert – Pornografie trennt

Zusammenfassung

Pornografie ist für Jugendliche leicht zugänglich und konfrontiert sie mit Szenen, in denen Gewalt sowie fehlende Zuneigung oder Einvernehmlichkeit häufig vorkommen. Ein früherer Erstkontakt – in Spanien im Durchschnitt mit 8 Jahren – erhöht das Risiko einer problematischen Nutzung mit negativen persönlichen, emotionalen und sozialen Auswirkungen. Faktoren wie geringes Selbstwertgefühl, schwache familiäre Kommunikation oder Peer-Druck beeinflussen den Konsum. Zu den Folgen gehören permissivere sexuelle Einstellungen, risikobehaftete Beziehungen sowie schulische und emotionale Probleme. Prävention erfordert eine ganzheitliche Sexualerziehung, familiäre Begleitung und einen verantwortungsvollen Umgang mit Technologie.

Artikel

Wovon sprechen wir, wenn wir von Pornografie reden?

Es handelt sich um Standbilder und Videos, die auf die sexuelle Erregung der Betrachter abzielen. Der Internetzugang erleichtert Verfügbarkeit, Erschwinglichkeit und Anonymität; zudem begünstigt er die Entwicklung sexueller Praktiken wie Sexting und Revenge Porn, insbesondere unter Jugendlichen, die dabei eigene sexuelle Inhalte verbreiten (oder verbreitet sehen). Deshalb ist zu verstehen: Pornografie

zeigt direkte Szenen realen Geschlechtsverkehrs, häufig in missbräuchlichen Beziehungen, mit wiederkehrender Gewalt und ohne Einwilligung, Zuneigung, Bindung oder Sicherheit.

Konsumieren Jugendliche Pornografie?

Das Durchschnittsalter beim ersten Kontakt mit Pornografie in Spanien beträgt 8 Jahre. Dieser Konsum tritt bei Jungen mit 13 Jahren und bei Mädchen mit 15 Jahren häufig und relativ stabil auf. Berichtet wird von einer Nutzung von Pornografie von 30–80 % bei Jungen und 5–40 % bei Mädchen. Etwa 70 % der Jugendlichen gelangen zufällig auf Pornografie (z. B. bei der Suche nach anderen Inhalten oder durch unerwünschte Nachrichten); rund 30 % gelangen absichtlich darauf.

40 % der Jungen und 20 % der Mädchen gelten als Risikonutzer mit erhöhter Wahrscheinlichkeit für eine problematische Nutzung von Pornografie (UPP). UPP ist nicht als eigenständige klinische Diagnose anerkannt, findet jedoch in wissenschaftlichen, klinischen und akademischen Kontexten Akzeptanz. Gemeint sind Merkmale wie sehr häufige, exzessive und zwanghafte Nutzung, Drang, das Verhalten auszuführen, um einen positiven emotionalen Zustand zu erreichen oder aufrechtzuerhalten, oder um einen negativen emotionalen Zustand zu vermeiden oder zu entkommen, verminderte Kontrolle über das Verhalten, Wiederholung trotz nachteiliger Konsequenzen, verbunden mit persönlichem Leidensdruck und funktionellen Einschränkungen.

Die Weltgesundheitsorganisation (WHO) hat in der Aktualisierung der Internationalen Klassifikation der Krankheiten (ICD-11) das zwanghafte Sexualverhalten (CSC) als eigene Kategorie aufgenommen. Pornografie wäre innerhalb dieser Klassifikation als Verhalten im Rahmen von CSC einzuordnen; CSC ist dabei eine weiter gefasste Kategorie, die verschiedene sexuelle Verhaltensweisen umfasst, z. B.: Masturbation, gelegentliche Sexualkontakte, Nutzung sexueller Chats oder Webcams sowie Prostitutions- oder Striptease-Clubs.

UPP, gelegentlich auch „Pornografie-Abhängigkeit" oder „Internet-Pornografie-Abhängigkeit" genannt, bezeichnet jede Pornografie-Nutzung, die deutlich negative Folgen für die zwischenmenschlichen, beruflich/leistungsbezogenen oder persönlichen Bereiche der Nutzerin bzw. des Nutzers erzeugt.

Gibt es Ursachen dafür, warum man an Pornografie „hängen bleibt"?

Aus neurobiologischer Sicht gibt es Hinweise auf Veränderungen in anatomischen Hirnstrukturen; bislang ist jedoch unklar, ob diese Veränderungen vorbestehen und UPP begünstigen oder ob sie Folge des Konsums sind.

Jugendliche sind eine Risikogruppe für schädliche Effekte des Konsums von Pornografie, weil diese Entwicklungsphase der sexuellen Reifung geprägt ist – mit biologischen, kognitiven, affektiven und sozialen Veränderungen –, in der Sexualität eine große Bedeutung gewinnt. Daher sind Jugendliche im Vergleich zu Erwachsenen anfälliger für die Exposition gegenüber explizitem sexuellem Material.

Es gibt Variablen, die teilweise die Entstehung von UPP erklären könnten. Familiäre Faktoren und Erziehungsstil spielen eine entscheidende Rolle bei der Prävention von UPP. Kohäsive Familienbeziehungen, offene und warme Kommunikation sowie eine ausgewogene Aufsicht über die digitale Umgebung wirken als Schutzfaktoren. Dagegen wirken Konflikte, familiäre Desorganisation, Gewalt und zwanghafte/autoritäre Erziehungsstile als Risikofaktoren. Eine angemessene Sexualaufklärung im familiären Kontext reduziert nicht nur die Suche nach Pornografie als Informationsquelle, sondern schützt auch vor risikoreichem Sexualverhalten.

Warum sollte ich mein Kind vor Pornografie schützen?

Die Gründe sind vielfältig und laut Forschungslage klar und nachvollziehbar:

1. Sie kann mit der Entwicklung permissiver sexueller Einstellungen und einer Instrumentalisierung von Sexualität zusammenhängen; mit der Ausbildung von Geschlechterstereotypen, der Sicht auf Frauen als Objekt, Geschlechterhierarchien sowie aggressiven Haltungen im sexuellen Bereich. Zudem kann es zu „Selbst-Objektifizierung", einer Veränderung des Körperbildes und einer stärkeren sexuellen Besorgtheit kommen. Wer absichtlich auf Pornografie zugreift, hat eine höhere Wahrscheinlichkeit, von körperlicher und sexueller Viktimisierung zu berichten.

2. Sie kann riskante sexuelle Beziehungen begünstigen: Nichtverwendung von Kondomen oder Verhütungsmitteln, häufigeres Sexting, Kontakte mit mehreren Sexualpartnern sowie unrealistische Erwartungen an sexuelle Beziehungen; häufigere Inanspruchnahme bezahlten Sexes; außerdem könnte sie

Reaktionen, Zufriedenheit und Qualität affektiver Beziehungen beeinträchtigen.

3. Sie kann die schulische Leistung beeinträchtigen, Substanzkonsum und delinquentes Verhalten begünstigen, einen weniger gesunden Lebensstil fördern sowie depressive und psychosomatische Symptome verstärken.

Einige Autoren behaupten, es könne auch positive Effekte geben, etwa mehr sexuelles Wissen, Stärkung des sexuellen Selbstwerts und des Begehrens in der Partnerschaft, Stressabbau, weniger Langeweile und ein Gefühl von Unterstützung sowie höhere sexuelle Zufriedenheit. Der Preis für diese möglichen Vorteile sei jedoch sehr hoch; wie Konsumierende von Pornografie sagen: „Ein Bild braucht eine Sekunde, um in deinen Kopf zu gelangen, und ein Jahr, um ihn wieder zu verlassen."

Was kann ich tun, um mein Kind vor Pornografie zu schützen?

1. Sei wachsam und setze dich aktiv dafür ein, dein Kind vor der Exposition gegenüber Pornografie zu schützen – schau nicht weg. Handle zu Hause, im Freundeskreis, im Viertel und auch durch rechtliche Maßnahmen, die Minderjährige schützen. Es wird dem Thema im Leben begegnen; versuche, dies so spät wie möglich zu tun – je später, desto besser – und je weniger „Einschläge" sein Nervensystem abbekommt, desto besser.

2. Verhalte dich selbst im Umgang mit Geräten, sozialen Netzwerken, dem Internet und Pornografie so, wie du möchtest, dass dein Kind sich verhält.

3. Sorge zu Hause für Grenzen und Regeln; lehre, diese einzuhalten und die Konsequenzen zu akzeptieren, wenn sie nicht respektiert werden. So lernt dein Kind, Grenzen selbst zu setzen und „Nein" zu sagen. Lehre es, Belohnung aufzuschieben.

4. Nutze geeignete Erziehungsleitlinien für den Umgang mit Technologie (Nutzungsgrenzen, Zugangskontrollen, positive Medienerziehung). Du kannst einen spezifischen Kurs organisieren und ihn gemeinsam mit den Eltern der Freundinnen und Freunde deiner Kinder durchführen. Schlage eine „Technologie-Diät" vor und steuere die Gerätebenutzung deiner Kinder.

5. Stelle sicher, dass Jugendschutzfilter/Elternkontrollen eingerichtet sind – so wie es zu Hause Alarmanlagen oder Türschlösser gibt.

6. Je später ein Kind ein Smartphone mit freiem Internetzugang bekommt, desto besser. Kluge Eltern geben „dumme" Handys: ohne freien Internetzugang und mit Pornosperre.

7. Bilde dich in Sexualität weiter und ebenso zum Thema Pornografie (2).

8. Fördere eine ganzheitliche Sexualerziehung deines Kindes, abgestimmt auf das, was zu Hause, in der Schule, in Vereinen, in der Pfarre usw. vermittelt wird, und mit speziellen Kursen, die verschiedene Dimensionen integrieren: biologisch, psychologisch, affektiv, sexuell, kognitiv, emotional, relational, sozial, moralisch, religiös, ethisch und spirituell (3).

9. Unterstütze dein Kind dabei, Strategien der Emotionsregulation und der Bewältigung zu entwickeln, Kommunikationsfähigkeiten aufzubauen und ein gesundes Selbstwertgefühl zu stärken.

10. Fördere Hobbys und interessante, unterhaltsame Beschäftigungen, die ihnen Spaß machen und Zeit füllen; so wird das Handy weniger attraktiv. Plane langfristige Projekte (schulisch, sportlich, Hobbys), die Motivation, Freude und Ausdauer erfordern.

11. Achte auf Warnsignale: sexualisierte Sprache, explizites sexuelles Verhalten, sexualitäts- oder pornobezogene „Witze", Macho-Verhaltensweisen; Reizbarkeit, Stimmungsschwankungen, Tendenz zur Isolation, kleiner werdendes Freundesnetz, Müdigkeit im Unterricht, Leistungsabfall, stärkere Impulsivität oder das Vorliegen anderer Süchte. Beobachte den Umgang mit Geräten: übermäßiges Abschirmen der eigenen Technik, Trotzreaktionen beim Wegnehmen, private Bereiche am Handy, Lügen, Verbergen oder Verstecken, oder übermäßige Abhängigkeit.

12. Fördere kritisches und reflektiertes Denken über Pornografie, damit Jugendliche sie von realer Sexualität unterscheiden können. Erkläre gut, was hinter diesem Geschäft steckt und welche Folgen es für sie hat. Das Wort „Pornografie" sollte mit etwas verbunden werden, das dem Gegenteil gesunder Sexualität entspricht.

13. Bilde freie und verantwortungsfähige Menschen mit intellektueller, emotionaler und relationaler Sicherheit. Sei für dein Kind ein sicherer Ort und zum Zuhören da. Verstärke Fortschritte, würdige Ausdauer, validiere Emotionen.

14. Lehre: Dankbarkeit und nicht von persönlichen Werten abzuweichen.

15. Ermögliche allgemeine, kulturelle und intellektuelle Bildung.

Was tue ich, wenn mein Kind um Hilfe bittet, weil es schon „festhängt"?

1. Hilf ihm, sich des Ausmaßes des Problems bewusst zu werden: psychische, verhaltensbezogene, emotionale, moralische und/oder medizinische Schwere. Prüft, ob professionelle Hilfe nötig ist.

2. Versuche gemeinsam besser zu verstehen, was mit ihm los ist, was diese Abhängigkeit bedeutet und ob er sich frei fühlt.

3. Berücksichtigt mögliche Ursprünge und Ursachen.

4. Hilf ihm zu erkennen, womit er es verknüpft: „eine gute Zeit haben"; unangenehme Emotionen (Traurigkeit, Langeweile, Wut, Angst, Einsamkeit, Unsicherheit, Selbstabwertung); Unordnung in anderen Lebensbereichen; konkrete Auslöser wie bestimmte Musik-/Videoreize, soziale Netzwerke, Alkohol, Alleinsein usw.

5. Bewertet den Lebensstil und was sich verändern lässt: Tagesstruktur, Zeitnutzung, interessante Aufgaben mit Wachstumspotenzial, „Lustspeicher" mit gesunden Aktivitäten füllen, Hobbys.

6. Überprüft die Gerätenutzung (Tablet, Handy, PSP, Computer) und erwägt vollständige Abstinenz, einen Wechsel zu einem „dummen" Gerät, Unterstützung durch Filter, keine Geräte im Bad oder Schlafzimmer sowie Nutzungszeiten.

7. Frage nach unangenehmen Erfahrungen in Bezug auf Sexualität oder ob jemand ihm offline oder online Schaden zugefügt hat.

8. Überprüft euren Erziehungsstil (permissiv, demokratisch, autoritär, vernachlässigend) und eure Familiensituation, um zu beurteilen, wie die Familie so strukturiert werden kann, dass die Erholung bzw. Genesung unterstützt wird.

9. Arbeite an der Motivation zur Veränderung: Was gewinnt es, wenn es aufhört? Worin wird es besser sein? Woran wird es sich die Veränderung merken?

10. Wenn es Pornografie nicht nutzt und keine Zeit dafür aufwendet, braucht es interessante Aktivitäten, die helfen und beschäftigen: Wenn ich keinen Pornokonsum mache – was mache ich dann?

11. Arbeite daran, zu verstehen, wann Pornografie zur Emotionsregulation dient und wie Emotionen auf andere Weise reguliert werden können. Welche anderen Werkzeuge können genutzt werden, um gut für sich zu sorgen und sich emotional zu regulieren?

12. Prüfe gemeinsam, welche Fähigkeiten es hat, um das Problem zu lösen: Stärken, Fertigkeiten und Tugenden – und welche Kompetenzen noch erworben werden müssen, um sie parallel auch in anderen Lebensbereichen zu trainieren.

13. Es gibt verinnerlichte Personen und Erlebnisse, die ihm das Gefühl geben, etwas zu können (in der Schule, im Sport, in Fähigkeiten, bei der Hilfe für andere); daran kann es sich festhalten, um beim Vorhaben dranzubleiben, Pornografie zu lassen.

14. Beurteile den Freundeskreis: Fördert er Wachstum und Entwicklung?

15. Bleibe als Unterstützung beim Zuhören präsent.

16. Ermutige zu einem Online-Genesungsprogramm: **www.comodejarlo.org**; **www.lapurezaesposible.com**

17. Biete die Möglichkeit an, eine Fachperson aufzusuchen, die helfen kann.

18. Hilf dabei, das Schlafverhalten zu regulieren, das Essverhalten zu ordnen, Aktivitäten von Genuss und Erholung im persönlichen Bereich auszubalancieren, regelmäßige Bewegung zu fördern sowie Aktivitäten zu unterstützen, die Kreativität und Naturkontakt ermöglichen.

Literatur

(1) Villena A.; Mestre Bach G.; Chiclana Actis C. *Uso y uso problemático de pornografía en adolescentes: un debate no resuelto.* Adolscere. Revista de Formación Continuada de la Sociedad Española de Medicina de la Adolescencia. Band VIII. Juni–Juli 2020. Nr. 2.

(2) *Atrapados en el sexo.* Carlos Chiclana Actis. Biblioteca de Salud Mental, 2024; *Por qué no.* Alejandro Villena. Alienta, 2023; *El porno no mola.* Carmen Terrón.

(3) *Sexo ¿y ahora qué?* María Contreras Chicote. Nube de tinta, 2024.

Carlos Chiclana Actis

Mehr Info über den Autor über den QR-Code:
https://familyvalued.org/carlos-chiclana-actis/

Reflexionsfragen

Wie kann ich in meinem Zuhause eine gesunde und verantwortungsvolle Nutzung von Technologie fördern, um eine Exposition gegenüber Pornografie zu verhindern?

Welches Beispiel gebe ich durch mein eigenes Verhalten im Umgang mit Geräten und beim Zugriff auf Online-Inhalte?

Auf welche Weise kann ich die Kommunikation mit meinen Kindern stärken, damit sie sich dabei wohlfühlen, ihre Sorgen zu Themen wie Pornografie mit mir zu teilen?

Deine Notizen, Kommentare und Vorsätze

Weitere Artikel über Kindererziehung

Prof. Arantza Albertos de San José
Außerordentliche Professorin
Fachbereich Erziehungswissenschaft
Universität Navarra
Spanien

Jugendliche zu Hause: Wie ausgewogene und vertrauensvolle Erziehung gelingt

Zusammenfassung
Die Erziehung von Jugendlichen erfordert ein Gleichgewicht zwischen Begleiten und vertrauensvollem Loslassen. Ihre Autonomie zu fördern bedeutet, Fehler zuzulassen und sie zu unterstützen, ohne sie zu kontrollieren. Frustration, angemessen begleitet, stärkt Resilienz und emotionales Lernen. Eine gemeinsame Familienfreizeit kann ein zentraler Raum sein, in dem ohne Druck und Belehrung erzogen werden kann. Mütter und Väter haben – gerade in ihrer Komplementarität – eine wesentliche und einzigartige Rolle.

Artikel
Einleitung: Die Herausforderung, in der Adoleszenz zu erziehen
Einen Jugendlichen zu erziehen, stellt ohne Zweifel eine der größten Herausforderungen dar, denen Familien heute begegnen. Dieser Prozess bedeutet, junge Menschen in einer tiefgreifend komplexen und zugleich faszinierenden Entwicklungsphase zu begleiten. Inmitten intensiver körperlicher, emotionaler und sozialer Veränderungen bemühen sich Jugendliche, ihre Identität auszubilden, Unabhängigkeit zu gewinnen und ihren Platz in der Welt zu finden. Auf diesem Weg ist die Rolle von Müttern

und Vätern zentral: nicht nur als Orientierungspersonen, sondern auch als Begleiter – aufmerksam, empathisch und dem Wachstum ihrer Kinder verpflichtet.

Dieses Kapitel bietet eine ganzheitliche und praxisorientierte Perspektive darauf, wie Familien die Autonomie von Jugendlichen auf gesunde Weise fördern können, ohne in Überbehütung oder Vernachlässigung zu verfallen. Anhand zentraler Konzepte wie positiver Frustration, geteilter Freizeit und der Bedeutung empathischer Kommunikation werden Instrumente vorgestellt, um familiäre Bindungen zu stärken und eine gesunde Entwicklung zu fördern. Im Mittelpunkt steht ein erzieherischer Ansatz, der Zuwendung, klare Grenzen und Möglichkeiten verbindet, damit Jugendliche lernen, Entscheidungen zu treffen, Verantwortung zu übernehmen und ihre Resilienz auszubauen.

Fern von starren Rezepten versteht sich der Text als Einladung zur Reflexion darüber, welche Rolle jede erwachsene Person im Leben ihrer Kinder einnehmen kann – im Bewusstsein, dass Erziehung nicht Kontrolle bedeutet, sondern Vertrauen; nicht das Vermeiden von Fehlern, sondern das Vermitteln, aus Fehlern zu lernen. In einer zunehmend beschleunigten und anspruchsvollen Welt kann die Wiederentdeckung des Werts gemeinsam verbrachter Zeit, aufrichtigen Dialogs und respektvoller Begleitung einen erheblichen Unterschied für die emotionale und soziale Entwicklung unserer Jugendlichen machen.

1. Autonomie in der Adoleszenz: Ein zentrales Entwicklungsziel

Die Adoleszenz ist eine entscheidende Übergangsphase zwischen Kindheit und Erwachsensein. In dieser Zeit beginnen junge Menschen, ihre Identität zu formen, Interessen zu erkunden und Entscheidungen zu treffen, die ihre zukünftige Persönlichkeit prägen. In diesem Kontext ist Autonomie eine grundlegende Säule der Entwicklung. Dabei ist es wichtig zu verstehen, was „autonom" tatsächlich bedeutet.

Aus psychologischer Perspektive wird Autonomie bei Jugendlichen nicht als Rebellion oder Rückzug verstanden, sondern als Fähigkeit, freiwillig zu handeln und Entscheidungen zu treffen, die an den eigenen Werten und Interessen ausgerichtet sind, ohne dabei affektive Bindungen aufzugeben. Ein autonomer Jugendlicher ist also nicht jemand, der Autorität grundsätzlich zurückweist oder sich von seinem Umfeld isoliert, sondern jemand, der selbstständig entscheiden kann, ohne dabei Respekt, Dialog und Kooperation mit anderen zu vernachlässigen.

Zur besseren Einordnung unterscheiden Fachleute drei grundlegende Dimensionen der Autonomie:

Kognitive Autonomie: Der Jugendliche entwickelt eigenständiges, reflektiertes und kritisches Denken. Es geht nicht darum, fremde Ideen zu wiederholen, sondern zu verstehen, *was* er oder sie denkt, *warum* und *welche Bedeutung* dies persönlich hat. Diese Dimension ist wesentlich für eine stabile Identitätsbildung.

Emotionale Autonomie: Sie bezeichnet die Fähigkeit, ausgewogene affektive Beziehungen zu gestalten, ohne emotional von Eltern oder anderen Bezugspersonen abhängig zu sein. Das bedeutet nicht, dass Jugendliche keine Unterstützung mehr benötigen; vielmehr lernen sie, Emotionen zunehmend eigenständiger zu regulieren.

Verhaltensautonomie: Sie betrifft Entscheidungen im Alltag, die Fähigkeit, aus eigener Initiative zu handeln und die Konsequenzen des eigenen Tuns zu tragen. Sichtbar wird dies etwa daran, wie Jugendliche ihre Zeit organisieren, Aufgaben übernehmen oder alltägliche Probleme bewältigen.

Jugendliche erleben aufgrund ihrer Entwicklungsphase häufig Frustrationen.

Die Entwicklung dieser Autonomie geschieht jedoch weder spontan noch isoliert. Die Familie spielt eine zentrale Rolle. Vater oder Mutter eines Jugendlichen zu sein bedeutet mehr als Grenzen zu setzen oder Probleme zu lösen: Es geht darum, zu begleiten, zu orientieren und Unterstützung zu geben, ohne zu kontrollieren. Dieser Ansatz wird als *„autonomieunterstützende Erziehung"* bezeichnet. Er umfasst Verfügbarkeit, Zuhören, Dialog, das Anbieten von Alternativen – und vor allem Vertrauen darin, dass der Sohn oder die Tochter gute Entscheidungen treffen kann, auch wenn es gelegentlich zu Fehlern kommt.

Autonomie zu unterstützen ist dennoch keine einfache Aufgabe. Es setzt voraus, zu akzeptieren, dass Kinder heranwachsen, anders denken und eigenen Raum brauchen, um zu erkunden. Es bedeutet auch, Spannungen, Meinungsverschiedenheiten und Herausforderungen auszuhalten – sowohl innerhalb der elterlichen Partnerschaft als auch gegenüber gesellschaftlichen Erwartungen. Der Aufwand lohnt sich: Autonomie zu Hause zu fördern ist eine der besten emotionalen Investitionen, die Familien tätigen können.

2. Frustration als pädagogisches Instrument: Eine Chance – wenn sie gut begleitet wird

Frustration ist eine Emotion, die entsteht, wenn eine Person ein Ziel verfolgt und auf ein Hindernis stößt, das das Erreichen dieses Ziels verhindert. Sie steht in enger Beziehung zum Scheitern, das das ungünstige Ergebnis einer Handlung bezeichnet, während Frustration die emotionale Reaktion darauf ist. Von Enttäuschung unterscheidet sie sich dadurch, dass diese eher dann auftritt, wenn andere unsere Erwartungen nicht erfüllen – ohne dass notwendigerweise eine eigene Anstrengung vorausgegangen ist.

Frustration löst häufig Emotionen wie Ärger oder Traurigkeit aus, die zu Aggression oder Passivität führen können. Menschen mit hoher Frustrationstoleranz sind jedoch in der Lage, an ihren Zielen festzuhalten, ohne von diesen Emotionen dominiert zu werden. Diese Fähigkeit ist wesentlich, um gewaltförmigem Verhalten vorzubeugen und in belastenden Situationen das emotionale Gleichgewicht zu bewahren.

Die Herausforderung für Familien besteht darin, zu begleiten, ohne zu überbehüten.

Frustration wird oft als unangenehme, sogar negative Emotion betrachtet. Wenn sie jedoch angemessen reguliert und in sicheren, zugewandten Kontexten eingesetzt wird, kann sie zu einem starken pädagogischen Werkzeug werden. Dies wird als „positive" oder „optimale" Frustration bezeichnet – jene, die Jugendliche nicht blockiert, sondern stimuliert; die eine erreichbare Herausforderung setzt; die es erlaubt, aus Fehlern zu lernen und Schwierigkeiten mit eigener Anstrengung und familiärer Unterstützung zu überwinden. Diese Form der Frustration begünstigt – statt zu schaden – die Entwicklung zentraler Kompetenzen wie Resilienz (Fähigkeit, sich von Widrigkeiten zu erholen), Perseveranz (weiterzumachen trotz Misserfolg) und emotionale Selbstregulation (Umgang mit intensiven Emotionen wie Wut oder Traurigkeit). Es ist eine Frustration, die erzieht, weil sie die Schwierigkeit nicht leugnet, zugleich aber Ressourcen zur Bewältigung bereitstellt.

Zur Veranschaulichung kann man an ein Videospiel denken: Ist ein Level zu leicht, entsteht Langeweile; ist es übermäßig schwierig, wird es abgebrochen. Wenn jedoch

Herausforderung und Fähigkeit im Gleichgewicht stehen, entsteht eine motivierende Erfahrung, die Konzentration und Anstrengung erfordert. Dies bezeichnete der Psychologe Mihaly Csikszentmihalyi als *Flow*: einen optimalen Erlebniszustand, in dem man ganz in einer Tätigkeit aufgeht, den Prozess genießt und sein Bestes gibt. Positive Frustration kann ein Zugang zu diesem Zustand sein.

Jugendliche erleben – entwicklungsbedingt – häufig Frustrationen: in der Schule, in Freundschaften, im Umgang mit sozialen Netzwerken, im Sport oder auch zu Hause. Eltern versuchen oft, diese schwierigen Momente zu verhindern, indem sie Konflikte vorwegnehmen oder Probleme stellvertretend lösen. Das kann jedoch kontraproduktiv sein: Statt zu stärken, nimmt es Gelegenheiten, den Umgang mit Widrigkeiten zu lernen.

Die Herausforderung für Familien lautet daher: begleiten, ohne zu überbehüten. Es geht darum, präsent zu sein, Emotionen zu validieren, Werkzeuge (nicht Lösungen) bereitzustellen und darauf zu vertrauen, dass die Jugendlichen es schaffen können – auch wenn es beim ersten Versuch misslingt. So wird Frustration zu Lernen. Der familiäre Kontext ist dabei entscheidend: Wo Liebe, Kommunikation und klare Grenzen vorhanden sind, wird Frustration nicht als Verlassenwerden oder Strafe erlebt, sondern als natürlicher Teil des Wachstums. In einem solchen Umfeld fühlen sich Jugendliche sicher, zu erkunden, Fehler zu machen und erneut zu versuchen.

Kurz: Es geht nicht darum, Frustration, um jeden Preis zu vermeiden, sondern sie zu dosieren, zu begleiten und als Verbündete der emotionalen Entwicklung zu nutzen. Erziehung bedeutet auch, sinnvoll frustrieren zu lernen – und das gelingt in der Familie besonders gut.

Ein neuer Ansatz, Frustration einzuschätzen

Eine häufige Frage von Eltern lautet: Woran erkenne ich, ob mein Sohn oder meine Tochter eine positive Frustration erlebt oder ob er bzw. sie eine negative Frustration durchgemacht hat? Hat sie eine negative Frustration? Leidet sie stärker, als sie es zu bewältigen ist? Zwar gibt es keine Einheitsformel, doch mehrere Hinweise können im Alltag Orientierung geben. Eltern können beobachten, wie ihr Kind auf eine Schwierigkeit reagiert: Zeigt es Bereitschaft, weiter zu versuchen? Benennt es seinen Ärger oder seine Traurigkeit, verbindet dies jedoch mit einer Bewältigungsstrategie (z. B. um Hilfe bitten, eine andere Vorgehensweise suchen oder sich kurz beruhigen)? Dann

handelt es sich wahrscheinlich um eine handhabbare, entwicklungsförderliche Frustration.

Eine Schwierigkeit, ein Hindernis oder ein Fehler kann eine wertvolle Tür zum Lernen und zur persönlichen Stärkung öffnen.

Zieht sich der Jugendliche hingegen zurück, bricht Aufgaben systematisch ab, gerät leicht in starke emotionale Dysregulation oder verliert bei Aktivitäten, die zuvor Freude bereitet haben, an Motivation, kann dies ein Zeichen dafür sein, dass mehr Unterstützung nötig ist. Ebenso hilfreich ist es, nach einer herausfordernden Situation mit dem Jugendlichen zu sprechen – nicht, um zu verhören, sondern um zu verstehen, wie er sie erlebt hat, was er gelernt hat oder was am schwierigsten war. Solche Gespräche können in einem Klima echten Zuhörens sehr wertvolle Einblicke in die emotionale Welt des Jugendlichen geben.

Eine zentrale Aufgabe für Mütter, Väter und pädagogische Fachkräfte ist es, zu erkennen, wann eine Frustrationserfahrung bei Jugendlichen positiv wirkt – und wann sie sich in eine Belastungsquelle verwandelt, die die Entwicklung blockiert. Für angemessene Entscheidungen braucht es Instrumente, die diese Differenz klar und verständlich erfassbar machen.

Lange Zeit wurde Frustration ausschließlich als Indikator emotionalen Unbehagens verstanden und mit impulsivem Verhalten, Angstzuständen, Aufgabenabbruch oder sogar niedriger Selbstachtung verknüpft. Diese Sichtweise ist jedoch unvollständig. Denn, obwohl es Formen der Frustration gibt, die tatsächlich negative Folgen haben, existieren ebenso Situationen, in denen eine Schwierigkeit, ein Hindernis oder ein Scheitern eine wertvolle Tür zum Lernen und zur persönlichen Stärkung öffnen kann.

Im Familienalltag treten solche Momente häufig in ganz einfachen Kontexten auf: ein Brettspiel, in dem der Jugendliche mehrfach verliert; ein handwerkliches Projekt, das nicht so gelingt wie erwartet; ein Familienausflug, bei dem Unvorhergesehenes oder Missverständnisse auftreten. In solchen Situationen kann eine Haltung der Begleitung – nicht des Urteilens – das anfängliche Unbehagen in eine Gelegenheit für Dialog, Empathie, Reflexion und Überwindung verwandeln.

Um zu beurteilen, ob die erlebte Frustration in solchen Kontexten konstruktive Effekte hat, braucht es einen breiteren Ansatz als diejenigen, die traditionelle psychologische Fragebögen oder Skalen oft anbieten. Es reicht nicht, nur zu fragen, wie sich der Jugendliche gefühlt hat; man muss auch beobachten, wie er reagiert hat, wie sich sein Verhalten nach dem Ereignis entwickelte, welche Unterstützung verfügbar war und welches Lernen aus der Erfahrung hervorging. Diese Perspektive erfordert die Integration mindestens dreier Dimensionen:

Die **emotionale Dimension**: Identifikation von Emotionen wie Traurigkeit, Wut, Enttäuschung oder auch Stolz nach dem Bewältigen einer Schwierigkeit.

Die **physiologische Dimension**: Der Körper „spricht" mit – beschleunigter Puls, gerötetes Gesicht, Muskelanspannung oder Bewegungsdrang können darauf hindeuten, dass der Jugendliche etwas Komplexes verarbeitet.

Die **kontextuelle Dimension**: Wo und wie tritt die frustrierende Situation auf? Gibt es anwesende erwachsene Unterstützung? Ist das Umfeld sicher? Waren Erwartungen realistisch? Bestand Freiheit, Fehler zu machen?

Zusätzlich ist die subjektive Wahrnehmung des Jugendlichen zentral. Nicht alle reagieren gleich auf dieselbe Herausforderung. Deshalb muss – über die Außenbeobachtung Erwachsener hinaus – die Innensicht berücksichtigt werden. Für manche Jugendliche kann ein kleiner Rückschlag ein intensiver emotionaler Auslöser sein; für andere wird eine schwierige Situation mit Begeisterung oder als anregende Herausforderung erlebt.

Positive Frustration messen und einschätzen zu können, würde Familien ermöglichen, ihre Interventionen anzupassen. Wird beispielsweise sichtbar, dass eine Aktivität ein Frustrationsniveau erzeugt, das der Jugendliche bewältigen kann, können Erwachsene die Herausforderung aufrechterhalten und die emotionale Begleitung verstärken. Übersteigt die Frustration dagegen die Fähigkeiten des Jugendlichen und beginnt, Selbstachtung oder Motivation zu beeinträchtigen, ist es Zeit, die Dynamik zu überdenken – etwa durch eine zugänglichere Aufgabe oder eine Reflexion über die Botschaften, die dem Jugendlichen vermittelt werden.

Gemeinsam verbrachte freie Zeit zwischen Eltern und Kindern kann einen enormen Bildungswert haben.

Eine Einschätzung aus dieser Perspektive macht zudem Fortschritte sichtbar, die nicht immer auf den ersten Blick erkennbar sind: in einer Aufgabe dranzubleiben, auch ohne perfektes Ergebnis; eine Niederlage gelassen zu akzeptieren; anzuerkennen,

dass etwas nicht gelungen ist, und dennoch weiterzumachen – das sind Reifezeichen, die selten in Zeugnissen auftauchen, jedoch einen hohen Bildungswert besitzen.

Frustrationstoleranz

Das Konzept der Frustrationstoleranz wurde von Rosenzweig eingeführt und bezeichnet die Fähigkeit, Frustrationen adaptiv zu bewältigen. Diese Fähigkeit entwickelt sich mit der Zeit und der Erfahrung. Seit der Kindheit lernen Menschen, Frustration zu regulieren: vom Bedürfnis nach sofortiger Befriedigung hin zu größerer Fähigkeit, zu warten und resilient zu bleiben. Ein hohes Maß an Frustrationstoleranz gilt als Ausdruck emotionaler Reife und persönlicher Ausgewogenheit.

Menschen mit dieser Fähigkeit erleben häufig weniger Stress, begegnen Schwierigkeiten mit einer positiven Grundhaltung und akzeptieren Schmerz, ohne aufzugeben. Ihr Lebensstil ist tendenziell gesünder; sie gehen Probleme mit dem Motto an: *„In schlechten Zeiten gute Miene machen."* Diese Eigenschaft findet sich häufig bei wirksamen Führungspersönlichkeiten, etwa bei Winston Churchill, der Beharrlichkeit in Widrigkeiten betonte, oder bei Thomas Edison, der Misserfolge als notwendige Lernschritte auf dem Weg zum Erfolg verstand.

Im Sport ist Frustrationstoleranz essenziell. Athleten erleben immer wieder Rückschläge – etwa in einem Fußballspiel, in dem das Tor trotz zahlreicher Chancen ausbleibt. Die Fähigkeit, dranzubleiben, ohne zu resignieren, ist entscheidend für den sportlichen Erfolg und die persönliche Weiterentwicklung.

Resilienz – verstanden als Fähigkeit, extrem belastende Situationen zu bewältigen – ist eng mit Frustrationstoleranz verbunden. Diese Kompetenz kann erlernt und entwickelt werden; dies impliziert auch eine Verbesserung der Frustrationstoleranz.

Aktivitäten wie das Lesen aus Freude können einen sehr positiven Einfluss auf die persönliche Entwicklung haben.

Um diese Toleranz zu erhöhen, ist es notwendig, den eigenen emotionalen Zustand bewusst wahrzunehmen und zu regulieren. Dazu gehört, die Situation anzunehmen, Selbstachtung zu bewahren und positiv zu handeln – ohne in Masochismus oder Schmerzverleugnung zu verfallen. Zentral ist ein Gleichgewicht zwischen dem Vermeiden übermäßiger Frustration und dem Zulassen von Erfahrungen, die lehren,

Frustration zu bewältigen. Dieses Gleichgewicht erleichtert den Übergang vom Lustprinzip zum Realitätsprinzip – eine Grundlage gesunder emotionaler Entwicklung.

3. Familienfreizeit als Raum, um ohne Predigten zu erziehen

Häufig verstehen wir Freizeit als bloße Erholung, als Belohnung nach einem Arbeits- oder Studientag. Doch gemeinsam verbrachte freie Zeit zwischen Eltern und Kindern kann einen enormen Bildungswert haben. Bei Jugendlichen wird die Familienfreizeit zu einem privilegierten Raum, in dem sie Autonomie in einem sicheren Umfeld erproben und zugleich affektive Bindungen stärken können.

Allerdings hat nicht jede Freizeitgestaltung die gleichen Effekte. Fachleute unterscheiden zwischen strukturierter und unstrukturierter Freizeit. Unstrukturierte Freizeit ist dadurch gekennzeichnet, dass sie nicht vorab geplant ist und Jugendliche allein oder ohne erwachsene Aufsicht sein können, etwa beim Anschauen von Videos, beim unbegrenzten Videospielen oder beim Surfen in sozialen Netzwerken. Unstrukturierte Aktivitäten, die als bloßes „Zeitvertreib" ohne klare Ziele beschrieben werden, sind – obwohl unter Jugendlichen verbreitet – mit erhöhten Risiken für problematisches Verhalten verbunden, etwa Delinquenz, Substanzkonsum, schulischer Leistungsabfall und Depression. Internationale Studien zeigen, dass fehlende Teilnahme an organisierten Aktivitäten antisoziales Verhalten voraussagen kann. Auch wenn solche Aktivitäten zur Erholung notwendig sein können, sind Missbrauch oder fehlende Regulierung mit einem höheren Ausmaß an Langeweile, Isolation oder sogar Risikoverhalten verbunden.

Gleichwohl ist nicht jede unstrukturierte Freizeit negativ. Aktivitäten wie Lesen aus Freude – auch wenn sie nicht formal organisiert sind – können einen sehr positiven Einfluss auf die persönliche Entwicklung haben, indem sie das Weltverständnis, die kulturelle Identität und die persönlichen Werte fördern.

Im Gegensatz dazu setzt strukturierte Freizeit die Teilnahme an organisierten, zielgerichteten Aktivitäten voraus, die häufig von Erwachsenen begleitet werden. Strukturierte Freizeitaktivitäten werden als solche definiert, die freiwillig, regelmäßig, von Erwachsenen beaufsichtigt und auf die Entwicklung von Kompetenzen ausgerichtet sind. Sie können sportlicher, künstlerischer, freizeitbezogener oder gemeinschaftsorientierter Natur sein und zeichnen sich dadurch aus, dass sie intrinsische Motivation

sowie Zustände des „Flow" fördern, in denen sich Jugendliche vollständig konzentriert und zufrieden fühlen.

Beispiele hierfür sind Familienausflüge, gemeinsames Sporttreiben, künstlerische Aktivitäten oder auch Projekte im häuslichen Umfeld wie gemeinsames Kochen, Gartenarbeit oder das kooperative Bauen bzw. Herstellen eines Gegenstands. Diese Form der Freizeit eröffnet vielfältige Möglichkeiten, die familiäre Kommunikation zu stärken, gemeinsame Werte zu fördern und soziale Kompetenzen zu entwickeln.

Die gemeinsame Freizeit mit den Eltern stärkt die affektive Bindung und ermöglicht, die Interessen und Fähigkeiten des Jugendlichen besser kennenzulernen.

Die Rolle der Eltern in der Freizeitgestaltung ist grundlegend. Es geht nicht darum, Aktivitäten aufzuzwingen, sondern darum, Optionen anzubieten, zu ermutigen, zu unterstützen und präsent zu sein. Jugendliche brauchen Erwachsene, die sie anleiten, ihnen helfen, Talente zu entdecken und Herausforderungen so anpassen, dass sie den jeweiligen Fähigkeiten entsprechen. Zugleich ist die Autonomie zu respektieren: Die Motivation muss aus dem Jugendlichen selbst heraus entstehen. Die Teilnahme an Jugendverbänden, Sportvereinen, künstlerischen Workshops oder Freiwilligenprogrammen kann gezielt angeregt werden. Diese Räume entwickeln nicht nur Fähigkeiten, sondern stärken auch das Zugehörigkeitsgefühl und das soziale Verantwortungsbewusstsein.

Zu fördern ist ein Gleichgewicht zwischen strukturierter und unstrukturierter Freizeit. So groß die Vorteile strukturierter Freizeit auch sind, geht es nicht darum, jede freie Minute mit Aktivitäten zu füllen. Ebenso wichtig ist Raum für Erholung, Spontaneität und Reflexion. Einige unstrukturierte Aktivitäten, wie Lesen aus Freude, können sehr bereichernd sein; entscheidend ist jedoch, ein Gleichgewicht zu finden, das unseren Kindern ermöglicht, ihre freie Zeit gesund, sinnvoll und konstruktiv zu gestalten.

Interessant ist, dass innerhalb dieses Rahmens auch positive Frustration Raum finden kann. Wenn etwa beim Kochen ein Rezept nicht wie erwartet gelingt, bei einem Brettspiel in der Familie verliert oder bei einem Ausflug ein unerwartetes

Problem zu lösen ist, erleben Jugendliche reale, aber begrenzte Herausforderungen. Diese helfen ihnen, Frustrationstoleranz, Geduld und Anpassungsfähigkeit zu trainieren.

Darüber hinaus stärkt geteilte Freizeit mit den Eltern die affektive Bindung, ermöglicht ein besseres Verständnis der Interessen und Fähigkeiten des Jugendlichen und schafft eine Basis für gegenseitiges Vertrauen, die in Phasen größerer Spannung entscheidend sein wird. Es ist wichtig klarzustellen, dass es nicht darum geht, die freie Zeit mit Aktivitäten zu überfrachten oder jede Sekunde zu verplanen. Vielmehr geht es darum, Räume anzubieten, die Struktur und Flexibilität vereinen, in denen sich Jugendliche begleitet fühlen und zugleich als Individuen mit eigener Stimme anerkannt werden.

Wenn Eltern informiert sind und in angemessener Weise beaufsichtigen, ist die Wahrscheinlichkeit geringer, dass Jugendliche sich an problematischen Verhaltensweisen beteiligen.

Insgesamt kann Familienfreizeit eine äußerst wirksame pädagogische Plattform sein, wenn sie bewusst gestaltet wird. Gerade in diesen Momenten – fern von Hausaufgaben und Verpflichtungen – können Eltern und Kinder gemeinsam lernen, das Zusammensein genießen und, ohne es unmittelbar zu merken, Autonomie, Resilienz und tragfähige Bindungen für das Erwachsenenleben aufbauen.

Empfehlungen für Eltern: Wie sich Freizeit in eine bildende Erfahrung verwandeln lässt

Gemeinsam verbrachte Freizeit in der Familie kann weit mehr sein als nur Entspannung. Wird sie absichtlich und strategisch gelebt, kann sie sich in ein pädagogisches Instrument hoher Wirksamkeit verwandeln. Doch wie gelingt es, dass solche Alltagserfahrungen zur Entwicklung jugendlicher Autonomie beitragen? Im Folgenden werden einige konkrete Schlüssel genannt, damit Eltern diese Momente bestmöglich nutzen können.

Jugendliche in die Planung einbeziehen: Wenn Kinder und Jugendliche an der Auswahl von Aktivitäten beteiligt sind, fühlen sie sich gehört und wertgeschätzt. Dies stärkt ihre Autonomie, weil ihnen nichts aufgezwungen wird, sondern sie aktiv

an der Entscheidung mitwirken. Wichtig ist, einen Dialograum zu schaffen, um ihre Interessen kennenzulernen, Vorschläge anzuhören und Vereinbarungen zu treffen, die der ganzen Familie zugutekommen.

Realistische Herausforderungen vorschlagen: Aktivitäten sollten einen angemessenen Schwierigkeitsgrad aufweisen. Sind sie zu leicht, stimulieren sie weder Anstrengung noch Lernen; sind sie zu komplex, erzeugen sie Demotivation oder Ablehnung. Eine Fahrradtour auf einer unbekannten Route, das gemeinsame Zusammenbauen eines Möbelstücks oder das Zubereiten einer Mahlzeit können Beispiele für Aufgaben mit bewältigbaren Herausforderungen sein.

Frustration akzeptieren und normalisieren: Wenn etwas nicht wie erwartet gelingt, sollte man weder dramatisieren noch überbehüten. Sätze wie „Das macht nichts, wir versuchen es noch einmal" oder „Das gehört auch zum Lernen dazu" helfen, der Schwierigkeit Sinn zu geben. Entscheidend ist, Emotionen zu validieren, ohne sie zu bagatellisieren.

Nicht für sie tun, was sie selbst tun können: Die Versuchung, bei jeder Schwierigkeit einzugreifen, ist groß. Jedes Mal, wenn wir ihnen erlauben, eine Herausforderung mit eigenen Ressourcen zu bewältigen (auch wenn sie scheitern), fördern wir ihre Autonomie. Emotionale Begleitung bedeutet nicht, ihnen *„das Leben zu lösen"*.

Vorbild in der Emotionsregulation sein: Jugendliche beobachten, wie Erwachsene mit ihren eigenen Frustrationen umgehen. Wenn Eltern Ruhe, Respekt und Ausdauer angesichts von Hindernissen zeigen, lehren sie durch ihr Beispiel. Auch das aufrichtige und zugleich ausgewogene Teilen eigener Gefühle trägt zu einem Klima des Vertrauens bei.

Positive Kommunikation fördern: zuhören, ohne zu unterbrechen; sprechen, ohne anzuklagen; Wünsche und Bedürfnisse klar und respektvoll ausdrücken. Diese Elemente erleichtern ein Zusammenleben, das auf wechselseitigem Verständnis basiert. Im Kontext der Freizeit ermöglicht eine solche Kommunikation, Aktivitäten auszuhandeln, Meinungsverschiedenheiten zu klären und Bindungen zu stärken.

Das Gleichgewicht zwischen Struktur und Flexibilität wahren: Planung ist hilfreich – ebenso aber Spielraum für Spontaneität. Übermäßige Kontrolle kann kontraproduktiv sein. Der Schlüssel liegt darin, ein Umfeld zu schaffen, in dem es klare Regeln gibt, zugleich aber Raum für persönliche Initiative bleibt.

Diese Empfehlungen erfordern keine großen Investitionen an Zeit oder Geld, sondern die Bereitschaft, Familienfreizeit als pädagogische Chance zu leben. Durch einfache, alltägliche Aktivitäten kann man bei Jugendlichen Selbstvertrauen, Freude am Überwinden von Herausforderungen und die Kunst des Zusammenlebens in Respekt vor anderen „säen". Letztlich bedeutet Autonomieerziehung nicht, Kinder darauf vorzubereiten, „zu tun, was sie wollen", sondern darauf, zu wissen, wer sie sind, was sie wollen und wie sie dies verantwortlich und in Beziehung zu anderen erreichen.

4. Die differenzierende Rolle von Müttern und Vätern in der Kommunikation und in der Entwicklung von Autonomie

Kommunikation und Selbstoffenbarung in der Adoleszenz

Einer der wichtigsten Aspekte der familiären Erziehung ist das Wissen der Eltern darüber, was ihre Kinder in der Freizeit tun. Zu wissen, mit wem sie zusammen sind, wo sie sich aufhalten und welche Aktivitäten sie ausüben, stärkt nicht nur die Familienbindung, sondern wirkt auch als Schutzfaktor gegenüber möglichen Risiken.

Verschiedene Studien haben gezeigt, dass Jugendliche, deren Eltern informiert sind und angemessen beaufsichtigen – ohne die Privatsphäre zu verletzen oder übermäßige Kontrolle auszuüben –, mit geringerer Wahrscheinlichkeit problematische Verhaltensweisen zeigen. So wurde beispielsweise beobachtet, dass junge Menschen mit angemessener elterlicher Aufsicht weniger delinquente Handlungen begehen und einen geringeren Konsum von Alkohol, Tabak und anderen Drogen aufweisen.

Jugendliche reagieren besonders sensibel auf die Art und Weise, wie man mit ihnen spricht.

Das bedeutet nicht, ihnen ständig „auf den Fersen" zu sein, sondern eine offene Kommunikation aufrechtzuerhalten, sich authentisch für ihre Aktivitäten zu interessieren und klare, kohärente Grenzen zu setzen. Wenn Kinder spüren, dass ihre Eltern präsent und aufmerksam sind, fühlen sie sich sicherer und wertgeschätzt und sind weniger geneigt, nach risikoreichen Erfahrungen zu suchen.

Viele Eltern sehen sich dem irritierenden Schweigen ihrer jugendlichen Kinder gegenüber. Was früher eine Beziehung voller Worte, Fragen und Neugier war, scheint

sich in eine Distanz zu verwandeln, die schwer zu überbrücken ist. Diese Veränderung bedeutet jedoch nicht, dass Jugendliche nicht mehr mit ihren Eltern sprechen möchten. Tatsächlich brauchen sie vielmehr eine andere Art des Sprechens – in einem Rahmen, der ihnen Sicherheit, Verständnis und Respekt vermittelt.

Selbstoffenbarung, also das Teilen von Gedanken, Emotionen und persönlichen Erfahrungen, ist ein kraftvolles Instrument in den Beziehungen zwischen Eltern und Kindern. Wenn ein Jugendlicher sich frei fühlt, zu erzählen, was ihn bewegt, stärkt dies die familiäre Bindung und fördert sein emotionales Wohlbefinden. Diese Offenheit entsteht jedoch nicht zufällig. Sie hängt in hohem Maß davon ab, wie Eltern mit ihren Kindern kommunizieren und wie diese die Kommunikation wahrnehmen.

Jugendliche sind besonders sensibel dafür, wie mit ihnen gesprochen wird. Wenn sie erleben, dass ihre Eltern zuhören, ohne zu urteilen, echtes Interesse an ihrem Leben zeigen und dass sie sich ohne Angst vor Konsequenzen ausdrücken können, ist es deutlich wahrscheinlicher, dass sie sich öffnen. Nehmen sie hingegen Kontrolle, Kritik oder Gleichgültigkeit wahr, werden sie sich verschließen – selbst dann, wenn sie viel zu sagen hätten. Der Schlüssel liegt darin, eine Kommunikation zu kultivieren, die auf Empathie, Wärme und Aufnahmebereitschaft basiert.

Jugendliche müssen Selbstvertrauen entwickeln, um über das sprechen zu können, was sie beschäftigt.

Allerdings kommunizieren nicht alle Jugendlichen mit der Mutter auf dieselbe Weise wie mit dem Vater. Forschungsergebnisse zeigen, dass Jugendliche im Allgemeinen mehr mit ihren Müttern teilen, insbesondere wenn sie bei ihren Müttern eine warme, zugewandte und empathische Haltung wahrnehmen. Mütter sind häufig stärker in alltägliche emotionale Gespräche eingebunden, was einen fruchtbaren Boden dafür schafft, dass Kinder sich öffnen. Wenn eine Mutter echtes Interesse zeigt und die Gefühle ihres Sohnes oder ihrer Tochter validiert, kann dies eine unmittelbare und tiefgehende Öffnung begünstigen.

Mit Vätern kann die Dynamik anders ausfallen. In vielen Fällen nehmen Jugendliche ihre Väter eher als handlungs- oder praxisorientierte Figuren wahr, was den emotionalen Ausdruck erschweren kann, wenn dies nicht von Empathie begleitet wird. Wenn es Vätern jedoch gelingt, zugänglich, interessiert und emotional verfügbar zu sein, können auch sie zu wertvollen Vertrauten werden. Entscheidend ist, Geschlechterstereotype aufzubrechen, den männlichen Emotionsausdruck mitunter zu begrenzen und Vätern ebenfalls einen Platz des Zuhörens und Haltgebens zu ermöglichen.

Elterliche Empathie – mütterlich wie väterlich – hat eine tiefgreifende Wirkung. Wenn ein Vater oder eine Mutter sich in die Lage des Kindes versetzen kann, um zu verstehen, was es fühlt, ohne es zu bagatellisieren oder sofort zu korrigieren, bemerkt der Jugendliche das. Eine solche empathische Haltung ermutigt dazu, mehr zu teilen. Ähnliches gilt für emotionale Unterstützung: Eine warme Reaktion, ein verstehender Blick oder ein Satz, der das Erleben des Jugendlichen anerkennt, kann Türen öffnen, die zuvor verschlossen schienen.

Zudem müssen Jugendliche Selbstvertrauen entwickeln, um darüber zu sprechen, was sie beschäftigt. Diese kommunikative Selbstwirksamkeit entsteht zu Hause – in einem Umfeld, in dem man Fehler machen darf, sich unbeholfen ausdrücken kann und dennoch gehört wird. Wenn Eltern eine solche Atmosphäre fördern, lernen Jugendliche, auch über schwierige Themen zu sprechen, ohne Angst vor Zurückweisung oder Unverständnis.

Wichtig ist außerdem anzuerkennen, dass jeder Jugendliche einzigartig ist. Es gibt Unterschiede nach Geschlecht, Persönlichkeit und kulturellem Kontext. Manche Mädchen teilen beispielsweise weniger, wenn sie das Gefühl haben, emotional von ihren Eltern abhängig zu sein; in bestimmten Kulturen kommunizieren Mütter tendenziell offener mit ihren Kindern, was prägt, wie diese zu sprechen lernen. Solche Unterschiede sind keine Hindernisse, sondern Chancen, die Kommunikation an die Bedürfnisse jedes Kindes anzupassen.

Es ist grundlegend, dass Mütter und Väter gemeinsam an einer kohärenten Erziehung arbeiten, in der Regeln, Werte und Haltungen geteilt werden.

Als Eltern können wir viel tun, um Selbstoffenbarung zu fördern: Gespräche beginnen, ohne Druck auszuüben; echtes Interesse zeigen; Emotionen validieren; harte oder moralisierende Reaktionen vermeiden – das sind grundlegende Schritte. Selbst wenn ein Kind nicht sprechen zu wollen scheint, kann das Wissen, dass die Eltern da,

verfügbar und aufmerksam sind, den Unterschied machen. Beständigkeit, Geduld und Respekt sind dabei kraftvolle Verbündete.

Insgesamt ist die Kommunikation mit Jugendlichen keine unlösbare Aufgabe, sondern ein Weg, den man mit Sorgfalt und Hingabe geht. Wenn Eltern ein Umfeld aus Vertrauen, Empathie und Unterstützung schaffen – jede und jeder aus der eigenen Rolle heraus, mit den jeweiligen Stärken –, fühlen sich Jugendliche frei zu sprechen. Und wenn sie sprechen, stärkt sich die Beziehung, und das emotionale Wohlbefinden der ganzen Familie kann aufblühen.

Elterliche Unterstützung und Aufbau von Autonomie

Ein weiterer interessanter und oft wenig beachteter Aspekt der Erziehung Jugendlicher ist, dass die Rolle von Mutter und Vater bei der Entwicklung von Autonomie unterschiedlich wahrgenommen wird. Auch wenn jede Familie einzigartig ist und elterliche Funktionen nicht als fixe Stereotype verstanden werden dürfen, zeigen verschiedene Studien, dass Jugendliche Unterstützungsverhalten und -gesten je nach Herkunft (Mutter oder Vater) unterschiedlich interpretieren.

In vielen Fällen können Jugendliche die emotionale Unterstützung der Mutter als zu eng oder kontrollierend erleben, was paradoxerweise als Bedrohung ihres Unabhängigkeitsbedürfnisses empfunden werden kann. Das bedeutet nicht, dass mütterliche Zuneigung negativ ist; je nach Kontext und Ausdrucksweise kann sie jedoch als Form von Überwachung oder Überbehütung interpretiert werden. Dagegen kann die emotionale Unterstützung des Vaters als distanzierter, neutraler und damit weniger invasiv wahrgenommen werden, was es dem Jugendlichen erleichtert, sie als Impuls in Richtung Autonomie zu deuten.

Dieses Phänomen hat praktische Implikationen. Es geht nicht darum, Hierarchien zwischen Vater und Mutter zu etablieren, sondern darum, zu verstehen, dass beide unterschiedliche Formen emotionaler Verbindung mit ihren Kindern haben – und dass diese Vielfalt komplementär sein kann. Entscheidend ist, dass beide Elternteile sich ihrer Stile bewusst werden, diese ausbalancieren und gezielt einsetzen, um die Entwicklung des Jugendlichen zu fördern.

Es ist grundlegend, dass Mütter und Väter gemeinsam eine kohärente Erziehung fördern, in der Regeln, Werte und Haltungen geteilt werden. Bei deutlichen Diskrepanzen in der Art der Begleitung können Kinder widersprüchliche Botschaften erhalten, was den Reifungsprozess erschwert. Einheit bedeutet nicht Uniformität, wohl aber eine gemeinsame Linie, die Sicherheit gibt.

Zudem ist es wichtig, dass beide Erwachsenen sich aktiv an familiären Freizeitaktivitäten beteiligen. Mitunter übernehmen Mütter spontan die Rolle der Organisatorinnen der freien Zeit, während Väter weniger präsent sind. Die väterliche Beteiligung an der Familienfreizeit ist jedoch mit einer stärkeren Wahrnehmung autonomieunterstützenden Verhaltens bei den Kindern verbunden. Ein Vater etwa, der seinem Kind zeigt, wie man etwas repariert, eine Wanderung vorschlägt oder im Team spielt, vermittelt Werte wie Anstrengung, Zusammenarbeit und Vertrauen.

Zusammenfassend wird die Entwicklung jugendlicher Autonomie gestärkt, wenn beide Eltern aktiv beteiligt sind, ihren Kommunikationsstil anpassen und erzieherische Kohärenz zeigen. Zu verstehen, wie Kinder mütterliche und väterliche Unterstützung unterschiedlich wahrnehmen, ermöglicht Familien, ihre Begleitung anzupassen, damit jedes Kind sich gehört, respektiert und in seinem Wachstum aus der eigenen Besonderheit heraus motiviert erlebt. Komplementarität, gelebt in Empathie und Teamarbeit, wird zu einer pädagogischen Stärke von herausragendem Wert.

Fazit

Einen Jugendlichen zu erziehen, bedeutet weit mehr, als einen Prozess körperlichen Wachstums zu begleiten: Es heißt, mit Präsenz und Sensibilität eine Lebensphase zu tragen, in der Identität, Autonomie und die Fähigkeit aufgebaut werden, das Leben verantwortungsvoll zu bewältigen. Im Verlauf dieses Kapitels haben wir untersucht, wie die Entwicklung von Autonomie, der Umgang mit Frustration und der bewusste Einsatz von Familienfreizeit zu grundlegenden Pfeilern einer emotional gesunden Erziehung werden können.

Als Mütter und Väter geht es nicht darum, auf alles eine Antwort zu haben, sondern darum, verfügbar zu sein, zuzuhören, ohne zu urteilen, Unterstützung zu geben, ohne zu vereinnahmen, und darauf zu vertrauen, dass unsere Kinder – mit angemessener Begleitung – lernen können, Entscheidungen zu treffen, Fehler zu machen und zu wachsen. Der Schlüssel liegt darin, ein Gleichgewicht zwischen Fürsorge und Freiheit, zwischen Orientierung und Respekt vor ihrer Individualität zu finden.

Jugendliche zu erziehen ist im Grunde ein Akt mutiger Liebe: Es bedeutet, Stück für Stück loszulassen, ohne aufzuhören, nah zu sein; es bedeutet zu akzeptieren,

dass unsere Kinder nicht so sein werden wie wir, sondern so, wie sie selbst es sein müssen. Und in diesem Prozess kann jeder gemeinsame Moment – sei es ein Gespräch, ein Spiel, ein Ausflug oder eine Schwierigkeit – zu einer Gelegenheit werden, um Bindungen zu stärken, Werte zu säen und gemeinsam einen Weg in das Erwachsenenleben zu bauen.

Literatur

Für Fragen zu Literaturangaben wenden Sie sich bitte an welcome@FamilyValued.org

Prof. Arantza Albertos de San José

Mehr Info über die Autorin über den QR-Code:
https://familyvalued.org/arantza-albertos-san-jose/

Reflexionsfragen

Wie finde ich das Gleichgewicht zwischen der Begleitung meines Sohnes im Teenageralter und dem Zugeständnis an die notwendige Autonomie für seine persönliche Entwicklung?

Wie kann ich meinem Sohn beibringen, positiv mit Frustration umzugehen und sie in ein Werkzeug für sein emotionales Wachstum zu verwandeln?

Welche gemeinsamen Aktivitäten oder Familienmomente könnten die Bindung zu meinem Sohn stärken und sein Vertrauen sowie seine Resilienz fördern?

Deine Notizen, Kommentare und Vorsätze

Dr. Carlos Beltramo
Instituto Cultura y Sociedad (ICS)
Universität von Navarra
Spanien

Begoña Sáenz
Absolventin des Masterstudiengangs
Ehe und Familie
Universität von Navarra
Spanien

Fünf Säulen der Charaktererziehung in der Familie

Zusammenfassung

Charaktererziehung ist ein intentionaler Prozess zur Entwicklung stabiler ethischer und psychologischer Dispositionen. Im Unterschied zum angeborenen Temperament bildet sich der Charakter und verändert sich im Laufe des Lebens. Die Familie ist der erste und wichtigste Ort, an dem Charakter kultiviert wird – nicht nur durch Worte, sondern auch durch das alltägliche Vorbild. Beltramo schlägt fünf miteinander verbundene Säulen der Charaktererziehung vor: (1) Erziehung des intellektuellen Charakters (ehrliche Wahrheitssuche und kritisches Denken), (2) Erziehung des moralischen Charakters (Fähigkeit, das Gute kohärent zu wählen), (3) Erziehung des *„performance character"* (Disziplin, Anstrengung und Selbstüberwindung), (4) Affektive Alphabetisierung (eigene und fremde Emotionen erkennen und angemessen kanalisieren) und (5) Erziehung des zivilen bzw. gesellschaftlichen Charakters

(Engagement für das Gemeinwohl und das Leben in Gemeinschaft). Diese Säulen bieten Eltern und Pädagogen eine ganzheitliche Orientierung, um reife, ethische und sozial verantwortliche Menschen zu bilden.

Artikel

In letzter Zeit hört man häufig, dass die Charaktererziehung ein grundlegender Aspekt der Bildung von Menschen ist, besonders im familiären Kontext. Doch worauf bezieht sich der Ausdruck „Charaktererziehung" genau? Mitunter kann das sogar etwas verwirrend sein. Deshalb ist eine Definition hilfreich: Charakter ist die Gesamtheit der Dispositionen des Menschen, die sich in seinem ethischen und psychologischen Handeln zeigen und seine Individualität sowie seine Identität widerspiegeln. Diese Dispositionen sind insofern stabil, als sie die Person in all ihren Dynamiken prägen; sie sind jedoch weder angeboren noch unveränderlich und unterliegen daher Prozessen der Erziehung und Verbesserung (Beltramo, 2023).

Temperament ist das, was jeder „ab Werk" mitbringt.

Der erste Teil der Definition lässt uns verstehen, dass sowohl psychologische als auch moralische Merkmale Teil eines guten, gut geformten Charakters sind. Mit anderen Worten: Uns sind sowohl die emotionale Reife als auch die Entwicklung der Tugenden wichtig. Als Eltern werden wir beide Bereiche im Leben unserer Kinder erziehen und so dazu beitragen, dass sie ein angemessenes Verständnis ihrer Individualität und Identität entwickeln – in allen Lebensbereichen.

Der zweite Teil verortet uns in der Realität, in der Temperament und Charakter nicht dasselbe sind. Das Temperament ist das, was jede und jeder „ab Werk" mitbringt: die Art zu sein, die in jedem Herzen liegt und weder gut noch schlecht ist – sie ist einfach so. Der Charakter hingegen ist der bewegliche Teil unserer Persönlichkeit, das, was sich tatsächlich ändern kann. Der Charakter hängt mit dem Verhalten zusammen; deshalb gibt es angemessene und unangemessene Weisen, ihn zu festigen. Das Temperament bezieht sich auf die allgemeine Art, wie wir Dinge tun – ob gut oder schlecht –, zwingt uns aber nicht dazu, jeden Tag bestimmte Dinge zu tun oder zu lassen. Der Charakter ist der Teil von uns, der uns verstehen lässt, dass es gute Verhaltensweisen gibt und andere, die weniger gut – oder gar schlecht – sind, und dass es deshalb gut ist, sie zu vermeiden. Das Temperament definiert uns in einer bestimmten Weise; mit dem Charakter entscheiden wir, ob wir besser werden wollen. Letztlich wird unser Verhalten im Leben beide Komponenten enthalten: die Seinsweise, die aus unserem Temperament stammt, und die Entscheidungen, die wir im Zusammenhang mit unserem Charakter treffen.

Charaktererziehung kann auch als die intentionale Entwicklung von Tugenden definiert werden, die die moralische Identität einer Person prägen.

Deshalb weiß man seit Jahrhunderten, dass Charaktererziehung ein Prozess ist, durch den Individuen Tugenden entwickeln, die ihr Verhalten leiten und ihnen erlauben, ethisch und verantwortungsvoll zu leben – und zudem emotional zu reifen. Wie Thomas Lickona (1991) festhält: „Wenn wir an die Art von Charakter denken, die wir für unsere Kinder wollen, ist klar, dass wir wollen, dass sie fähig sind zu beurteilen, was richtig ist, dass sie sich tiefgehend um das Richtige kümmern und dass sie tun, was sie für richtig halten – selbst angesichts äußeren Drucks und innerer Versuchung" (S. 51). Diese Perspektive unterstreicht die Notwendigkeit einer soliden Wertebildung aus dem familiären Umfeld heraus, in dem Charakter alltäglich vorgelebt und kultiviert wird. Dieser Prozess ist wesentlich für die ganzheitliche Entwicklung von Kindern und Jugendlichen, da er ihre Fähigkeit beeinflusst, Entscheidungen zu treffen, Beziehungen zu anderen zu gestalten und Herausforderungen des Lebens zu bewältigen.

Charaktererziehung kann ebenfalls als die intentionale Entwicklung von Tugenden definiert werden, die die moralische Identität einer Person formen. Aristoteles etwa vertrat die Auffassung, dass Charakter durch die beständige Praxis guter Handlungen aufgebaut wird – und dass daraus entsteht, was er Tugend nennt. Das stärkt die Idee, dass moralische Bildung nichts Angeborenes ist, sondern ein fortlaufender Lern- und Korrekturprozess. Heute spricht man ebenfalls von der Bedeutung von Vorbildern – im Englischen als „modeling" bezeichnet.

Charaktererziehung zielt nicht nur darauf ab, erfolgreiche Menschen oder arbeitsmarkttaugliche Personen zu formen.

Gegenwärtig versteht man Charaktererziehung als ein gemeinsames Bemühen von Familie, Schule und Gesellschaft, moralische Tugenden zu vermitteln. Insbesondere die Familie spielt eine zentrale Rolle, weil sie der erste Raum ist, in dem Kinder die Bedeutung von Wahrheit, Respekt und Kooperation lernen. In den Worten Lickonas (2010): *„Die Familie ist die erste und wichtigste Schule der Tugenden."* Dort lernen Kinder die grundlegenden Lektionen von Respekt, Verantwortung, Zusammenarbeit und Ehrlichkeit – nicht so sehr durch das, was man ihnen sagt, sondern durch das, was sie andere tun sehen und wie sie sich behandelt fühlen" (S. 63).

In diesem Sinne zielt Charaktererziehung nicht nur darauf ab, erfolgreiche Individuen zu formen, die für den Arbeitsmarkt qualifiziert sind, sondern auch darauf, Bürger zu formen, die sich für ihr eigenes Wohlergehen und das der übrigen Gemeinschaft engagieren.

Denn das Zuhause ist der erste und wichtigste Ort der Sozialisation von Kindern. Durch die tägliche Interaktion mit Eltern und Geschwistern verinnerlichen Kinder Normen, Werte und Verhaltensweisen, die ihren Charakter im Erwachsenenalter mitprägen. So ist die Familie ein Bindeglied zwischen Individuum und Gesellschaft: Sie ermöglicht, grundlegende Elemente der Kultur zu internalisieren und die Grundlagen der Persönlichkeit zu entwickeln. In diesem Kontext sind die Kohärenz und das Vorbild der Eltern entscheidend, damit die erzieherische Botschaft nicht bloß verbal bleibt, sondern im familiären Stil gelebt und weitergegeben wird.

Alle diese Elemente formen den Charakter – jedes für sich, aber letztlich auch alle zusammen. Daher ist es hilfreich, eine integrative Vorstellung davon zu haben, was Charaktererziehung bedeutet.

Die „Fünf Säulen" der Charaktererziehung

Derzeit gibt es verschiedene pädagogische Strömungen, die unterschiedliche Ansätze zur Charakterbildung vorschlagen. Das Modell der Fünf Säulen ermöglicht, die wichtigsten Aspekte jeder Strömung zusammenzuführen, indem es herausstellt, dass Charaktererziehung verschiedene Facetten hat, die man – und die man sogar muss – zum Wohl der Kinder ergänzen sollte. Konkret heißen die fünf Säulen dieser Konzeption:

- Erziehung des intellektuellen Charakters
- Erziehung des moralischen Charakters

- Erziehung des „performance character" (persönliche Leistungs- bzw. Bewährungskompetenz)
- affektive Alphabetisierung
- Erziehung des zivilen bzw. sozialen Charakters

Es handelt sich nicht um isolierte Bereiche; man kann sie nicht vollständig verstehen, wenn man sie voneinander trennt: Sie sind wie die fünf Finger einer Hand – jeder mit seinen Besonderheiten, aber alle voneinander abhängig, um diese Hand als Ganzes zu bilden. Die Erklärung jeder Säule soll helfen, den jeweiligen Aspekt zu verstehen und unseren Erziehungsstil zu überprüfen – sowohl, um zu erkennen, in welcher Dimension wir stärker sind, als auch, wo es sinnvoll ist, unsere Bemühungen zu verstärken.

Säule 1: Erziehung des intellektuellen Charakters

Sie bezieht sich auf die Fähigkeit und Bereitschaft einer Person, die Wahrheit ehrlich zu suchen, klar zu denken und kritisch zu argumentieren. Es geht nicht nur darum, Wissen anzuhäufen, sondern auch darum, eine intellektuelle Haltung der Demut und Offenheit zu entwickeln, die die Grenzen des eigenen Wissens erkennt und zum fortwährenden Lernen bereit ist. Diese Säule umfasst Tugenden wie Neugier, Urteilsvermögen, Objektivität, Redlichkeit und geistige Offenheit, die nötig sind, um die Wirklichkeit angemessen zu verstehen und dadurch begründete und ethisch verantwortliche Entscheidungen zu treffen.

In einer Zeit, in der Fake News verbreitet sind, soziale Netzwerke mit einem Klick alle möglichen Meinungen verfügbar machen und Künstliche Intelligenz Einzug hält – ein Werkzeug wie andere, das jedoch an sich eine Herausforderung darstellt –, ist die Entwicklung des intellektuellen Charakters für die Erziehung von Kindern fundamental.

Säule 2: Erziehung des moralischen Charakters

Sie betrifft die Ausrichtung des Willens auf das Gute. Sie setzt die Fähigkeit voraus, Richtiges von Falschem zu unterscheiden, und die Bindung an universelle ethische Prinzipien, die die menschliche Würde achten. Eine moralisch gut geformte Person handelt kohärent, auch wenn kein äußerer Druck besteht, und orientiert sich an

Tugenden wie Ehrlichkeit, Gerechtigkeit, Integrität, Selbstlosigkeit und Respekt. Diese Säule ist wesentlich für ein stimmiges Leben und den Aufbau zwischenmenschlicher Beziehungen, die auf Vertrauen beruhen.

Säule 3: Erziehung des „performance character" (persönliche Bewährung / Leistungscharakter)

Sie verweist auf die innere Stärke, die es einer Person ermöglicht, Herausforderungen zu bewältigen, sich selbst zu übertreffen und wertvolle Ziele zu erreichen. Es geht nicht nur um Effizienz, sondern um anhaltende Anstrengung mit Sinn. Tugenden wie Ausdauer, Disziplin, Resilienz und Mut helfen, auch in schwierigen Situationen den Kurs zu halten und Ziele zu erreichen, die nicht nur dem Individuum, sondern auch seinem Umfeld zugutekommen.

Säule 4: Affektive Alphabetisierung (emotionale Bildung)

Sie ist mit der Welt der Affektivität verbunden, die Gefühle, Emotionen und Leidenschaften umfasst. Sie umfasst zwei Momente: erstens die Fähigkeit, die eigenen Emotionen und Gefühle zu erkennen, anzunehmen und zu verstehen, welche Informationen sie vermitteln; und zweitens die Fähigkeit, ihnen eine angemessene Richtung zu geben und dieses innere affektive Erleben passend auszudrücken. Beide Fähigkeiten fördern zugleich die Sensibilität dafür, andere Emotionen zu verstehen.

Diese Säule ist zentral für das persönliche Wohlbefinden und den Aufbau gesunder menschlicher Bindungen. Sie umfasst Tugenden wie Empathie, Mitgefühl, die Fähigkeit, Intimität zu leben, und Gelassenheit, die ein ausgewogenes Innenleben und tiefe zwischenmenschliche Beziehungen begünstigen.

Säule 5: Erziehung des zivilen bzw. sozialen Charakters

Sie verweist auf die gemeinschaftliche Dimension des Menschen. Eine Person mit zivilem Charakter erkennt ihre Zugehörigkeit zu einer Gemeinschaft und verpflichtet sich dem Gemeinwohl. Dieses Engagement zeigt sich in Haltungen der Solidarität, sozialer Verantwortung, Achtung der Vielfalt und Beteiligung am öffentlichen Leben – beginnend in der eigenen Familie. Tugenden wie Bürgersinn, Kooperationsfähigkeit, Solidarität und respektvoller Dialog ermöglichen, eine gerechtere, friedlichere und menschlichere Gesellschaft aufzubauen.

Diese fünf Facetten der Charaktererziehung zusammenzuführen und ihr Zusammenspiel zu betrachten, ermöglicht Eltern und Lehrkräften, die ganzheitliche Realität der Charakterentwicklung des Kindes zu verstehen. Es gibt keine einzige Formel für Charaktererziehung; mit den Fünf Säulen lässt sich jedoch klarer erkennen, auf welche Aspekte wir achten können und sollten, wenn wir einen Weg der Charaktererziehung in der Familie entwerfen.

Literatur

Beltramo, C. (2023). *Cinco pilares del carácter y apertura a la trascendencia*. In M. L. Diez Canseco Briceño (Hrsg.), *Actas del seminario «Psicología desde una visión cristiana del hombre»* (S. 7–18). Universidad Católica San Pablo (Arequipa, Peru). https://ucsp.edu.pe/actas-seminario-psicologia-desde-vision-cristiana-hombre/

Lickona, T. (1991). *Educating for Character. How our schools can teach respect and responsibility*. Bantam Books.

Lickona, T. (2010). *Carácter. Cómo ayudar a las nuevas generaciones a desarrollar el buen criterio, la integridad y otras virtudes esenciales*. Producciones Educación Aplicada.

Dr. Carlos Beltramo

Mehr Info über den Autor über den QR-Code:
https://familyvalued.org/carlos-beltramo/

Begoña Sáenz

Mehr Info über die Autorin über den QR-Code:
https://familyvalued.org/begona-saenz/

Reflexionsfragen

Wie kann ich die Entwicklung der fünf Säulen des Charakters im Alltag meiner Familie fördern?

Welche Rolle spielt mein persönliches Vorbild in der Charakterbildung meiner Kinder, und wie kann ich es verbessern?

Auf welche Weise kann ich emotionale und gesellschaftliche Bildung in die tägliche Routine integrieren, um das persönliche und soziale Wohlbefinden meiner Kinder zu fördern?

Deine Notizen, Kommentare und Vorsätze

**Weitere Artikel über
Kindererziehung**

María José Calvo Ibáñez
Ärztin und Autorin "Optimistas Educando"
Spanien

Familie und neuropsychologische Entwicklung des Kindes

Zusammenfassung

Das kindliche Gehirn entwickelt sich in enger Wechselwirkung mit dem affektiven Umfeld, insbesondere mit der Familie. Liebe, Spiel, Staunen und das elterliche Vorbild sind zentrale Faktoren, die Lernen und die emotionale Reifung aktivieren. Die Entwicklung von Wille, Affektivität und Freiheit prägt eine ausgewogene Persönlichkeit. Jede Entscheidung und jede Erfahrung formen das Gehirn: Erziehen bedeutet, zu lieben zu lehren – mit Freiheit und Verantwortung. Anwesende und zugewandte Eltern legen in ihren Kindern die Grundlagen für ein erfülltes und glückliches Leben.

Artikel
Das Gehirn der Kinder

Das Gehirn von Kindern ist ein Organ von außergewöhnlicher Komplexität, das unterschiedliche Reize wahrnimmt, verarbeitet und integriert. Es benötigt lange, um zu reifen, befindet sich in kontinuierlichem Wandel und Lernen und verlangt ein affektives Umfeld, reich an Zuwendung und Erfahrungen – das heißt: die Familie.

Dieses Organ ist der biologische Sitz der geistigen Fähigkeiten. Auf dieser Basis bildet sich die Persönlichkeit des Kindes heraus, die sich nicht auf Neuronen und Verbindungen reduzieren lässt, sondern eine geistige Dimension besitzt, die untrennbar mit der Biologie verbunden ist und eine Einheit bildet. Diese Einheit verleiht dem Kind Selbstbewusstsein in der Verbindung von Geist und Gehirn (*„mind–brain connection"*).

Kinder möchten vieles eigenständig tun. Sie streben danach, Talent und Kreativität zu entfalten – etwas, was bereits in den Genen angelegt ist.

So formt sich nach und nach ihre „Psyche", die es ihnen ermöglicht, zu fühlen, zu denken, in Freiheit zu handeln und zu lieben. Eltern sollen diese Reifung unterstützen, ausgehend von den Anlagen und Sehnsüchten des Kindes, und dabei persönliche Beziehungen und Zuneigung pflegen – beides ist wesentlich.

Kinder beobachten und imitieren uns und lernen spielerisch. Sie wiederholen eine Handlung, bis sie sie „zu ihrer eigenen" gemacht haben; dabei entstehen zahlreiche Verbindungen bzw. Synapsen. Mit dem Wachstum nehmen diese Verbindungen zu und bilden Schaltkreise, die Funktionen tragen werden.

Lernen entspringt der Neugier und dem Staunen des Kindes. Wenn es sich emotional beteiligt, gelangt es in einen Zustand des „Flow": Es ist ganz in eine Tätigkeit versunken und erlebt vollständige Freude. Dann werden neuroplastische Botenstoffe ausgeschüttet, die für sein Gehirn besonders wertvoll sind. Ramón y Cajal sagte: *„Es ist notwendig, die eingeschlafenen Neuronen energisch zu erschüttern, (...) sie mit der Emotion des Neuen zum Schwingen zu bringen und ihnen edle und erhabene Unruhe einzuflößen."*

Kinder möchten vieles eigenständig tun. Sie wollen ihr Talent und ihre Kreativität entwickeln – etwas, das bereits in den Genen eingeschrieben ist. Diese Gene unterstützen auch die Kommunikation und Kooperation mit anderen. Kinder benötigen Beziehungen, um sich zu entwickeln.

Jede Person „konstruiert" und „rekonstruiert" sich in der Familie, betont T. Melendo: Die Familie ist der eigentliche Raum menschlicher Beziehungen, die aus Liebe hervorgehen. Es ist die wechselseitige Liebe der Eltern, die die Entwicklung des Kindes vorantreibt.

Affektivität wird im Zuhause kultiviert. Dort lernt das Kind, Beziehungen zu gestalten, zu geben und zu empfangen, an andere zu denken und Empathie zu entwickeln – unter anderem mithilfe der „Spiegelneuronen".

Neuroentwicklung

Die Reifung des Gehirns verläuft von grundlegenden Hirnregionen zu weiter vorn gelegenen, komplexeren Bereichen und endet in der Frontalhirnrinde.

Der Erwerb höherer Funktionen findet zwischen dem vierten und dem zwölften Lebensjahr statt.

Viele Funktionen sind angeboren und besitzen „kritische Zeitfenster": Dabei werden vor allem im ersten Lebensjahr Neuronen gebildet und verschaltet. In der Pubertät kommt es erneut zu großen Gehirnveränderungen.

Das „goldene" Alter des Lernens liegt zwischen null und drei Jahren; es kann jedoch bis zum sechsten oder achten Lebensjahr erweitert werden. Dies ist die günstige Phase, um angelegte Fähigkeiten zu erwerben und die menschlichen Grundlagen der Persönlichkeit zu festigen.

Zunächst entwickelt sich der sensomotorische Bereich, der Bewegung und Autonomie ermöglicht. Danach entwickeln sich Sprechen und Sprache; ab etwa fünf oder sechs Jahren helfen sie dabei, die Welt besser zu verstehen und Beziehungen zu gestalten. Der Erwerb höherer Funktionen erfolgt zwischen vier und zwölf Jahren. Das Kind besitzt große Neugier; das hilft ihm, zu erforschen, zu experimentieren, sich zu begeistern und durch Tun zu lernen.

Die Mutter ermöglicht von den ersten Lebensmonaten an eine stabile Bindung – ebenso der Vater.

In frühen Lebensphasen dominiert ein magisches Denken, verbunden mit Fantasie; um das sechste oder siebte Lebensjahr wird das Denken vernünftiger. Mit Beginn der Adoleszenz treten Umbauprozesse im Gehirn auf, die komplexe Funktionen ermöglichen; dabei entwickelt sich ein analytischeres Denken, das mit dem präfrontalen Kortex zusammenhängt. Dies ermöglicht eine höhere Reflexionsfähigkeit sowie eine höhere Entscheidungs- und Planungskompetenz. Diese Fähigkeiten müssen genutzt werden, um sie zu festigen: *„Use it or lose it"* – *„Nutze dein Gehirn, sonst verlierst du es."*

Unterschiede nach Geschlecht

Die Gehirnentwicklung unterscheidet sich ab der achten Schwangerschaftswoche – je nachdem, ob die genetische Ausstattung XX oder XY ist, also ob es sich um Weibliches oder Männliches handelt. Dies betrifft jede einzelne Zelle des Organismus. Biologie ist wichtig, um die unterschiedlichen Aspekte sowie die verschiedenen Arten des Seins und Reifens von Mädchen und Jungen zu verstehen.

Kinder müssen diesen Unterschied sehen, in dem jedes Geschlecht auf das andere hin angelegt ist – sichtbar in Zuneigung und Verbundenheit.

Die Mutter ermöglicht von den ersten Monaten an eine gute Bindung, ebenso der Vater. Und etwa zwischen fünf und sieben Jahren benötigen Söhne die Vaterfigur stärker: Sie ist ihr Modell männlicher Identität. Der Vater gibt ihnen Stärke und Sicherheit, Ermutigung und Antrieb; zugleich beobachten sie seinen Umgang mit der Mutter und lernen dadurch, wie man Menschen – insbesondere Mädchen – behandelt.

Kinder müssen diese Unterschiedlichkeit sehen, in der jedes für das andere entworfen ist, und dabei Zuneigung und Einheit sichtbar werden. Dies wird ihnen im Leben Orientierung und Referenz sein.

Mit der Pubertät werden die bereits vorhandenen Unterschiede deutlicher – aufgrund der Ausschüttung von Sexualhormonen, die den Prozess der neuronalen Umstrukturierung in Gang setzt. Diese Reifung verläuft bei jedem Kind eigenständig und spezifisch.

Die Psyche

Für die gute Entwicklung der Psyche unserer Kinder ist das zutiefst menschliche und humanisierende Umfeld der Familie grundlegend.

Kinder entdecken ihre persönliche Identität, indem sie sich in ihren Eltern spiegeln. Es gilt, einen gesunden und ausgewogenen Geist zu formen, der frei denken und handeln kann. Der Schwerpunkt sollte auf dem Guten in jedem Menschen liegen: *„Wir alle tragen Wunder in unseren Herzen.“*

Das „Geheimnis der Erziehung“ besteht darin, Kinder ein wenig besser zu denken, als sie es sind, um sie zu ermutigen, es zu werden. Es gilt, ihre Potentiale zu entdecken und zu fördern. Es ist weit wirksamer, Qualitäten zu stärken, als Defizite zu korrigieren.

Geben wir ihnen Zuneigung und Vertrauen und lehren wir sie zu kämpfen: „Erschwert euren Kindern nicht die Schwierigkeiten des Lebens; lehrt sie vielmehr, ihnen zu begegnen." So entdecken sie, indem sie sich in den Eltern spiegeln, ihre eigene personale Identität.

Fähigkeiten

Die Reifung der Hirnstrukturen beginnt in grundlegenderen Regionen, verläuft über das limbische System – Amygdala und Hippocampus – mit den Emotionen und endet im präfrontalen Kortex.

Auf dieser Grundlage entwickelt jedes Kind Fähigkeiten wie das Denken, die Fähigkeit, in Freiheit zu handeln, sowie die Affektivität.

Lernen und Erkenntnis

Kinder benötigen, um zu lernen und eigenes Wissen aufzubauen, eine Grundlage aus gelebter Erfahrung und eine Person, die sie anleitet.

Das Gedächtnis ist nicht statisch, sondern in kontinuierlichem Wandel und affektiv eingefärbt.

Die kognitive Entwicklung verläuft vom Fantasiedenken der frühen Jahre zum vernünftigeren Denken mit den „tausend Fragen" und später zur Analyse und Reflexion. Daher ist es wesentlich, Kinder frühzeitig mit klaren Kriterien dafür zu unterstützen, was richtig und falsch ist, damit sie klar handeln können.

Die biologische Ebene des Lernens ist mit dem limbischen System verbunden, insbesondere mit dem Hippocampus, der eng mit dem Gedächtnis zusammenhängt. In Zuständen von Freude und „Flow" findet dort Neurogenese statt, wodurch Fähigkeiten gestärkt werden.

Lernen bedeutet den Übergang vom Kurzzeit- ins Langzeitgedächtnis; es umfasst das Herstellen neuer Verbindungen, deren Verknüpfung mit dem präfrontalen Kortex sowie deren Konsolidierung. Dann kann das Kind Wissen abrufen und nutzen und darauf aufbauend Neues schaffen.

Doch das Gedächtnis ist nicht statisch, sondern fortwährend veränderlich und von Affekten geprägt. Auf dieser Wissensbasis tritt die Vorstellungskraft hinzu: Sie verbindet und kombiniert Elemente und stützt sich auf das Herz als ihren eigentlichen Ort; daraus entsteht Kreativität.

Der Wille

Die Erziehung des Willens ist wesentlich, damit Kinder frei handeln – nicht impulsgetrieben. Sie steht in Beziehung zum präfrontalen Kortex und kann durch kleine Ziele trainiert und gestärkt werden, indem man für sie kämpft und Belohnungen aufschiebt.

Ausgehend von Temperament und Anlagen formen Kinder ihren Charakter durch gute Gewohnheiten und Tugenden und „bauen" dabei ihre Persönlichkeit.

Im siebten Lebensjahr werden Handlungen zunehmend absichtsvoll; erworbene Gewohnheiten verwandeln sich in Tugenden, die durch Liebe und innere Freiheit motiviert sind. Sie erlauben Handeln nach Werten, was Sinn und innere Schönheit verleiht.

Kinder besitzen eine natürliche Disposition zu edlen menschlichen Qualitäten – heiter, großzügig, dankbar, vertrauend, aufrichtig, optimistisch, stark –; doch wir müssen sie ihnen zeigen und ihnen unzählige Gelegenheiten geben, sie einzuüben. So bildet sich im Gehirn eine solide Basis, auf der neue Funktionen und Lernprozesse aufbauen. Andere Werte werden etwas später erworben, etwa Lernen, gute Arbeit, Integrität und Loyalität.

Ausgehend von Temperament und Anlagen formen Kinder ihren Charakter durch gute Gewohnheiten und Tugenden und „bauen" dabei ihre Persönlichkeit. Sie machen sich Kriterien für korrektes Handeln zu eigen und erfahren Freude am Guten. Dies begünstigt psychische Gesundheit, denn Güte ist die Grundlage eines gesunden Gehirns.

Sie entfalten Freiheit als Gegenpol zur Verantwortung, um wertvolle „Ziele" mit Initiative und Proaktivität verfolgen zu können. Jede Entscheidung „meißelt" ihr Gehirn, wie Cajal sagte.

Das Potenzial jedes Kindes ist sehr hoch; daher sollte man ein gutes Umfeld schaffen und die angemessene „Nahrung" geben, damit „ihre Augen leuchten".

Affektivität und Herz

Affektivität ist wesentlich für die persönliche Entwicklung. Jedes Kind ist mit einem Herzen zum Lieben ausgestattet. Das Herz zu erziehen heißt, es in der Wärme von Zuneigung zu „schmieden".

Eltern legen die Grundlage des Gehirns und des Herzens ihrer Kinder – etwas von großer Tragweite.

Die Amygdala ist an der Affektivität beteiligt und verbindet sich mit anderen Regionen wie dem Hippocampus und den kortikalen Arealen. Sie reagiert sehr reflexhaft und muss im Verlauf der Reifung stärker mit kortikalen Zonen verbunden werden, damit Reflexion möglich wird.

Unsere Kinder befinden sich bis zum zwölften Lebensjahr in einer privilegierten Phase, um lieben zu lernen – dank der Zuneigung, die sie in der Familie empfangen, und der Eltern als Referenzfiguren. Gute persönliche Beziehungen führen ebenfalls zu neuroplastischen Veränderungen, die das Gehirn bereichern.

Dies steht in Beziehung zum „motivationalen System", das die limbische bzw. basale, eher reflexhafte Komponente mit der kortikalen, reflexiven integriert und verbindet.

Die Großhirnrinde filtert Emotionen und Impulse, indem sie sie durch das Denken leitet, bewertet und eine abgewogene Antwort ermöglicht. Sie reift jedoch langsamer. Mit dem Wachstum müssen Kinder dennoch an Selbstbeherrschung gewinnen – durch Training, durch das Vorherdenken der Antworten und durch langfristigere Ziele.

Erziehen heißt letztlich „lieben zu lehren", betont Melendo. Den Blick und das Herz des Kindes zu bewahren. Gespräche im Vertrauen zu fördern, in die Augen zu sehen und im Dialog das eigene Herz zu öffnen; ein Klima der Verlässlichkeit zu schaffen, damit sich das Kind öffnen kann, wenn es will ... und es auf „die anderen" hin auszurichten, statt es mit Launen zu füllen.

Eltern legen die Grundlage des Gehirns und des Herzens ihrer Kinder – etwas von großer Tragweite. „Sät in Kindern gute Ideen, auch wenn sie sie noch nicht verstehen", sagte Montessori: Sie werden schon aufblühen.

Abschließend gilt: Die harmonische Entwicklung jedes Kindes erfordert eine harmonische Bildung der Persönlichkeit – das heißt, dass das Denken „Hand in Hand" mit Tugenden geht und im Herzen verankert ist. Vernunft und Tugend, getragen von Affekten, damit der Mensch frei wird, lieben kann – und deshalb glücklich ist.

María José Calvo Ibáñez

Mehr Info über die Autorin über den QR-Code:
https://familyvalued.org/maria-jose-calvo-ibanez/

Reflexionsfragen

Wie beeinflusst das affektive familiäre Umfeld die zerebrale und emotionale Entwicklung von Kindern und was kann ich tun, um es zu stärken?

Auf welche Weise kann ich bei meinen Kindern Neugier, Staunen und Lernen durch Spiel und Alltagserfahrungen fördern?

Wie kann ich meinen Kindern helfen, Willen und innere Freiheit zu entwickeln, damit sie verantwortlich und ethisch orientiert handeln?

Deine Notizen, Kommentare und Vorsätze

Dra. Ondina María Vélez Fraga, MD

Fachärztin für Familienmedizin und Mutter
Professorin an der Universität CEU San Pablo
Spanien

Erziehung als Jungen und als Mädchen – Entwicklung einer gesunden sexuellen Identität

Zusammenfassung

Mit diesem Text möchte ich Eltern dazu anregen, über die Bedeutung der Begleitung bei der Entwicklung der sexuellen Identität ihrer Kinder nachzudenken. Es handelt sich um einen Prozess, der sich durch das Zusammenwirken der eigenen Biologie, der individuellen Persönlichkeit und der Umwelt, in der wir aufwachsen, auf harmonische und physiologische Weise vollzieht.

Gleichwohl befinden wir uns in einer Zeit, in der die durch die Gender-Ideologie geförderte Begriffsverwirrung es erforderlich macht, über klare Konzepte zu verfügen, die uns bei dieser großen erzieherischen Herausforderung unterstützen.

Artikel

In den letzten Jahren hat eine große Besorgnis darüber geherrscht, dass das Spielzeug für Jungen und Mädchen nicht in traditioneller Weise geschlechtsstereotyp sein solle.

Mehr denn je wurden das Junge-Sein und das Mädchen-Sein stereotypisiert – und wenn man den Erwartungen nicht entspricht, ist man vielleicht gar nicht das, was man einem gesagt wurde.

167

In manchen Kreisen lässt sich ein gewisses Misstrauen beobachten, wenn Mädchen nicht mit Puppen und Jungen nicht mit Spielzeugsoldaten spielen. Dennoch lässt sich bei einem Spaziergang durch eine beliebige Spielzeugabteilung leicht feststellen, dass erhebliche Unterschiede zwischen dem Spielzeug für Jungen und dem für Mädchen bestehen und dass diese immer ausgeprägter werden. Es gibt immer weniger Baby-puppen im Spielzeugangebot für Mädchen, dafür jedoch eine Fülle von Schminksets und Puppen in intensivem Rosa mit erwachsenen Körperproportionen. War Barbie seinerzeit bereits ein Aufreger, so ist sie heute die züchtigste Figur im Regal. Das Spielzeug für Jungen ist in Rot und Blau gehalten, und es dominieren muskelbepackte Figuren, die geradewegs aus dem Fitnessstudio zu kommen scheinen.

Weder meine Tochter noch jener Junge hatten irgendeine Verwirrung hinsichtlich ihrer sexuellen Identität – es sei denn, wir hätten sie ihnen eingeredet.

Es beunruhigt mich, dass dieses modern-sexistische Spielzeug in einer Welt, in der Verwirrung über Geschlecht und Gender vorherrscht, den Kindern eine Botschaft ver-mittelt: dass man ein Muskelprotz sein muss, um ein wahrer Junge zu sein, und dass Mädchen sexy sein müssen. Mehr denn je wurden das Junge-Sein und das Mädchen-Sein stereotypisiert – und wenn man den Erwartungen nicht entspricht, ist man viel-leicht gar nicht das, was man einem gesagt wurde.

Einmal verkleidete sich eine meiner Töchter, nachdem sie den Film Dornröschen gesehen hatte, mit einem Schwert und erklärte, sie sei der Prinz, weil sie gegen den Drachen kämpfen wolle. Bei einer anderen Gelegenheit erinnere ich mich an einen sehr aufgeweckten Jungen in meiner Arztpraxis, der gerne sang und tanzte. Eines Tages kam er mit einer kleinen Handtasche, und als ich ihn nach seiner Verkleidung fragte, antwortete er, er sei María Isabel, die kleine Sängerin. Nicht so sehr über-raschte mich seine Antwort, sondern die seiner Mutter, die mir sofort sagte, wenn er ein Mädchen sein wolle, sei ihr das egal.

Weder meine Tochter noch jener Junge hatten irgendeine Verwirrung hinsichtlich ihrer sexuellen Identität – es sei denn, wir hätten sie ihnen eingeredet. Meine Tochter ist eine Kämpferin, und jener aufgeweckte Junge wollte ein berühmter Sänger werden.

Allen Eltern liegt daran, dass ihre Kinder zu glücklichen und freien Erwachsenen heranwachsen.

Dass das Spielzeug unterschiedlich ist, ist logisch und natürlich. In jeder Familie, in der es Jungen und Mädchen gibt, beobachten wir, wie sie unterschiedliches Spielzeug wählen und es zudem auf verschiedene Weise nutzen. Das Spiel ist für die Entwicklung von Kindern von großer Bedeutung, denn es ermöglicht ihnen, sich auszudrücken, Geschichten und Situationen zu erfinden, sich vorzustellen, wie der morgige Tag sein wird – und so werden unsere Kinder fast unmerklich größer. In diesem kontinuierlichen und unaufhaltsamen Wachstumsprozess wird die Identität jedes Einzelnen entdeckt und entwickelt.

Allen Eltern liegt daran, dass ihre Kinder zu glücklichen und freien Erwachsenen heranwachsen. Und wir wünschen uns, sie in diesem Prozess des Wachstums und der Selbstfindung zu begleiten.

Die persönliche Identität ist eine zentrale Frage im Leben jedes Menschen; es geht darum, sie zu beantworten: Wer bin ich? Einer der Aspekte der persönlichen Identität ist die Entwicklung der sexuellen Identität. Die Entwicklung dieser sexuellen Identität vollzieht sich durch das Zusammenwirken der eigenen Biologie, der individuellen Persönlichkeit und der Umwelt, in der wir aufwachsen.

Die Entwicklung der menschlichen Sexualität beginnt im Augenblick, in dem wir existieren.

Die Gender-Ideologie ist ein Bündel von Ideen, die sich ab der zweiten Hälfte des 20. Jahrhunderts entwickelten und einen Zweifel an der menschlichen Sexualität als ontologisches Merkmal des Menschen einführten. Sie schlägt die Geschlechtsidentität als subjektive Wahrnehmung vor, die jedes Individuum von sich selbst sowie von seiner Männlichkeit und Weiblichkeit haben kann – unabhängig vom biologischen Geschlecht. Als ob Mann-Sein oder Frau-Sein etwas wäre, das man wählen könnte.

Und hier ergibt sich eine wichtige Frage, die wir uns stellen können und die auch unsere Kinder stellen können: Wann beginnt die Entwicklung der sexuellen Identität? Sind Mann-Sein und Frau-Sein lediglich eine kulturelle Angelegenheit? Sollten wir die Kinder wählen lassen, was sie sein wollen?

Etwa ein Drittel des menschlichen Genoms weist je nach Geschlecht unterschiedliche Varianten auf.

Die Entwicklung der menschlichen Sexualität beginnt in dem Augenblick, in dem wir zu existieren beginnen und unser Genom gebildet wird, das unsere biologische Identität enthält. Von Beginn unserer Existenz an besitzen wir ein männliches Genom (XY) oder ein weibliches (XX). Dieser Unterschied beschränkt sich jedoch nicht auf ein einziges Chromosom, sondern betrifft die Expression vieler weiterer Gene. Groß angelegte genomische Studien zeigen, dass etwa 6.500 bis 7.000 Gene (von insgesamt rund 20.000) signifikante geschlechtsspezifische Expressionsunterschiede aufweisen. Das bedeutet, dass sich annähernd ein Drittel des menschlichen Genoms je nach Geschlecht unterscheidet.

Eine gute Beziehung zwischen den Eltern, zu sehen, wie sie einander lieben, wird der erste Spiegel sein, in dem Kinder lernen, Junge und Mädchen zu sein.

Diese Unterschiede treten in zahlreichen Geweben zutage: Gehirn, Leber, Fettgewebe, Muskulatur, Haut und vieles mehr. Bereits im intrauterinen Leben beeinflusst der hormonelle Faktor, dass sich das Gehirn bei Jungen und Mädchen unterschiedlich entwickelt. Diese Unterschiede bleiben das gesamte Leben hindurch bestehen und werden mit der körperlichen Entwicklung greifbarer; ab der Adoleszenz treten sie besonders ausgeprägt hervor.

Diese persönliche und sexuelle Identität formt sich im Laufe des Lebens – zunächst durch die Beziehungen, die innerhalb der eigenen Familie entstehen, durch die Anerkennung der eigenen Existenz in dieser Familie und durch die Selbstentdeckung, und später durch die Beziehungen, die man im Laufe des Lebens mit anderen eingeht. Daher wird eine gute Beziehung zwischen den Eltern, das Erleben ihrer gegenseitigen Zuneigung, zum ersten Spiegel, in dem Kinder lernen, Junge und Mädchen zu sein. Ebenso die übrigen nahen männlichen und weiblichen Bezugspersonen – Großvater und Großmutter, Geschwister.

Die Familie ist der geeignetste Ort für eine ganzheitliche Reifung von Männlichkeit und Weiblichkeit.

Die Entwicklung der sexuellen Identität wird in der frühen Kindheit bewusst; etwa im Alter von drei Jahren entsteht bei Jungen und Mädchen die Wahrnehmung des Geschlechtsunterschieds. Ebenso wie sie ihren Namen kennen und wissen, wer ihr Vater und ihre Mutter sind, wissen sie auch, dass sie Jungen oder Mädchen sind, und erkennen sich als Mädchen wie die Mama oder als Jungen wie der Papa.

Im Laufe der Kindheit vollzieht sich die Identifikation mit der eigenen Geschlechtlichkeit, und die Familie ist der geeignetste Ort für eine ganzheitliche Reifung beider Geschlechter.

Negative Erfahrungen oder belastete Beziehungen zum Vater oder zur Mutter können eine ausgewogene Entwicklung der eigenen persönlichen und sexuellen Identität erschweren.

Schließlich ist es wichtig, den Sinn und die Bedeutung des Mann-Seins und des Frau-Seins zu kennen und zu erklären. Jeder Mensch ist zur Begegnung mit anderen und zur Fruchtbarkeit berufen. Die in unserer Natur eingeschriebene Sexualität bringt in außergewöhnlicher Weise das Bedürfnis zum Ausdruck, fruchtbar zu sein und für andere da zu sein. Sie ermöglicht den intimsten Ausdruck der Liebe, der es uns erlaubt, Eltern zu werden. Daher ist die Familie der natürliche und geeignetste Ort, an dem sich die harmonische Entwicklung der menschlichen Sexualität und das Verständnis ihrer Bedeutung vollziehen können.

Familie und Sexualität weisen einen unbestreitbaren Zusammenhang auf. Mehr noch: Man könnte sagen, dass die eine ohne die andere nicht zu verstehen ist und dass das Verständnis beider es ermöglicht, ihre wahre Bedeutung zu erfassen. Die Sexualität in der Familie schließt zugleich die Generationen zusammen. Wir erkennen uns als Kinder, die berufen sind, Ehepartner und Eltern zu werden.

Selbstverständlich wird in jeder Familie ein neues Mitglied bei seiner Ankunft als Junge oder Mädchen erkannt und erhält einen Namen. Während das Neugeborene versorgt, ernährt und beschützt wird, lernt es die Welt durch seine Eltern und Geschwister kennen, die ihm Haltungen und Wissen vermitteln. Ein vier Monate altes Kind betrachtet seine Hand und verbringt lange Zeit damit, sie anzuschauen – und es wird seine Mutter oder sein Vater sein, der ihm sagt, dass seine Hand „Hand" heißt. Da wir soziale Wesen sind, erlernen wir Verhaltensweisen und Kenntnisse, die uns formen – jedoch auf der Grundlage einer gegebenen Natur. In ebensolcher Weise integriert sich die menschliche Sexualität in das Leben jedes Kindes, das durch Beobachtung und das Zusammenleben in seiner Familie lernt.

Einige **Leitgedanken** für die große Herausforderung, unsere Kinder als Jungen und als Mädchen zu erziehen

1. Die **persönliche Identität** entwickelt sich über das gesamte Leben hinweg – von den frühesten Phasen des intrauterinen Lebens und der Geburt an, ausgehend von der individuellen Natur und dank der frühesten Interaktionen sowie der späteren wechselseitigen zwischenmenschlichen Beziehungen.

2. Die **sexuelle Identität** ist ein Aspekt der persönlichen Identität. Ihre korrekte Entwicklung wird von biologischen und sozialen Faktoren beeinflusst. Sie beginnt in den ersten Wochen der Embryonalentwicklung mit einer differenzierten Entwicklung beider Geschlechter. Auf harmonische Weise vollziehen sich die Vorgänge, die es jeder Person ermöglichen, sich zunächst als Junge oder Mädchen und später als Mann oder Frau zu entwickeln.

3. Die **Rolle der Familie** ist grundlegend für die Entwicklung der Kinder und selbstverständlich auch für den Prozess der Entdeckung, Entwicklung und Aneignung der Identität, einschließlich der sexuellen Identität.

4. Pflegen Sie stets eine **gute Beziehung** in der Familie, die es den Kindern von klein auf ermöglicht, gute, nahe und liebevolle männliche und weibliche Bezugspersonen zu haben.

5. Jeder Junge und jedes Mädchen wird seine **eigene Art** zu sein haben, denn jeder von uns ist einzigartig und unwiederholbar. Suchen Sie nicht nach einer einzigen Art, Junge oder Mädchen zu sein, sondern nehmen Sie jeden Einzelnen mit seinen eigenen Besonderheiten an und lieben Sie ihn.

Dra. Ondina María Vélez Fraga

Mehr Info über die Autorin über den QR-Code:

https://familyvalued.org/ondina-velez-fraga/

Reflexionsfragen

Wie kann die Familie eine ausgewogene Entwicklung der sexuellen Identität bei Kindern von den frühesten Lebensphasen an fördern?

Welche Rolle spielen die Eltern als Vorbilder bei der Entwicklung der Männlichkeit und Weiblichkeit ihrer Kinder?

Auf welche Weise lassen sich der Einfluss von Geschlechterstereotypen und der Gender-Ideologie in der Erziehung von Jungen und Mädchen thematisieren?

Deine Notizen, Kommentare und Vorsätze

Weitere Artikel über Kindererziehung

Dr. Karl-Maria de Molina
CEO und Co-Founder ThinkSimple.io
Vorstand von Family Valued e. V.
Deutschland

Eltern brauchen Kompetenzen für die Kindererziehung

Zusammenfassung

In der Arbeitswelt ist es üblich, die Jobrollen anhand der dafür erforderlichen Kompetenzen zu beschreiben. Eltern haben auch eine Jobrolle: die „Elternschaft". Wie sieht das dazugehörige notwendige Jobprofil aus, d.h. welche Kompetenzen sind für die Rolle „Elternschaft" notwendig? Anhand der aus der Arbeitswelt bekannten Kompetenzen werden wir eine Liste aufstellen und diese kommentieren.

Artikel

Viele Eltern haben vor der Geburt des Kindes bereits eine klare Vorstellung davon, welche Rolle das Kind im Leben ausfüllen können sollte. Schauspieler wie Michael Douglas, Rennfahrer wie Mick Schumacher, Politikerin wie Monika (Strauß) Hohlmeier sind Nachkommen von Eltern mit ähnlichen Berufsprofilen. Der Satz „Der Apfel fällt nicht weit vom Baum" bestätigt sich – wenigstens manchmal, wie besehen. Eine neue Studie der Universität Vechta (siehe scinexx.de Link unten) bestätigt, dass Eltern das wissenschaftliche Denkvermögen sehr stark prägen. Dies liegt an der Einstellung gegenüber Wissen und Bildung. Damit – so die Studie – üben Eltern einen stärkeren Einfluss aus als die Schule.

Eltern wünschen sich bewusst oder unbewusst, den Kindern eine Prägung fürs Leben zu geben – sei es bei der Berufsauswahl, bei Werten, bei Verhaltens- und Redeweisen, bei der Position in der Gesellschaft usw. Der Inhalt dieser sogenannten Prägung bzw. Die Erziehung ist je nach dem Menschenbild der Eltern recht unterschiedlich. Kein Haushalt wird eine solche Beschreibung an die Wand hinstellen; sie entsteht eher unbewusst. Und um diese Prägung zu vermitteln, brauchen Eltern neben den Tugenden und Werten auch Eigenschaften und Kompetenzen. Heute konzentrieren wir uns auf die Letzteren.

Im Rahmen meiner Tätigkeit als Personaldiagnostiker befasse ich mich täglich mit der Frage, welche Kompetenzen und Eigenschaften für eine bestimmte Jobrolle notwendig sind. Die heutige „Jobrolle" heißt Elternschaft. Es erübrigt sich zu sagen, dass diese Kompetenzen bei der Priorisierung deutlich hinter Tugenden wie Liebe, Zuwendung, Verständnis fürs Anderssein usw. zurückbleiben. stehen. Danach kommen Werte wie Rücksichtnahme, Gerechtigkeit, Solidarität usw. Und erst dann die Kompetenzen.

In unserem Unternehmen haben wir einen Kompetenzkatalog mit über 200 Kompetenzen aufgebaut. Diese stammen aus zahlreichen Studien namhafter Institutionen. Nachfolgend liste ich einige Kompetenzen aus dem Katalog auf und begründe ihre Notwendigkeit für die besagte Jobrolle „Elternschaft". Es handelt sich um eine kleine Auswahl der ca. 60 notwendigen Kompetenzen fürs Leben.

#1: Kommunikation in Verbindung mit Konfliktfähigkeit: Die Verständigung zwischen Eltern und Kind erfolgt durch altersgerechte Kommunikation. Kinder müssen in den meisten Fällen die Entscheidungen der Eltern nachvollziehen können, um sie befolgen zu können. Auch bei guter Kommunikation bleiben Spannungen und Konflikte innerhalb der Familie nicht aus. Sie zu schlichten und zu einer Verständigung zu führen, ist für den Aufbau einer stabilen Beziehung zwischen Eltern und Kind ausschlaggebend. Überhöhte Spannungen abzubauen und sie zu einem erträglichen Maß zu reduzieren, erfordert ein hohes Maß an Kommunikation und Konfliktfähigkeit.

#2: Empathie und Geduld: Kinder müssen sich verstanden fühlen. Dies bedeutet, dass Eltern sich in Geduld üben und Empathie zeigen müssen. Eltern sind vielmehr als nur Lehrer für die Kinder: Sie sind ihre Erzieher fürs Leben. Erziehung bedeutet das Notwendige Geben und das geschuldete Verlangen. Darüber hinaus ist Empathie notwendig, um die Bedürfnisse der Kinder zu erkennen. Und dazu kommt die Geduld, um die Fehler aushalten zu können.

#3: Beständigkeit: Die Erziehung erfordert Kontinuität in den Vorgaben und in der Fokussierung aufs Ziel. Was gestern galt, gilt auch heute noch. Geradlinigkeit könnten wir es auch nennen. Das Gegenteil irritiert Kinder, weil sie nicht wissen, welche Vorgaben heute noch gelten und welche nicht mehr. Das verunsichert Kinder massiv. Prof. Michael Schulte-Marktwort bestätigt diesen Aspekt.

#4: Problemlösungsfähigkeit: Im Umfeld der Familie treten ständig Probleme auf, z.B. Großeltern sind plötzlich krank, das Auto springt nicht an, der Keller ist nach dem Regen voller Wasser, die Bahn streikt, die Kita hat heute zu usw. Die Liste ließe sich beliebig fortsetzen. Eltern müssen – mit Hilfe der Kinder – all diese Ereignisse zu einem mehr oder minder positiven Ausgang führen können.

#5: Struktur und Disziplin: Ein Haushalt bedarf einer flexiblen und klaren Struktur, damit (fast) alles reibungslos läuft: pünktlich aufstehen, frühstücken, Kinder in die Schule bringen, ins Büro fahren usw. Eltern müssen diese Struktur vorgeben und – wichtig – vorleben. Diese Struktur vermittelt Sicherheit und Planbarkeit für die Kinder, weil sie wissen, woran sie sind.

#6: Flexibilität: Die obige Struktur sowie die Disziplin bedürfen der Anpassung an geänderte Gegebenheiten. Daher ergänzen Struktur und Disziplin die Flexibilität. Die drei Kompetenzen gehören zusammen. Das will gekonnt sein – keine Frage.

#7: Emotionale Intelligenz: Welche Reaktion passt zum konkreten Ereignis? Das sagt uns unsere emotionale Intelligenz. Diese reguliert und adaptiert unsere Reaktionen, sodass sie die optimale Wirkung erzeugen. Kinder verhalten sich nun mal anders als Erwachsene. Sie zertrümmern z.B. die wertvolle Vase. Dank der emotionalen Intelligenz bewerten wir das Ereignis und überlegen, wie wir darauf reagieren sollten. Wer cholerisch reagiert, offenbart einen eklatanten Mangel an emotionaler Intelligenz. Mit so einem Verhalten kann man jegliche Beziehung zu den Kindern zerstören. Dann der emotionalen Intelligenz kann sogar ein Choleriker angemessen reagieren -oder sich wenigstens anschließend entschuldigen.

#8: Mentoring: In den Studien zum schulischen Erfolg der Kinder kommt immer ein wichtiger Faktor zum Vorschein: der Ausbildungsstand der Eltern. Sie sind u.a. Mentoren für die berufliche Entwicklung der Kinder. Die Auswahl des Vokabulars, der Themen beim gemeinsamen Essen und der Fernsehprogramme liefern das Substrat für den Status in der Gesellschaft und sind die Visitenkarte für den Eintritt ins Berufs- und Privatleben.

#9: Selbststeuerung: Im Punkt #5 haben wir von Struktur und Disziplin gesprochen. Um diese zu erreichen, müssen sich die Eltern selbst steuern können, d.h. das tun, was die Situation erfordert, und „sich nicht hängen lassen" oder ohne Grund „auf später aufschieben". Selbststeuerung bedarf der Willenskraft. Diese ist in uns Menschen sehr unterschiedlich ausgeprägt. Manche haben viel, andere weniger. Ohne Selbststeuerung lassen sich viele Aufgaben nicht lösen, weil sie Ausdauer erfordern. Kindererziehung ist eine davon. Da brauchen Eltern einen langen Atem.

Fazit

Viele der erwähnten Kompetenzen benötigen wir für den Beruf. Die Anwendung dieser Kompetenzen im familiären Umfeld erfordert eine deutliche Anpassung.
Diese gelisteten Kompetenzen haben wir. Die Frage ist nur: In welcher Ausprägung reicht diese für die Haushaltsführung aus? Mit diesem Artikel habe ich Sie, lieber Leser, liebe Leserin, für ein Thema sensibilisiert, das selten im Fokus steht und bei Missachtung zu Zerwürfnissen in der Familie führen kann.

Dr. Karl-Maria de Molina
Mehr Info über den Autor über den QR-Code:
https://familyvalued.org/karl-maria-de-molina/

Reflexionsfragen

Welche Schlüsselkompetenzen benötigen Eltern, um ihre erzieherische Rolle wirksam auszuüben, und wie können sie diese Kompetenzen entwickeln?

Wie beeinflussen kommunikative Fähigkeiten, Empathie und Konfliktlösungsfähigkeiten den Aufbau einer tragfähigen Beziehung zwischen Eltern und Kindern?

Auf welche Weise können Eltern Struktur und Flexibilität in der Erziehung ihrer Kinder ausbalancieren, um deren ganzheitliche Entwicklung zu fördern?

Deine Notizen, Kommentare und Vorsätze

Weitere Artikel über Kindererziehung

Esther Bockwyt
Psychologin
Deutschland

Kindererziehung in einem woken Umfeld

Zusammenfassung

Familien tragen die Verantwortung für die Erziehung ihrer Kinder. Was tun, wenn sie mit einer Ideologie konfrontiert werden, die beispielsweise besagt, dass das Geschlecht nur ein soziologisches Konstrukt ist? Die Lösung für die Eltern heißt: Information über die Zustände in den Kitas und Schulen und präventive Maßnahmen durch Aufklärung.

Artikel

Was verstehen wir unter Woke?

Eine neue Ideologie breitet sich in den westlichen Gesellschaften aus. Ihr Name: „Woke". Sie spaltet jene, die sie erkannt haben, in Verfechter und Gegner. Konflikte und Entfremdung sind die Folge. Diese Ideologie besetzt positiv konnotierte Themen wie Gerechtigkeit, Diversität und Antirassismus. Diese besagte Ideologie führt zu einer Weltanschauung und sie ist keine Banalität. Woke hat das Potenzial, die Zukunft moderner demokratischer Gesellschaft zu beeinflussen. Dies aufgrund eines radikalen Veränderungsanspruchs mit manchmal totalitären Auswüchsen. Entstanden ist sie vor ca. 30 Jahren im akademischen Umfeld US-amerikanischer Universitäten und hat sich dank Journalisten, Aktivisten und Geldgebern in aller Welt fest etabliert. Medien, angeführt von X- und Instagram-Influencern, haben mehr oder weniger bewusst woke Denkschemata übernommen und sie damit salonfähig gemacht.

Unternehmen haben das „Wokesein" als Marketinginstrument für sich entdeckt. Und sie erwarten, dass die Kunden dies gutheißen. Und so kommt es, dass das Destruktive der woken Ideologie im Verborgenen bleibt. Dadurch werden Parallelen zu anderen totalitären Strömungen der Menschheitsgeschichte nicht mehr gezogen. Wokeness ist beinahe unbemerkt zu einer Ideologie geworden, der man sich scheinbar nicht mehr verweigern kann. Dieser ausufernde Druck beengt Menschen wie kaum etwas anderes und macht zugleich eine freiwillige von innen herauskommende woke Haltung unmöglich.

Woke-Bewegung stammt aus dem Feminismus

Die Philosophin Judith Buttler, Professorin für Rhetorik und Komparatistik in Berkeley, startete mit einer feministischen Bewegung, ging dann über zum Thema „Geschlecht als Konstrukt", in das die Queer-Bewegung. Anfänglich, um 1930, ging es bei Woke um Rassismus gegen Schwarze. Dann wurde es um Diversität erweitert. Der Charakter des Aktivismus blieb stets erhalten.

Kinder und Heranwachsende sind von Woke betroffen

Aus dem oben Besagten könnte man den Eindruck gewinnen, es handle sich um eine Bewegung von Erwachsenen für Erwachsene. Weit gefehlt. Kinder in Institutionen wie Kitas und Schulen werden zunehmend auch bei uns mit Woke konfrontiert, weil die Aktivisten dieser Ideologie in eben diesen Institutionen konkrete Maßnahmen umsetzen. Wie sehen diese Maßnahmen aus? Den Kindern wird in Teilen nämlich gemäß Frau Buttler suggeriert, dass das biologische Geschlecht ein Konstrukt ist und dass Menschen geschlechtsneutral geboren würden. Daher dürfen sich die Kinder ihr eigenes Geschlecht aussuchen. Infolge der aufsteigenden „Gender-Theorien" wurden viele Geschlechtsangleichungen bei Kindern und Jugendlichen vorgenommen, was beispielsweise in England bereits zur Schließung eines auf diese Maßnahmen spezialisierten Krankenhauses geführt hat. Die geschlechtsverändernden Maßnahmen reichen von Pubertätsblockern, über Hormongaben bis zu Operationen und stehen wegen ihrer massiven Eingriffe in sich entwickelnde Körper in der Kritik. Wenn Woke-Aktivisten die Lehrpläne in einigen Schulen weiterhin in ihrem Sinne beeinflussen, findet Sexualaufklärung zunehmend nach woken Regeln bzw. Denkschablonen statt. Vereinzelt hörte man von „Körpererkundungsräumen" für kleine Kinder. Zunehmend gewinnt man den Eindruck, dass angestrebt und umgesetzt wird, auch jüngere Kinder schon mit dem Thema Sexualität zu konfrontieren.

Das alles erweckt den Eindruck, dass man darauf abzielt, immer jüngere Kinder dem Thema Sexualität auszusetzen.

Kinder im Gespräch mit den Eltern

Die oben geschilderten Praktiken können Kinder destabilisieren. Viele wagen dann möglicherweise nicht, mit den Eltern über das Erlebte zu sprechen. Sie empfinden Scham. Es sind vielmehr die Eltern, die ein ungewöhnliches Verhalten bei den Kindern feststellen und danach nach dem Grund fragen. Eltern sind dann möglicherweise schockiert und fühlen sich von der Schule bzw. Kita hintergangen.

Präventive Maßnahmen der Eltern

Die Eltern sind jetzt gefragt – wie nie zuvor. Wenn sie merken, dass Kinder in Institutionen mit unangemessenen oder falschen Informationen zu Geschlecht und Sexualität konfrontiert werden, ist es hilfreich, dem Kind eine andere Sichtweise zu vermitteln. Darüber hinaus kann es unter Umständen sinnvoll sein, in Kitas und Schulen vorstellig zu werden, um Missstände zu unterbinden.

Tun Eltern das, dann werden sie wahrscheinlich mit Kita-Betreuern oder Schullehrern konfrontiert, die bei ihnen Schuldgefühle wecken können, weil sie die Kinder nicht „korrekt" aufklären. Eltern sind zu raten, selbstbewusst und konstruktiv zu reagieren – des Kindeswohls wegen.

Woke überall

Woke ist – so lässt sich feststellen – überall: in den Kitas und Schulen, aber auch an Unis, in Behörden und in vielen Unternehmen. Unter dem Deckmantel der Diversität wird das Woke-Virus verbreitet. Dabei handelt es sich oft auch um eine Einschränkung der freien Meinungsäußerung. Immer häufiger werden unliebsame Vorträge von Wissenschaftlern durch woke Aktivisten behindert oder verunmöglicht, mit den Vorwürfen von „Menschenfeindlichkeit", „Transfeindlichkeit", „Rassismus" und Co. Pauschal und unzutreffend niedergebrüllt. Cancel Culture in reinster Form!

Das können Familien tun

Woke betrifft den ganzen Life-Cycle. Daher müssen Familien in allen Lebensbereichen auf der Hut sein, um präventiv entgegenzuwirken.

Esther Bockwyt

Mehr Info über die Autorin über den QR-Code:
https://familyvalued.org/esther-bockwyt/

Reflexionsfragen

Wie können Eltern ihre eigenen Werte und Überzeugungen reflektieren, um ihre Kinder in einem Umfeld zu erziehen, in dem woke geprägte Denkmuster präsent sind?

Auf welche Weise können Eltern eine offene Kommunikation mit ihren Kindern fördern, damit diese sich sicher fühlen, sensible oder verunsichernde Themen im Zusammenhang mit woke-geprägten Ideologien anzusprechen?

Welche Strategien können Eltern umsetzen, um den Schutz ihrer Kinder vor externen Einflüssen mit dem Respekt vor Diversität und unterschiedlichen Denkweisen in Einklang zu bringen?

Deine Notizen, Kommentare und Vorsätze

Weitere Artikel über
Kindererziehung

Katya María Palafox Gómez

Fakultät für Erziehungswissenschaften
Universität von Navarra
Spanien

Die Schönheit als pädagogische Möglichkeit im familiären Kontext

Zusammenfassung

Die Familie ist ein wesentlicher Bildungsraum, in dem die alltägliche Schönheit einen erzieherischen Wert gewinnt. Schönheit weckt Aufmerksamkeit, Staunen und Kreativität und wirkt als transformierende pädagogische Kraft. Durch einfache Erfahrungen – spielen, betrachten, danken – werden Werte vermittelt und Bindungen gestärkt. Zeit, Blick, aktives Zuhören und Präsenz sind Schlüssel, um Schönheit in die Familiendynamik zu integrieren. Auf diese Weise wird Schönheit zu einem universellen Bildungsprinzip, das sowohl persönliches als auch gemeinschaftliches Wachstum fördert.

Artikel

Die Familie stellt einen privilegierten Raum dar, in dem der Mensch in Gemeinschaft wachsen und sich ganzheitlich entfalten kann. Die Aufgabe der Eltern geht dabei über die bloße Weitergabe von Wissen hinaus, da sie als Bildungsprozess zu verstehen ist, der sowohl auf die Kinder als auch auf die Gesellschaft insgesamt zurückwirkt. So strahlt das im familiären Umfeld ausgeübte erzieherische Handeln auf das Gemeinwohl aus und trägt zur Stärkung des sozialen Gefüges bei.

Die in der Alltagswirklichkeit gegenwärtige Schönheit eröffnet eine pädagogisch bedeutsame Bildungsgelegenheit. Ihre Fähigkeit, Staunen hervorzurufen und

Aufmerksamkeit zu wecken, macht ästhetische Erfahrung zu einer didaktischen Ressource, die persönliches Wachstum anregt. Indem sie – wie Johannes Paul II. (1981) hervorhebt – den Menschen dazu einlädt, aus sich selbst herauszutreten, wirkt Schönheit als transformierende Kraft, die zur Öffnung für das Wahre und das Gute drängt.

Schönheit wird damit zu einem Handlungsmotor, der eine pädagogische Methode in sich begründet.

Verschiedene alltägliche Handlungen – etwa spielen, danken, betrachten, beobachten oder zusammenleben – weisen eine deutliche formative Dimension auf. Sie erschöpfen sich nicht im unmittelbaren Genuss, sondern ermöglichen es, einen offenen Blick auf die Wirklichkeit zu gewinnen und jene kleinen Gesten wertzuschätzen, die den Alltag prägen. Solche Erfahrungen begünstigen den Aufbau tragfähiger Beziehungen und vermitteln für das Zusammenleben grundlegende Werte.

Carson (2012) betont, dass das Staunen ein pädagogisches Mittel großer Reichweite ist, da es bei Kindern Neugier auf die Natur weckt. Dieses Phänomen schließt das Suchen, Fragen und Entdecken von Schönheit als Teil eines aktiven Lernprozesses ein. Die ästhetische Wahrnehmung, die über die Sinne aufgenommen wird, erzeugt Sinnesbilder, die die Rationalität überschreiten (Polo, 1993), und ruft im Menschen eine geistige und affektive Resonanz hervor. Auf diese Weise wird Schönheit zu einem Handlungsmotor, der eine Bildungsweise in sich selbst konstituiert.

Aufmerksamkeit ist ein wesentliches Element der Bildung.

Als ein systematisches Bündel von Strategien verstanden, ermöglicht die pädagogische Methode dem Menschen, Kenntnisse, Fähigkeiten und Haltungen zu entwickeln, die auf eine optimale Nutzung innerer und äußerer Ressourcen ausgerichtet sind. Dieser Prozess erleichtert das Erreichen bildungsbezogener Ziele und trägt zur ganzheitlichen Entwicklung bei.

Die Erfahrung von Schönheit entfaltet Wirkungen, die im familiären Umfeld von besonderem Wert sind. Dazu gehören insbesondere Aufmerksamkeit, Staunen,

Ordnung und Struktur sowie kreatives Denken. Jedes dieser Elemente fördert persönliches Wachstum und stärkt die erzieherische Leistungsfähigkeit der Familie.

Die Aufmerksamkeit

Aufmerksamkeit ist ein zentrales Element der Bildung. Wer dem Schönen begegnet, erlebt eine Anziehung, die Interesse und den Wunsch nach Erkenntnis weckt. Aufmerksamkeit zu fokussieren, bedeutet eine bewusste Öffnung zur Wirklichkeit und die Bereitschaft, die Wahrheit wahrzunehmen, die diese anbietet (Oñate, 2019). Auch wenn eine erste Reaktion reflexhaft erfolgt, erfordert die Bildung der Aufmerksamkeit Übung und Ausdauer. Es geht darum, innezuhalten, zu beobachten und das Wesen dessen zu erfassen, was sich den Sinnen darbietet.

Beim Entdecken von etwas Schönem erkennt der Mensch den Gegenstand nicht nur durch die Sinne, sondern erfährt zugleich ein inneres Wachstum.

Die strukturierte Ordnung

Schönheit legt die innere Ordnung der Welt offen und ermöglicht es dem Menschen, die Harmonie zwischen seinem Sein und der ihn umgebenden Wirklichkeit wahrzunehmen. Diese Erfahrung trägt dazu bei, die Umwelt mental zu ordnen und zu strukturieren und so Gleichgewicht und Sinn zu stiften (Gil, 2006). Die Anerkennung dieser Ordnung begünstigt eine kohärentere, am Guten ausgerichtete persönliche Entwicklung.

Das Staunen

Staunen gehört zu den grundlegenden Reaktionen, die durch Schönheit ausgelöst werden. Carson verwendet in seinem Buch *The Sense of Wonder* den englischen Begriff *„wonder"*, der sowohl Staunen als auch Fragen bzw. Hinterfragen bezeichnet. Dieses doppelte Bedeutungsfeld bildet ein pädagogisches Binom, da es im Lernenden zwei Bewegungen hervorruft: den Wunsch, mehr zu wissen, und das Stellen von Fragen. Beim Entdecken von etwas Schönem erkennt der Mensch den Gegenstand nicht nur durch die Sinne, sondern erfährt zugleich ein inneres Wachstum, das sich

als Zustand der Freude ausdrückt. Dieser Prozess fördert die persönliche Entfaltung und motiviert dazu, weiterzulernen und die Wirklichkeit zu erkunden.

Das kreative Denken

Die Betrachtung des Schönen führt den Menschen dazu, die durch ästhetische Erfahrung ausgelöste innere Freude künstlerisch auszudrücken. Hier ist an den Gedanken López Quintás (2003) zu erinnern: Kunst als kulturelle Ausdrucksform bereichert sowohl die schaffende Person als auch jene, die das Werk rezipieren, und konstituiert einen Raum der Kommunikation und des gemeinsamen Wachstums. Schönheit motiviert dazu, aus sich selbst herauszutreten, mitzuteilen und sich auszudrücken.

Schönheit wird zu einem Impuls, der einlädt, sich den anderen zu öffnen und das Leben als geteilte Gabe wertzuschätzen.

Erforderliche Elemente für eine Pädagogik der Schönheit

Die Integration von Schönheit in Bildungsprozesse setzt mindestens vier Bedingungen voraus: Zeit, Blick, aktives Zuhören und Präsenz. Wenn diese Dimensionen in die Familiendynamik aufgenommen werden, entsteht ein Bildungsraum, der Kreativität, Freude und die Fähigkeit zu träumen fördert. In diesem Kontext wird Schönheit zu einem Anreiz, der zur Öffnung gegenüber anderen einlädt und das Leben als gemeinsame Gabe erfahrbar macht (Wojtyła, 1981).

Eine an der Schönheit orientierte Erziehung beschränkt sich nicht auf Instruktion, sondern zielt darauf ab, Erfahrungen zu genießen, sich an ihnen zu freuen und sie zu teilen – Erfahrungen, die persönliches Wachstum ermöglichen. Die durch das Schöne ausgelöste Freude bewegt das Kind dazu, aus sich selbst herauszutreten, sich zu zeigen und zur Gemeinschaft beizutragen. Diese Form der Erziehung erfordert Geduld, gemeinsam verbrachte Zeit und die Bereitschaft, die Welt mit Staunen zu betrachten. Daher lässt sich sagen, dass Schönheit eine pädagogische Methode ist, die ein günstiges Umfeld für die persönliche Entwicklung schafft.

Schönheit ist letztlich eine unentgeltliche und universale Wirklichkeit, die jedem Menschen begegnet. Damit sie jedoch in ihrer Fülle geschätzt werden kann, bedarf es von Bildung und Sensibilität. In diesem Sinne stellen Kunst und Kultur privilegierte Mittel dar, um den Sinn für das Schöne an die jüngeren Generationen weiterzugeben und damit den Bildungsauftrag der Familie zu stärken (López Quintás, 2003; Pérez de Laborda, 2018).

Literatur

Für Fragen zu Literaturangaben wenden Sie sich bitte an welcome@FamilyValued.org

Katya María Palafox Gómez

Mehr Info über die Autorin über den QR-Code:
https://familyvalued.org/katya-palafox-gomez/

Reflexionsfragen

Wie können Eltern über die Rolle der Schönheit in ihrem Alltag reflektieren und sie als pädagogisches Instrument nutzen, um familiäre Bindungen zu stärken?

Inwiefern kann Staunen als Reaktion auf Schönheit die Neugier und das aktive Lernen von Kindern im familiären Umfeld fördern?

Welche praktischen Strategien können Familien umsetzen, um Zeit, Blick, aktives Zuhören und Präsenz in ihren Alltag zu integrieren und so eine auf Schönheit basierende Pädagogik zu fördern?

Deine Notizen, Kommentare und Vorsätze

**Weitere Artikel über
Kindererziehung**

Alejandro Villena Moya
Klinischer Psychologe und Sexologe
Direktor von „Piénsatelo Psicología"
Spanien

Bárbara Ruiz
Allgemeine Gesundheitspsychologin
Psychotherapeutin in klinischer Sexologie
Psychologin in „Piénsatelo Psicología"
Spanien

Affektive Entwicklung und Sexualität im digitalen Zeitalter: Begleiten, ohne dabei die Orientierung zu verlieren?

Zusammenfassung

Die Adoleszenz ist eine Schlüsselphase der affektiv-sexuellen Entwicklung und wird gegenwärtig stark durch den Einfluss der digitalen Welt geprägt. Ein früher Zugang zu Pornografie kann Risiken wie unrealistische Erwartungen, risikobehaftetes Verhalten und eine Verschlechterung persönlicher Beziehungen begünstigen. Familien sollten einen sicheren Hafen bieten, in dem sie Werte vermitteln, Dialog ermöglichen und gesunde Modelle vorleben. Affektivität zu erziehen bedeutet, Respekt, digitale Intimität und die Freiheit zu lehren, das zu wählen, was zum Wohlbefinden beiträgt. Kontinuierliche Präsenz sowie das eigene Beispiel sind zentral, um Jugendliche in ihrer Entwicklung zu begleiten.

189

Artikel

Die Adoleszenz ist eine Lebensphase, die gleichermaßen faszinierend wie herausfordernd ist. Es ist eine Zeit, in der jede Emotion intensiv erlebt wird, jede Erfahrung Spuren hinterlässt und jede Frage nach dem Sinn des Lebens besondere Wucht entfaltet. Unsere Kinder beginnen, in einen inneren Spiegel zu blicken, und stellen sich Fragen wie: Wer bin ich? Wer möchte ich sein? Wohin gehe ich? Es ist eine Reise zur Identitätsbildung, geprägt von Neugier, von Exploration und vom Bedürfnis nach Zugehörigkeit.

In diesem Tsunami aus Emotionen und Hormonen gewinnt das sexuelle Erwachen besondere Bedeutung. Die affektiv-sexuelle Dimension wird sie ihr ganzes Leben lang begleiten und zu einer Art Co-Pilot für die wichtigsten Projekte ihres Weges durch die Welt werden. Deshalb ist es — wie in jedem anderen Lebensbereich — entscheidend, dass sie Bezugspersonen und Orientierung haben, Kompetenzen erwerben und ein kritisches Denken entwickeln. All dies unterstützt sie dabei, verantwortungsbewusste Entscheidungen zu treffen und das zu wählen, was ihrer affektiv-sexuellen Entwicklung förderlich ist.

In einer Welt, in der sich eine Lüge im Internet sechsmal so schnell verbreitet wie eine Wahrheit, erscheint die Bildung unserer Jugendlichen nicht einfach. Anwendungen wie Instagram oder TikTok gewinnen bei der Vermittlung oft die Oberhand gegenüber Familien, und Pornografie ist — bedauerlicherweise — zu einem der wichtigsten Referenzpunkte im Bereich der Sexualität geworden. Unter diesen Bedingungen ist es leicht, die Orientierung zu verlieren. Der unbegrenzte Internetzugang birgt zahlreiche Gefahren, und Familien müssen sich dessen bewusst sein. Zugleich sollte nicht übersehen werden, dass jede Krise auch eine Chance zur Veränderung darstellt. Diese virtuelle Welt bietet ihrerseits äußerst relevante Herausforderungen: präsent und verfügbar zu sein, die Hand zu reichen, ein gesundes Modell vorzuleben, Sensibilität zu kultivieren und Strategien zu fördern, die jungen Menschen beibringen, im stürmischen digitalen Ozean zu schwimmen.

Wie ist die Lage? Daten zur Sexualität im digitalen Zeitalter

Früher sorgten sich Familien darüber, was ihren Kindern außerhalb des Hauses widerfährt; heute sollte sie vielmehr darüber beschäftigen, was ihren Kindern innerhalb des Hauses geschieht. Ein großer Teil psychischer Probleme und

Abhängigkeitserkrankungen steht in einem gewissen Zusammenhang mit Bildschirmen. In Bezug auf Sexualität und Internet führen wir im Folgenden einige Daten an, die den Kontext verdeutlichen können:

Jeder zehnte Jugendliche hat im digitalen Umfeld sexuelle Gewalt erlebt.

97 % der Jungen und 78 % der Mädchen im Alter von 12 bis 18 Jahren haben im letzten Jahr Pornografie konsumiert.

80 % der Familien sind der Ansicht, ihr Kind sehe keine Pornografie.

Das durchschnittliche Erstzugangsalter zu Pornografie liegt in Spanien zwischen 9 und 11 Jahren.

75 % der jungen Menschen im Alter von 16 bis 25 Jahren konsumieren wöchentlich Pornografie.

Pornografie ist eine stille Plage und kann schrittweise „kontaminieren", bis sie die Sexualität von Jugendlichen vollständig beeinträchtigt.

Pornografie kann einen starken Abdruck in der Erzählung hinterlassen, wie junge Menschen über Sexualität sprechen. Eine Erzählung, der Affekt fehlt und die entpersonalisiert ist. Die zugrunde liegende Botschaft ist, den anderen als Objekt zu verstehen, das man benutzt, nicht als jemanden, um den man sich sorgt. Wir gehen von Personen zu Dingen über. Aktuelle Forschung deutet darauf hin, dass früherer Konsum von Pornografie unter anderem Folgendes begünstigen oder beeinflussen kann:

- die Förderung aggressiver und herabwürdigender Sexualitätsmodelle,
- die Entwicklung unrealistischer Erwartungen an Sexualität,
- die Förderung sexueller Risikoverhaltensweisen, wie etwa einen frühen Beginn sexueller Beziehungen,
- eine Abnahme von Empathie und eine Verschlechterung zwischenmenschlicher Beziehungen,
- eine Zunahme und Förderung der Untreue,
- Warnsignale bei Abhängigkeit von Pornografie.

Die ersten Anzeichen zeigen sich im inneren Erleben.

Angesichts dieser Risiken ist es ratsam, auf eine mögliche Entwicklung einer Abhängigkeit zu achten. Begleiten bedeutet, auf Schweigen und Veränderungen im Verhalten aufmerksam zu sein. Begleiten ist wie die Pflege eines Gartens: Es genügt nicht, gelegentlich zu gießen; man muss die Blätter beobachten, die Erde fühlen und erkennen, wann etwas nicht stimmt. Pornografie ist eine stille Plage und kann allmählich kontaminieren, bis sie die Sexualität von Jugendlichen vollständig beeinträchtigt. Auch wenn sie nicht immer leicht zu erkennen ist, können bestimmte Hinweise helfen, zu beurteilen, wann es sinnvoll ist, mit erhöhter Aufmerksamkeit näherzutreten. Die ersten Signale treten im inneren Erleben auf: starke Stimmungsschwankungen, Reizbarkeit, Traurigkeit ohne erkennbaren Anlass, Interessenverlust, Konzentrationsschwierigkeiten oder Leistungsabfall in der Schule. Ebenso können Schlafveränderungen, sozialer Rückzug oder eine sexualisierte Sprache auftreten.

Wir empfehlen, nicht wie Spione zu agieren.

Weitere Signale zeigen sich im Umgang mit Technologie: zunehmend mehr Zeit vor dem Bildschirm, das Verbergen von Passwörtern oder vom Browserverlauf, das ständige Mitführen des Mobiltelefons (sogar ins Badezimmer), Nervosität ohne Internetzugang oder Reaktionen auf Ärger, wenn die Nutzung begrenzt wird.

Schließlich gibt es direktere Indikatoren im Zusammenhang mit Pornografie: ein zwanghaftes Bedürfnis, sexuelles Material zu suchen, die Suche nach zunehmend explizitem Inhalt oder Schwierigkeiten, damit aufzuhören.

Wir empfehlen, nicht wie *Spione* zu handeln, sondern präsent zu sein, ohne zu übergriffig zu werden; mit Zuneigung Interesse zu zeigen und Räume für Dialog zu eröffnen. Manchmal genügt ein einfacher Satz: „Du wirkst in letzter Zeit stiller. Möchtest du mir erzählen, was los ist?" Das Ziel ist nicht, anzuklagen oder Angst zu erzeugen, sondern einen sicheren Ort anzubieten, an dem sie sprechen können – und zu entdecken, dass es eine Weise gibt, Sexualität zu leben, die sehr viel reicher, menschlicher und sinnstiftender ist als jene, die nur einen Bildschirm bietet.

Der Wert von Familie und Zuhause

Wenn Pornografie eine Bühne voller Trugbilder bietet, muss das Zuhause ein sicherer Hafen sein, in dem unsere Kinder erfahren, dass sie keine Masken benötigen, um geliebt zu werden. Inmitten des digitalen Lärms und äußerer Anforderungen wird die Familie zum Ort, an dem es nicht entscheidend ist, wie man gesehen wird, sondern wer man ist.

Das Zuhause ist die erste Schule der Intimität. Familie ist nicht perfekt – und sie muss es auch nicht sein. Entscheidend ist nicht, niemals Fehler zu machen, sondern neu anzufangen und durch das eigene Leben zu zeigen, dass sich Liebe in Beständigkeit, Geduld und Zärtlichkeit ausdrückt. In Affektivität und Sexualität zu erziehen bedeutet nicht nur, über den Körper zu sprechen oder vor den Risiken des Internets zu warnen, sondern im Alltag vorzuleben, wie man andere achtsam behandelt, wie man mit Respekt liebt und wie Vertrauen aufgebaut wird.

So wie du die Tür deines Schlafzimmers nicht offenlassen würdest, damit alle hineingehen, solltest du auch deine Intimität in sozialen Netzwerken nicht ausstellen.

Ein Zuhause, das diese Werte vermittelt, wird zum Kompass, den Jugendliche benötigen, um im digitalen Ozean nicht die Orientierung zu verlieren. In der Familie zählt jede Geste: eine gemeinsam eingenommene Mahlzeit, ein ermutigendes Wort am Ende des Tages, ein Blick, der sagt: „Ich höre dir zu", auch wenn keine Worte fallen. All das stärkt im Jugendlichen die Überzeugung, dass es einen Ort auf der Welt gibt, an dem er oder sie immer mit Liebe und Respekt empfangen wird.

Fünf Ideen zur praktischen Umsetzung affektiv-sexueller Erziehung

Es sollte nicht vergessen werden, dass es viele Möglichkeiten gibt, die Schattenseiten der Pornografie durch Familie zu erhellen. Im Folgenden schlagen wir fünf praxisnahe Ideen zur affektiv-sexuellen Erziehung vor, um Jugendliche zu begleiten:

1. Durch **Vorbild lehren:** Wir können tausendmal wiederholen, dass „Respekt wichtig ist" – doch erzieherisch wirksam ist vor allem, dass Jugendliche Respekt in unserer Paarbeziehung sehen, darin, wie wir über andere sprechen, und wie wir unsere Bindungen pflegen. Kinder lernen mehr aus dem, was sie

beobachten, als aus dem, was sie hören. Wenn sie Zärtlichkeit, Empathie und Kohärenz sehen, verfügen sie über ein lebendiges Referenzmodell, das ihre eigene Art zu lieben orientiert.

2. Eine **respektvolle Sprache** über den Körper pflegen: Der Körper ist kein Schaufenster und kein Produkt; er ist der Ort, in dem wir wohnen. Deshalb ist es wichtig, jedes Mal, wenn wir über den Körper sprechen (über unseren, ihren oder den anderen), dies aus einer Perspektive der Würde zu tun – niemals mit Spott oder Vergleich. Ein aufrichtiges Lob, die Anerkennung einer Anstrengung oder ein Wort, das das würdigt, was sie jenseits von Erscheinung sind, stärkt Sicherheit und Selbstwert.

3. Über den **Unterschied zwischen Begehren und Liebe** sprechen: Nutze einen Film oder ein Lied als Anlass zu fragen: „Glaubst du, das ist Liebe oder nur Anziehung?" Hilf ihnen zu entdecken, dass wahre Liebe Begehren, Zuneigung und Respekt integriert und dass Sexualität nicht auf einen Impuls reduziert werden kann, sondern eine Weise ist, Zuneigung auszudrücken und den Wunsch, für den anderen zu sorgen.

4. **Digitale Intimität** als Teil der Selbstfürsorge vermitteln: Erkläre ihnen, dass das Teilen intimer Fotos oder Nachrichten im Internet kein Spiel ist. Du kannst sagen: „So wie du die Tür deines Schlafzimmers nicht offenlassen würdest, damit alle hineingehen, solltest du auch deine Intimität in sozialen Netzwerken nicht ausstellen." Ziel ist, dass sie lernen, dass Respekt und Würde auch in der digitalen Welt gelebt werden.

5. **Stärken,** dass Freiheit nicht bedeutet, alles anzusehen, sondern das zu wählen, was gut tut: Pornografie tarnt sich als Freiheit, führt jedoch in Abhängigkeit. Hilf ihnen zu verstehen, dass wahre Freiheit die Stärke ist, das zu wählen, was die Person nährt. Frage: „Hilft dir das, was du ansiehst, zu wachsen; lässt es dich in Frieden, oder fühlst du dich danach leer?"

Affektivität und Sexualität zu erziehen ist keine Aufgabe für einen einzigen Tag, sondern ein Weg beständigen Begleitens. Es geht nicht darum, alle Antworten zu haben, sondern darum, Präsenz, Zuhören und Kohärenz anzubieten. Als Familie haben wir die Aufgabe, der emotionale und ethische Kompass unserer Kinder zu sein: ein

Leuchtturm, der inmitten digitaler Stürme Orientierung gibt, und ein Ort, an dem sie stets Zärtlichkeit und Wahrheit finden.

Alejandro Villena Moya
Mehr Info über den Autor über den QR-Code:
https://familyvalued.org/alejandro-villena-moya/

Bárbara Ruiz
Mehr Info über die Autorin über den QR-Code:
https://familyvalued.org/Barbara-Ruiz/

Reflexionsfragen

Wie können Eltern ihren eigenen Technologiegebrauch reflektieren und dessen Wirkung als Vorbild für die Erziehung ihrer Kinder zu einem gesunden Umgang mit dem digitalen Umfeld einschätzen?

Auf welche Weise lässt sich in der Familie ein offener und sicherer Dialog fördern, damit sich Jugendliche wohlfühlen und über sensible Themen wie Pornografie oder Sexualität sprechen können?

Welche praktischen Strategien können Familien umsetzen, um Schutz vor digitalen Risiken mit der Vermittlung einer gesunden Affektivität und Sexualität auszubalancieren?

Deine Notizen, Kommentare und Vorsätze

**Weitere Artikel über
Kindererziehung**

Susanne Nickel

SPIEGEL-Bestsellerin & Speakerin
Deutschland

GenZ – Implikationen für die Familien

Zusammenfassung

Der Begriff „GenZ" ist seit einigen Jahren in aller Munde. Wie unterscheidet sich GenZ von früheren Generationen? Häufig sind junge Menschen der sogenannten Generation Z wohlbehütet aufgewachsen, zumeist als Einzel- oder Doppelkind. Teilen, sich an Regeln halten, motiviert an etwas dranzubleiben, Verantwortung für andere übernehmen, Geschwister unterstützen, um nur einige Aspekte zu nennen, sind für viele aus der GenZ häufig Fremdwörter. Daneben herrschte oft eine Überbehütung in der Erziehung. Was sollen Eltern heute anders machen, gerade im Hinblick auf die nächste Generation, die Gen Alpha? Hier sind einige Vorschläge: Lob nur für echte Leistung und fürs Dranbleiben, Durchhaltevermögen beibringen, die Verantwortung altersgerecht auf die Kinder übertragen. Eltern sollten Kindern zugestehen, die Welt neugierig zu erkunden und eigene Erfahrungen zu sammeln. Aber all diese Maßnahmen greifen nur, wenn sie von der Liebe initiiert und getragen werden.

Artikel
Merkmale der GenZ

Zu GenZ gehören die Jahrgänge von 1995 bis 2010. Die Bezeichnung GenZ wird vorwiegend in den westlichen Gesellschaften verwendet, weil hier Kinder in einem gesicherten und teilweise wohlbehüteten Umfeld aufwachsen. Viele Eltern der GenZ

versuchen, die besten Freunde/innen ihrer Kinder zu sein, insbesondere bei Einzelkindern. Ich nenne dieses Phänomen den „Heidi-Klum-Effekt", weil sie sich so gegenüber ihrer Tochter verhält. Es gibt die Paarung Mutter-Tochter, aber auch Vater-Sohn. Geraten die Kinder in eine solche Situation, fällt es ihnen schwer, sich abzunabeln.

Schullehrer haben mittlerweile Eltern in bestimmte Gruppen eingeteilt: Helikopter-Eltern (sie lassen die Kinder nicht aus den Augen), Curling-Eltern (sie räumen den Kindern alle Schwierigkeiten aus dem Weg), Schnee-Pflug (sie gehen gegen die Leute vor, die sonst die Kinder bedrohen könnten, wie z.B. die Noten des Lehrers), Tiger-Eltern (sie trimmen die Kinder zur Höchstleistung) und noch dazu die Taxi-Eltern (sie bringen die Kinder überallhin). All diese Art von Eltern vermittelt den Kindern den Eindruck, sie seien Prinzen und Prinzessinnen.

Eintritt der GenZ in den beruflichen Alltag

Während die Eltern im Schulumfeld als Backup für die Kinder da waren, kommt mit dem Start in den beruflichen Alltag der Kälteschock. Beim Beginn des beruflichen Lebens, z.B. der Ausbildung, stützen sie sich häufig noch auf ihre Eltern. Doch im Berufsalltag sind diese nicht greifbar. Vielen Angehörigen der Gen Z fehlt häufig die Ausbildungsreife: pünktlich erscheinen, Unterlagen mitbringen, 8 Stunden lang fokussiert arbeiten etc. GenZ muss hier allein auskommen, ohne die helfende Hand der Eltern.

Wenn etwas zu viel wird oder nicht passt, fliehen junge Menschen oder schmeißen bei der ersten Kritik schnell hin. So grassiert das Phänomen des Job-Ghosting in verschiedenen Ausprägungen: Entweder erscheint man nicht zum Bewerbungsgespräch, bricht das Verfahren ab oder tritt den ersten Arbeitstag gar nicht an, und zwar ohne Erklärung. Der Grund: Häufig hat man schnell ein besseres Angebot in der Tasche.

Es stellt sich die Frage: Warum sagen junge Menschen beim Arbeitgeber nicht ab? Die Antwort geben einige Untersuchungen: Viele Angehörige der GenZ trauen sich nicht abzusagen, finden es unangenehm oder fehlen ihnen die kommunikativen Fähigkeiten dazu.

So könnten Arbeitgeber mit GenZ konstruktiv umgehen

Angehörige der GenZ zeigen sich oft verletzlich und empfindlich. Arbeitgeber, Führungskräfte müssen die GenZ daher abholen, sich auf sie einlassen. Führungskräfte müssen eine gelingende und wertschätzende Beziehung mit der GenZ aufbauen. Es ist absolut wichtig, eine persönliche Verbindung zu jungen Menschen herzustellen. Wenn es gelingt, ihnen eine Art Zuhause zu geben, wirkt sich das auch auf die Bindung aus.

Arbeitgeber müssen einen Plan zur gezielten Entwicklung von Persönlichkeit und Kompetenzen entwerfen. Dazu gehören Kompetenzen u.a. Kritikfähigkeit, Durchhaltevermögen. GenZ braucht für die Arbeit einen klaren Purpose, der mit den eigenen Werten in Einklang steht. Sonst wird es schwer sein, junge Leute im Sinne der Firma zu motivieren.

Eltern müssen Standfestigkeit zeigen.

Heutige Kindererziehung bedarf einer Überprüfung

Eltern müssen heute mehr denn je die Interessen und Bedürfnisse der Kinder in Augenschein nehmen. Und dazu Grenzen und Regeln setzen. Das alte „Fördern & Fordern" gilt nach wie vor. Kinder müssen im Rahmen ihrer Freiheit auch Dinge allein ausprobieren dürfen. Sie müssen eigene Erfahrungen machen können, um zu lernen, was geht und was nicht. Und dies nicht nur aus dem Hörensagen der Eltern.

Eltern müssen Standfestigkeit zeigen. Nein, bleibt nein, auch wenn das Kind deswegen weint, brüllt oder sich sonst extrem emotional verhält. Hier sind Konsequenz und Kohärenz gefragt. Kinder müssen Disziplin lernen und sich auf das Ziel fokussieren. Durchhaltevermögen darf kein Fremdwort bleiben. Das oberflächliche und ständige Lob für jede Nichtigkeit muss aufhören! Besser ist es, Kinder zu loben, wenn sie an einer Sache dranbleiben und durchhalten.

Da viele Familien nur aus einem Kind bestehen, brauchen sie den Austausch mit Gleichaltrigen aus befreundeten Familien, um soziale Kompetenzen zu entwickeln: teilen, sich bedanken, geben, sich durchsetzen, ein Team führen, andere motivieren usw. GenZ sucht nach Sicherheit. Die Arbeitsplätze sind es nicht immer. Daher suchen junge Leute nach Sicherheit in der Familie. Und diese muss für sie der Ruhepol sein. Die Coronazeit hat die Labilität von jungen Leuten zutage gefördert, sie konnten in

jungen Jahren noch keine Resilienz wie etwa Ältere aufbauen. Auch hier muss die Familie der Schutzraum für sie sein.

Eltern müssen es schaffen, Begriffe wie Verbindlichkeit und Disziplin in den Lebensstilen ihrer Kinder zu verankern. Die Gefahr der „Selbstüberschätzung" ist heute größer als früher. Kinder müssen einen Realitätssinn fürs Machbare entwickeln. Sonst sind Rückschläge vorprogrammiert. Kinder müssen lernen, Kompromisse einzugehen. Man kann nicht alles, überall und zu jeder Zeit bekommen. Das Gefühl, privilegiert zu sein, darf bei den Kindern nicht aufkommen.

In Deutschland wurde vor vielen Dekaden das Pflichtgefühl großgeschrieben. Jetzt ist dieses fast auf null zurückgefahren. Ein Revival dieses Gefühls sollte auch zum Erziehungsplan gehören. Dadurch werden die Kinder zu verantwortungsbewussten Menschen erzogen, die später etwas bewirken können. In vielen Familien helfen Kinder im Haushalt. Hier wachsen Pflichtgefühl und Verantwortungssinn zusammen.
All diese Ratschläge bringen nur dann die erhofften Früchte, wenn sie aus der Liebe heraus entstehen. Dafür haben Kinder und Jugendliche ein besonderes Gespür.

Susanne Nickel

Mehr Info über die Autorin über den QR-Code:
https://familyvalued.org/susanne-nickel/

Reflexionsfragen

Welche Veränderungen sollten Eltern bei der Erziehung der Generation Z umsetzen, um Werte wie Verantwortung, Ausdauer und Disziplin zu fördern?

Wie können sich Unternehmen an die Bedürfnisse und Merkmale der Generation Z anpassen, um deren Engagement und Motivation im Arbeitsumfeld zu stärken?

Auf welche Weise können Eltern in der Erziehung ihrer Kinder ein Gleichgewicht zwischen Schutz und Unabhängigkeit finden, um sie besser auf die Herausforderungen des Erwachsenenlebens vorzubereiten?

Weitere Artikel zur Kindererziehung

Erziehen mit Vertrauen in Großfamilien:
Freiheit und Verantwortung fördern

Die Rolle des Vaters in der Erziehung der Kinder

Überbehütung der Kinder – von Helikopter bis People-Pleaser: Was wirklich dahintersteckt

Zusammenfassung des Kapitels „Kindererziehung"

Das Kapitel „Kindererziehung" bietet eine Sammlung von Beiträgen zu zentralen Themen der familiären Bildung. Es betont das Privileg der Elternschaft und die Förderung von Vertrauen statt Angst (Hermann), Freiheit und Verantwortung (Aguiló). Besonders hervorgehoben wird die gesunde Geschlechtsidentität: Kinder sollen als Jungen oder Mädchen wachsen, ohne Stereotype oder Woke-Ideen zu verunsichern (Vélez Fraga, Bockwyt, de Gatellier). Schutz vor Pornografie ist essenziell, da sie Beziehungen zerstört und Risiken birgt (Chiclana Actis, Villena/Ruiz). Charakterbildung erfolgt anhand der fünf Säulen: intellektuell, moralisch, leistungsstark, affektiv und zivil (Beltramo/Sáenz). Neuropsychologische Entwicklung hängt von Liebe, Spiel und Vorbild ab (Calvo Ibáñez). Eltern brauchen Kompetenzen wie Kommunikation, Empathie und Struktur (de Molina). Schönheit als pädagogisches Tool weckt Staunen und Kreativität (Palafox Gómez). Für GenZ bedeutet Erziehung: Dranbleiben lehren, Resilienz fördern und Überbehütung vermeiden (Nickel, Albertos). Insgesamt plädiert das Kapitel für liebevolle, wertorientierte Begleitung in einer digitalen Welt, die Autonomie und Bindung stärkt.

6 Rollen in der Familie

Pilar Castañón Fernández

Gründerin und Direktorin von Woman Essentia
Ökonomin und Master in Bioethik
Spanien

Die Wiederentdeckung weiblicher Identität heute: Die Frage der Frau

Zusammenfassung

Die Frau ist seit Jahren ideologischen Vorgaben darüber unterworfen, was sie zu sein habe, und in ihrer Möglichkeit eingeschränkt, in echter Freiheit zu wählen und so die Fülle dessen zu erreichen, wozu sie berufen ist. Die Schönheit weiblicher Qualitäten wiederzugewinnen, ist die aktuelle Herausforderung, um sowohl zum Schutz der Familie als auch zur Verbesserung der Gesellschaft aktiv beizutragen, sodass dieser Beitrag tatsächlich den Charakter eines Geschenks widerspiegelt, das die Frau für den Mann, das Kind und die Welt ist.

Artikel

Die Vorrangstellung von Emotionen und Sinneseindrücken betört eine Welt, die gleichsam eingeschläfert ist und der Geschwindigkeit eines Wandels um des Wandels willen unterliegt. Der irreführend so genannte Fortschritt oder die Modernität legt uns eine Binde an, die uns gegenüber der Wirklichkeit blind macht, und erzeugt so – unter anderem – einen künstlichen Gegensatz zwischen Körper und Seele, zwischen Erkenntnis und Begehrlichkeiten, zwischen dem, was man uns sagt, und dem, was

wir sind, und unserer eigentlichen Natur. Vorrangig ist es, eine natürliche Versöhnung zu finden, welche die Kraft der Sinne als Ursprung verlässlicher Erkenntnis wiedergewinnt.

Wir müssen den Wert der Kontemplation und der Sensibilität zurückgewinnen – eine der verlorenen weiblichen Eigenschaften –, um die Wirklichkeit wahrnehmen zu können, Harmonie zu suchen und Herz und Vernunft zu verbinden. Auf diese Weise können wir die Freude an der Wahrheit und an ihrer Suche in der uns umgebenden Realität neu entdecken und so der Wirklichkeit begegnen, die wir sind: als Personen und als Frauen. Angesichts des Hochmuts des Fortschritts bedarf es der Wiedergewinnung der Aufrichtigkeit der Demut. Und wie uns die heilige Teresa von Ávila sagen würde: Wenn Demut bedeutet, in der Wahrheit zu gehen, dann braucht es sehr viel Demut, um die Augen erneut für die Schönheit der Natur, der menschlichen Natur und insbesondere der weiblichen Natur zu öffnen. Diese Schönheit zu verachten heißt, ihre Wirklichkeit und Identität zu verachten; das bedeutet, das zu verachten, was uns dazu führt, ihre wahre Berufung zu entdecken – also das, wozu die Frau berufen ist und was sie einer Gesellschaft, die sie so sehr preist, beitragen soll.

„Schönheit ist Wahrheit und Wahrheit ist Schönheit; das ist alles, was man auf Erden weiß, und alles, was man wissen muss."
John Keats

Die Philosophin Edith Stein, Expertin der Phänomenologie, stellte sich die Frage, was die Frau ist, und zugleich die Frage, was wir sein sollen. Obwohl sie zu einer Zeit, in der feministische Bewegungen aufkamen, eine glänzende berufliche Laufbahn entwickelte, bestand für sie das, was die Frau sein sollte, nicht in modernen sozialen Errungenschaften, sondern in der Entfaltung der Natur ihres weiblichen Seins – niemals im Vergleich zum Mann, sondern durch Aufmerksamkeit für das Eigene.

Die Frage der Frau, wie Edith Stein sie gern nannte, besteht darin, der Frau zu helfen, ihre Berufung als weibliches Wesen in der heutigen Welt – jener Welt, in der jede einzelne zu leben hat – zu entfalten, um ihre volle Entwicklung anstreben zu können: ohne Selbstbegrenzungen, die sie einengen, und in Harmonie mit ihrer Natur, statt sich gegen sie zu stellen.

Die Fähigkeit, die Schönheit des weiblichen Seins in einer Begegnung mit der Wirklichkeit wieder zu sehen, zu entdecken und zu betrachten, zurückzugewinnen, ist grundlegend.

Der Verrat der Frau an sich selbst beginnt genau damit, dass sie aufgibt, was sie ist, um einem sinnlosen Trugbild nachzujagen, das von Ideologien auferlegt wird, die ihr Scheitern bereits gezeigt haben und zur Zerstörung von Personen führen. Außerdem gibt es nichts Machohaftes als den Anspruch, die Frau zu einem Mann zu machen – nicht nur im äußeren Erscheinungsbild, sondern auch in der Weise, ihr persönliches oder soziales Potenzial zu entfalten, ihren Platz im Leben zu suchen, ihre Aspirationen und ihre Fülle als Mensch zu verwirklichen –, um das auszulöschen, was sie ist; das heißt, ihr weibliches Genie in eine Lampe zu sperren, damit es nicht leuchtet.

Die Fähigkeit, die Schönheit des weiblichen Seins in einer Begegnung mit der Wirklichkeit wiederzuerkennen, zu entdecken und zu betrachten, zurückzugewinnen, ist in einer Zeit, in der die Welt ihre Grundlagen zurückgewinnen muss und der Mensch die Sinnsuche seines Lebens auf der Grundlage seiner natürlichen Identität erneut aufnehmen muss, von zentraler Bedeutung.

Für wen lebe ich?

Mit Nachdruck wird die Eliminierung der Philosophie aus den Lehrplänen betrieben – vielleicht, damit junge Menschen gerade nicht jene existenziellen Fragen stellen. Als Studierende André Frossard nach der Sinnfrage des Lebens fragten: Wofür lebe ich? korrigierte er sie mit dem Hinweis, dies sei eine eher männliche Frage, denn eine Frau würde fragen: „Für wen lebe ich?"

Die Transzendentalien des Schönen, Wahren und Guten sind nicht epochal bedingt.

Einer der großen Schäden für den Menschen entsteht gerade durch die Spaltung zwischen dem, was ist, und dem, was die Gesellschaft zu sein vorgibt; durch die Kluft zwischen dem, wie jemand sich präsentiert, und dem, was er in Wahrheit ist. Die Frau leidet seit langem unter den Folgen dieser persönlichen Dissoziation. Der auferlegte demokratische Relativismus führt uns nicht nur zur Aufgabe jeder edlen

Aspiration oder jedes Ideals von Schönheit – verstanden als das Gute –, sondern auch in einen Konflikt mit ihr. Die Schönheit der Frau wird entstellt, was sich gerade auf unsere ersehnte Verwirklichung als Frauen auswirkt. So wird der sogenannte Klassenkampf in einen Geschlechterkampf verwandelt, der schließlich zu einem Krieg der Frau gegen sich selbst wird.

Das Schöne, Wahre und Gute sind zeitlose Werte, die nicht an bestimmte Epochen gebunden sind, auch wenn unsere Zeit, indem sie den Sinn der Transzendenz eliminiert, jede höhere Aspiration auslöschen zu wollen scheint. Kriterien werden durchgesetzt, die weit entfernt sind von der „besonderen Verpflichtung", die Scruton im Prozess der „Schaffung von Kultur" sah: danach zu streben, anders und besser zu sein als wir es sind.

In dieser Wahl spielt die Freiheit eine Rolle; ihr Ausdruck wird umso wahrhaftiger sein, je authentischer er ist und je mehr er der Wahl des Besseren, des Guten, entspricht. Die Zielrichtung dieser Wahl ist es, die Schönheit der Handlung sichtbar zu machen. Authentizität bedeutet nicht, beliebig das zu wählen, wonach einem in diesem Moment ist, sondern in Beziehung zur Wahrheit unseres Seins zu wählen und folglich unser Gut zu suchen. Diese Wahl hilft uns zudem, glücklicher zu sein, da sie persönliche Selbsterkenntnis voraussetzt.

Der Krieg, in den die Gesellschaft die Frau hineingezogen hat, wird zu einem Kampf gegen sich selbst, insofern sie gegen ihre Weiblichkeit kämpft und gegen ihre von der Natur geprägte Weise, sich in der Welt zu entfalten – eine Weise, die durch ihre große Affektivität bestimmt ist. Die Liebesfähigkeit, die sie in alles einbringt, verleiht allem eine persönliche Note und hat daher eine besondere Funktion im Alltag; man könnte fast sagen, dass sie die große Aufgabe hat, der Seele all jener Lebensprozesse Inhalt zu geben, in ihr selbst und um sie herum. Wenn die Frau aufhört, jemand für jemanden zu sein, geht sie verloren, weil sie niemanden mehr hat, dem sie diese Liebe zuwenden kann.

Authentizität bedeutet nicht, beliebig das zu wählen, wonach einem in diesem Moment ist.

Die psychologischen, affektiven und körperlichen Unterschiede, die durch mehr als 6.500 unterschiedliche Gene zwischen dem weiblichen und dem männlichen

Geschlecht geprägt sind, zeigen, dass Männlichkeit und Weiblichkeit das sind, was sie sind, in Beziehung zum jeweils anderen Geschlecht. Die Fülle wird dank der Komplementarität beider Geschlechter erreicht – durch die charakteristischen und besonderen Beiträge jedes Einzelnen, sei es in der Ehe, der Familie, im Berufsleben oder in der Gesellschaft.

Die Leidenschaft für Veränderung um der Veränderung willen, an die uns Bellamy erinnert, hält das Neue allein deshalb für gut, weil es neu ist, und versucht, die Begrenzungen unserer Welt zu tilgen, indem sie diese als bedauerliche „Unfälle" der Natur betrachtet, die zu beseitigen seien – und beraubt uns damit der Orientierung. Diese Bewegungen zielen darauf ab, dass der Einzelne sich selbst „erfindet" („Ihr werdet sein wie Götter"), indem sie die Körper neutralisieren und damit die Grenzen, die uns angeblich auferlegt werden, überwinden. So entsteht eine flüssige personale Identität in einer flüssigen Gesellschaft, in der sich auch die Frau auflöst und ihre Schönheit zu ihrem eigenen Nachteil und zum Nachteil der Gesellschaft nicht mehr zeigt.

Wenn die sozialen Errungenschaften der Frau sie so verändern, dass sie männliche Daseinsformen übernimmt, wird ihre Eingliederung in die Arbeitswelt nichts nützen: Sie verliert, weil sie sich selbst verrät; und die Welt verliert ebenfalls, weil – wie Concepción Arenal sagte – die Gesellschaft nicht mehr von ihrer besonderen Art zu sein profitiert. Und hier müssen wir uns widersetzen. Wie Bellamy sagt, ist es notwendig zu bleiben und das Wesentliche zu bewahren. Und wie der Kleine Prinz sagte: Das Wesentliche ist für die Augen unsichtbar; man kann es nicht sehen, wohl aber seine Folgen.

Heute kämpft man nicht mehr gegen die Ungerechtigkeiten in der Gesellschaft, sondern gegen die Einschränkungen unserer Wünsche.

Das weibliche Wesen

Die weibliche Biologie prägt die charakteristische Art des Frau-Seins: ihre wesenseigene Fähigkeit, Leben zu schenken, macht sie zur Lebensspenderin. Dafür erhält die Frau einen Körper sowie seelische und psychologische Qualitäten; sie ist physiologisch auf dieses Geben hin disponiert. Doch dies geht tiefer als bloße körperliche Ausstattung, da es den „Seinsmodus" der Frau bestimmt. Biologisch sind wir das

einzige Wesen, das auf Mutterschaft vorbereitet ist, und diese Vorbereitung, Leben zu schenken, Leben zu verteidigen und Leben zu fördern, kann auf viele Weisen und in verschiedenen Rollen verwirklicht werden: als Mutter in der Familie, als berufstätige Frau, als geweihte Frau, als Partnerin, als Freundin – indem sie Leben behütet, schützt, pflegt, erzieht, nährt und unterstützt.

Die Möglichkeit zur Mutterschaft ist für die Frau keine Last, sondern die volle Entfaltung ihres spezifischen Potenzials. Wie Mariolina Ceriotti sagt, ist die Frau potenziell revolutionär, weil sie in besonderer Weise mit dem Leben verbunden ist – nicht nur mit ihrem eigenen, sondern auch mit dem Leben all jener Personen, die für sie einen wichtigen Wert haben. Die Frau interessiert sich mehr für konkrete Menschen als für abstrakte Ideen; für sie steht die Person in ihrer Wertordnung an erster Stelle.

Der Mensch hat seinen Ursprung im Schoß einer Frau – selbstverständlich dank eines Mannes –, doch es ist die Frau, die ihn aufnimmt; deshalb ist die Frau sich des einzigartigen und unersetzlichen Wertes jedes Menschen stärker bewusst, nämlich dessen, dass jedes Leben ganz und vollständig ist. Da das weibliche Denken auf das Lebendige, das Personale und die Beziehungen ausgerichtet ist, fällt es der Frau leicht, sich der Kommunikation und der Interkommunikation zu widmen. Ihre Beziehungen sind geprägt von Liebe, Affektivität und der Kraft ihrer Intuition im Hinblick auf das Konkrete. Diese Qualitäten beziehen sich nicht nur auf die Mutterschaft, sondern auf ihre gesamte Existenz; ihre Eliminierung trägt – wie gesagt – zu einem Verlust der eigenen Identität bei.

Diese weibliche Intuition ist es, die Johannes Paul II. als das „weibliche Genie" hervorhob.

Die Frau besitzt eine größere verbale, logische und intuitive Fähigkeit, mehr Emotionalität und Sensibilität sowie ein stärkeres Bedürfnis, zu gefallen; das ist eine große Hilfe bei der Sorge und Fürsorge. Die Logik der Frau ist schneller, weil Intuition und Assoziationsfähigkeit ins Spiel kommen; die Bedeutung, Details zu erfassen, ist groß. Es ist die Logik der Tatsachen und des Konkreten, weil der Mensch, um den sie sich kümmert, ein konkreter Mensch ist. Diese weibliche Intuition ist es, die Johannes Paul II. als das „weibliche Genie" hervorhob und in ihr eine notwendige Bedingung für die tiefgreifende Transformation der Gesellschaft sah – insbesondere in einem Moment, in dem das Leben gerade von der Frau heftig angegriffen wird.

Dieses Genie besteht jedoch nicht in außergewöhnlichen Gaben außergewöhnlicher Frauen, wie es die Gesellschaft verkauft, sondern in Gaben, die von normalen Frauen gelebt werden – ausgeübt in der Normalität des Alltags. Die Gesellschaft schreibt der Frau eine Macht über das Leben zu, die ihr nicht zusteht; sie ist nur Treuhänderin seiner Sorge, niemals seine Eigentümerin. Leben zu schenken bedeutet, den anderen ein unabhängiges Leben anzuerkennen und dessen Wert zu erkennen. Und wir werden nur dann zur Vernunft zurückfinden – in Bezug auf den Wert des entstehenden Lebens –, wenn wir diese Weise des Blicks wiedergewinnen und seine Schönheit betrachten: die Schönheit des wehrlosen Wesens, das uns anvertraut wird.

Die Beziehungsorientierung verleiht ihr eine weitere Eigenschaft: die Fähigkeit, Harmonie und Einheit zu säen. Die Empathie, die Edith Stein als natürliche weibliche Eigenschaft hervorhob, verleiht ihr die Fähigkeit, den anderen zu spüren und sich in ihre Lage zu versetzen. Wenn Edith Stein von der Frau als Mutter und Gefährtin spricht – Leben gebend und sich selbst aus Liebe hingebend –, bezieht sie sich nicht auf eine traditionelle Rolle, sondern auf Worte, die für sie die Weiblichkeit prägen.

In der Entfaltung ihrer Berufung – welcher auch immer – oder in ihrem Beruf muss die Frau verstehen, ihre Weiblichkeit dort zu verwirklichen. Verzichtet sie darauf, bremst sie die Entwicklung ihres Seins und beraubt die Welt dieses Geschenks; und die Präsenz der Frau im öffentlichen Leben hätte letztlich an der Gesellschaft nichts verändert.

In der Entfaltung ihrer Berufung – welcher auch immer – oder in ihrem Beruf muss die Frau verstehen, ihre Weiblichkeit dort zu verwirklichen.

Ein weiterer weiblicher Aspekt ist ihre Hingabe, ihre personale Selbstgabe: die Frau als Gabe. In der Genesis sehen wir, wie die Frau dem Mann als angemessene Hilfe gegeben wurde – als ideale Gefährtin, die nicht existierte, bis Gott sie schuf, obwohl der Mann das ganze Universum zur Verfügung hatte. Der Mann war nicht vollständig, weil er allein war. Wenn wir zu *Mulieris Dignitatem* zurückkehren, erinnert uns der

heilige Johannes Paul II. daran, dass in der Mutterschaft Mariens der Mensch der Frau anvertraut wird: Das menschliche Leben wird ihr zur Sorge übergeben, und sie gibt sich dem mit Selbsthingabe und ohne Bedingungen hin.

Die Frau kann sich selbst nicht finden, wenn sie den anderen nicht Liebe schenkt, weil Mutterschaft und Hingabe nicht auf die Geburt der Kinder beschränkt sind, sondern das ganze Leben hindurch fortbestehen. Diese Fähigkeit der Frau, sich frei zu schenken – in der Sorge um ein Kind, um die Nächsten oder, in Erweiterung, um die Gesellschaft –, setzt eine große Liebesfähigkeit und den Wunsch nach dem Guten für die geliebte Person voraus. Sie beinhaltet den Verzicht auf etwas Unmittelbares zugunsten eines höheren Gutes: stets über das Naheliegende hinaus zu sehen – etwas, worin wir als Gesellschaft zuletzt wenig geübt sind.

Die Schönheit und Freiheit, Frau zu sein

In *„Die Macht der Schönheit"* erinnert Magda Bosch daran, dass Schönheit die Manifestation der Freiheit ist und dass – wenn Freiheit tatsächlich die Wahrheit eines jeden Dinges ist, wenn jedem Sein eine Vollkommenheit entspricht, die frei verwirklicht wird, und wenn die wahren Formen frei sind – wir dann erkennen, dass Mutterschaft als Seinsweise der Frau zugleich frei, wahr und schön ist.

Es gibt mehrere Gründe, die zur besorgniserregenden aktuellen Situation in Bezug auf die Rolle der Frau geführt haben; neben der Unzufriedenheit ist eine ihrer Konsequenzen der drastische Rückgang der Geburtenrate, weil Mutterschaft als Makel für die persönliche Entwicklung betrachtet wird, statt als Weg zu ihrer vollen Entfaltung. Dies hat eine Veränderung der Gewohnheiten und Zielsetzungen ausgelöst. Concepción Arenal oder Edith Stein warnten bereits, dass die Frau nur dann zu einer besseren Gesellschaft beitragen könne, wenn sie dem entspricht, was sie ist – ihrem natürlichen Wesen.

Der Freiheitsbegriff als Ausdruck der Wahrheit impliziert Selbsterkenntnis, die uns dazu führt, Herren über uns selbst und über unsere Entscheidungen zu sein.

Die Philosophin Simone Weil, besorgt über den Verlust von Identität, würde sagen: „Ein Mensch hat eine Wurzel in seiner realen, aktiven und natürlichen Teilhabe am

Dasein einer Gemeinschaft, die gewisse Schätze der Vergangenheit und gewisse Gedanken für die Zukunft lebendig erhält."

Wir dürfen die große Rolle der Frau in der Geschichte nicht vergessen, bestimmt durch die Sorge um das Leben – um das Leben, das nichts anderes ist als die Gesellschaft selbst, die Bürgerinnen und Bürger, die die Zukunft der Gesellschaft wären. Dieses Sich-Geben, das den Nächsten vor sich selbst bedenkt, verbessert das gemeinschaftliche Leben. Ebenso wenig darf ihr Beitrag zur religiösen Erziehung aufgrund ihrer besonderen Sensibilität für das Transzendente ausgeblendet werden – eine Sensibilität, die derzeit ebenfalls einer notwendigen Wiedergewinnung bedarf.

Der Freiheitsbegriff als Ausdruck der Wahrheit impliziert Selbsterkenntnis, die uns dazu führt, über uns selbst und unsere Entscheidungen Herr zu sein. Wenn – wie Schiller sagte – das Glück die Liebe zur Schönheit zum Ziel hat, dann muss die Menschheit sie suchen. Und die Frau, als gegenwärtiger Mittelpunkt aller Blicke, hat eine wichtige Aufgabe, ihre Schönheit und Weiblichkeit wiederzugewinnen, indem sie gerade diese Freiheit nutzt, um den Wert der Liebe und der Familie wiederzugewinnen und so zu einer besseren Welt beizutragen.

Pilar Castañón

Mehr Info über die Autorin über den QR-Code:

https://familyvalued.org/pilar-castanon-fernandez/

Reflexionsfragen

Inwiefern haben moderne Ideologien die Wahrnehmung von Weiblichkeit beeinflusst, und wie wirkt sich dies nach dem Text auf die Identität der Frau aus?

Was bedeutet für dich das Konzept des „weiblichen Genies", das Johannes Paul II. erwähnt, und wie kann es deiner Meinung nach in der heutigen Gesellschaft angewandt werden?

Wie kann die Frau laut Artikel zur Entwicklung einer besseren Gesellschaft beitragen, wenn sie ihr natürliches Wesen und ihre Weiblichkeit respektiert?

Deine Notizen, Kommentare und Vorsätze

**Weitere Artikel über
Rollen in der Familie**

Madeleine Wallin

Entrepreneur
FEFAF General Secretary
Dauerhafte Vertretung in der UN-NY
Schweden

Den Wert der Mutterschaft wiederentdecken

Zusammenfassung

Mütter sind die wichtigsten Beschützerinnen des Lebens und verdienen daher höchste Anerkennung für diese Aufgabe. Der Wohlstand einer Gesellschaft wird anhand wirtschaftlicher Kennzahlen wie z.B. des Bruttoinlandsprodukts gemessen. Demgegenüber erhalten die Fortpflanzung und das, was Leben schafft, wenig bis gar keine Beachtung. Sich um andere Menschen zu kümmern, ist das genaue Gegenteil der destruktiven Haltung mancher postmodernen Gesellschaften.

Artikel

Mutter zu werden, ist eine transformative Erfahrung, die vor und nach der Geburt stattfindet. Dieser Transformation sollte mehr Raum und die ihrer gebührenden Rolle eingeräumt werden. Man geht von einem unabhängigen, freien Individuum zu einem Leben über, das aus zwei Personen besteht. Zunächst während der Schwangerschaft, wenn der eigene Körper das Zuhause des Kindes ist, und dann als primäre Bezugsperson, wenn die Bedürfnisse eines anderen Menschen an erster Stelle stehen. Es ist eine Herausforderung, die manche Frauen mit großer Selbstverständlichkeit annehmen, während andere sich möglicherweise aufgrund früherer Erfahrungen

überfordert fühlen. Die "Transformation" von der Frau zur Mutter ist eine Zeit, in der Frauen Unterstützung brauchen und Anerkennung verdienen.

Mütter schenken neues Leben. Nicht alle Frauen werden Mütter, einige, weil sie es nicht können, und andere, weil sie es nicht wollen. Das fruchtbare Alter einer Frau beginnt normalerweise zwischen dem 13. und dem 18. Lebensjahr und dauert bis etwa 50 Jahre. Die Verschiebung des Kinderwunsches kann Schwierigkeiten verursachen, da die Frau zwischen 20 und 25 Lebensjahren am fruchtbarsten ist. Ab 35 Jahren sinkt die Fruchtbarkeit schnell ab, bis zur Menopause, wenn die Fähigkeit zur Empfängnis endgültig schwindet. Die biologische Uhr der Frau sollte ein klarerer Leitfaden für Frauen selbst und für die Gesellschaft sein.

Es sollte eine Zeit im Leben der Frauen geben, die geschützt und reserviert ist, damit Frauen Kinder bekommen können, ohne unnötigen Stress. Die Fähigkeit, neues Leben zu schaffen, ist für die Menschheit entscheidend. Dass ein menschliches Wesen in einem Frauenkörper geformt wird und lebt, ist erstaunlich – eine Schöpfungsgeschichte, so faszinierend, dass es schwerfällt, etwas Größeres zu finden. Warum werden die Fortpflanzung und die Kinderbetreuung dann weiterhin nicht als das höchste Gut der gesamten Menschheit angesehen?

Mütter können als die wichtigsten Beschützerinnen des Lebens angesehen werden, und wenn sie Verantwortung übernehmen, sollten sie entsprechend geschätzt werden.

Fürsorge für andere ist das Gegenteil von Zerstörung. Diese entsteht in Form von Kriegen und Umweltverschmutzung infolge der konkurrierenden Wirtschaften der einzelnen Länder bzw. Regionen. Und trotz der negativen Folgen zählt die Wirtschaft mehr als die Fürsorgearbeit der Mütter für ihre Kinder und Familien.

Es gilt als ungeschriebenes Gesetz, dass wirtschaftlicher Wert nur durch die Erbringung bezahlter Leistungen entsteht. Daher wird die Pflege der eigenen Kinder nicht in den Wirtschaftsstatistiken erfasst. Nur wenn eine dritte Person das Kind betreut und dafür Geld von der leiblichen Mutter erhält, gilt diese Pflegearbeit als Dienstleistung und ist für die wirtschaftliche Leistung des Landes relevant. Es stellt sich die Frage, ob die Betreuungsarbeit des Kindes durch Dritte die gleiche Qualität hat wie die durch die leibliche Mutter.

Wohlstand wird u.a. am Bruttoinlandsprodukt gemessen, und vieles in der Gesellschaft dreht sich um Wirtschaft und Wachstum. Demgegenüber haben Fortpflanzung und das, was Leben schafft, Lebewesen ernährt und schützt, wenig oder gar keinen Wert – aus Sicht der Gesellschaft.

Fürsorge ist die Essenz des Lebens. Die meisten Menschen spüren es intuitiv. Aber für viele kommt die Erkenntnis erst zum Ende des Lebens. Was zählt in unserer Gesellschaft? Sollten es nicht eher die Beziehungen und die Liebe sein, die man erhalten bzw. gegeben hat?

Mutterliebe ist ein Heilmittel, ein Gegenmittel gegen Egoismus, Machthunger und Zerstörung. Daher muss die Bedeutung der Fürsorgearbeit höher bewertet werden, als sie heute in unserer Gesellschaft der Fall ist – so mein Plädoyer.

Die Bindung zwischen dem Kind und der primären Bezugsperson, größtenteils der Mutter, ist für seine Entfaltung entscheidend. Gerade in den ersten Lebensjahren wächst das Gehirn des Kindes rapide; es bildet pro Sekunde mehr als eine Million neuronale Verbindungen. Aber nicht nur deswegen, sondern gerade in dieser Zeit entsteht eine Bindung zwischen Kind und Mutter, die ein ganzes Leben hält.

In den ersten Lebensjahren bilden sich im Kind die Grundlagen für künftiges Lernen, Verhalten und Gesundheit. Damit eine starke Bindung entstehen kann, müssen die Eltern präsent sein. Und ich wage zu behaupten, dass in den ersten Lebensjahren des Kindes die wichtigste Bezugsperson die Mutter ist. Sie kann durch z.B. eine Tagesmutter ersetzt werden, aber für das Kind sollte die leibliche Mutter die erste Wahl sein, da seit der Zeugung ein starkes Bindungsverhältnis besteht, da ihr Körper die Welt des Kindes war. Ein weiterer Grund ist, dass die Muttermilch jeder Frau einzigartig und genau auf ihr Kind abgestimmt ist.

Fürsorge bildet das Herzstück der Gesellschaft, und es ist an der Zeit, diese Tatsache anzuerkennen und zu würdigen – beispielsweise durch den Einsatz differenzierterer Kennzahlen statt des reinen Bruttoinlandsprodukts. Die finanzielle Sicherheit muss während des gesamten Lebens gestärkt, die Rechte unbezahlter Pflege- und Betreuungspersonen gewahrt und ihre Stimmen bei politischen Entscheidungen berücksichtigt werden. Artikel 25.2 der UN-Menschenrechtscharta besagt, dass "Mutter und Kind Anspruch auf besondere Fürsorge und Unterstützung haben", und es gibt starke Gründe, diese Worte ernst zu nehmen.

Mütter sind die wichtigsten Beschützerinnen des Lebens und verdienen höchste Anerkennung für die Übernahme dieser Verantwortung.

Madeleine Wallin

Mehr Info über die Autorin über den QR-Code:
https://familyvalued.org/madeleine-wallin/

Reflexionsfragen

Warum glaubst du, dass die von Müttern geleistete Sorge- und Care-Arbeit im Vergleich zu entlohnten wirtschaftlichen Tätigkeiten weiterhin unterschätzt wird?

Wie kann die Gesellschaft Frauen laut Text besser unterstützen, wenn sie sich in der Übergangsphase von der Frau zur Mutter befinden?

Welche Auswirkungen hat die Bindung zwischen Mutter und Kind in den ersten Lebensjahren, und warum ist sie für die Entwicklung des Kindes von grundlegender Bedeutung?

Deine Notizen, Kommentare und Vorsätze

Weitere Artikel über
Rollen in der Familie

Ricardo Chouhy
Klinischer Psychologe und Paartherapeut
Argentinien

Prof. Cristian Conen
Professor und Forscher am ILFARUS
Instituto Latinoamericano de la Familia
Universidad de la Sabana
Kolumbien

Die Bedeutung des Vaters in der Familie

Zusammenfassung

Die Abwesenheit des Vaters wirkt sich gravierend auf die psychische Gesundheit von Söhnen und Töchtern aus, insbesondere auf deren emotionale Entwicklung. Die Vaterfigur ist zentral für Selbstregulation, Empathie und die Fähigkeit, gesunde Bindungen aufzubauen. Sie beeinflusst zudem tiefgreifend die emotionale Stabilität der Frau – sowohl als Tochter als auch als Partnerin. Die relationale Gesundheit des Paares bildet die Achse des Wohlbefindens für die gesamte Familie. Eine aktive und affektiv zugewandte Präsenz des Mannes in der Familie ist wesentlich für das emotionale Gleichgewicht des Familiensystems.

Artikel

Einführung

Im Jahr 1999 veröffentlichte Dr. Francis Fukuyama, Absolvent der Harvard University und Professor an der Stanford University – vermutlich einer der renommiertesten Sozialwissenschaftler in den Vereinigten Staaten – eine umfangreiche Forschungsarbeit, in der er signifikante Veränderungen in der Struktur nordamerikanischer Familien zwischen den 1950er- und 1990er-Jahren im Detail untersuchte.

Das aus Fukuyamas Forschung hervorgegangene Buch mit dem Titel *The Great Disruption* benennt als eines seiner zentralen konzeptuellen Elemente die Desartikulation der Kernfamilie. Diese zeigte sich in einem anhaltenden Anstieg der Scheidungsrate sowie in einer exponentiellen Zunahme der Geburten bei alleinerziehenden Müttern und in Ein-Eltern-Haushalten ohne Vater in den USA in diesem Zeitraum.

Fünfundzwanzig Jahre nach der Veröffentlichung von Fukuyamas Buch hat sich dieser Trend in der US-amerikanischen Gesellschaft weiter beschleunigt: Ein-Eltern-Haushalte ohne Vater haben sich verdreifacht und erreichen 25 % aller Familien – die höchste Quote weltweit (Pew Research Center, 2020).

Die Abwesenheit des Vaters in der Familie erhöht alle Indikatoren psychopathologischer Störungen.

Die Quote der Geburten bei alleinerziehenden Müttern, die 1960 bei 5 % lag, liegt heute bei über 40 % aller Geburten. Für Frauen unter 30 Jahren beträgt sie 54 %. Das bedeutet: Bei Müttern unter 30 Jahren hat sich die Relation von „eine von zwanzig Geburten" auf „eine von zwei Geburten" verschoben. Von allen Geburten alleinerziehender Mütter entfällt ein Drittel auf Minderjährige. Nach UNICEF-Berichten weisen die Vereinigten Staaten unter den 28 am stärksten industrialisierten Ländern den höchsten Anteil an Geburten bei minderjährigen alleinerziehenden Müttern auf.

Aktuell leben mehr als 20 Millionen Kinder und Jugendliche in den USA ohne Zusammenleben mit ihrem biologischen Vater und/oder sind während eines Teils ihrer Kindheit ohne ihn aufgewachsen: Jeder Dritte, also 32 % der Gesamtzahl (Wilcox, 2022).

Mit der Vertiefung dieses sozialen Wandels in ungewöhnlichem Ausmaß erhielten Psychologen und Soziologen die Möglichkeit, ihn zu untersuchen und die individuellen sowie gesellschaftlichen Kosten der Desartikulation der Kernfamilie und der Abwesenheit des Vaters zu bewerten.

Als Ergebnis einer Verlaufsstudie mit mehr als 70.000 Jugendlichen, durchgeführt von Soziologen der Princeton University (McLanahan et al., 1994), gilt die Abwesenheit des Vaters als Risikofaktor für die psychische Gesundheit von Kindern und Jugendlichen. In dieser Studie gelang es, den Beitrag anderer Variablen – wie Rasse, Geschlecht, Bildungsniveau der Mutter, Anzahl der Geschwister und sozioökonomischer Status – statistisch zu kontrollieren, um die Wirkung der Vaterabwesenheit zu identifizieren und zu quantifizieren.

Mit diesen Schlussfolgerungen übereinstimmend sind Ergebnisse einer Untersuchung des National Center for Health Statistics mit 17.000 Minderjährigen unter 17 Jahren: Das Risiko psychischer Dysfunktion (schwerwiegende emotionale und/oder Verhaltensprobleme) ist signifikant höher bei Kindern beider Geschlechter, die ohne Vater aufgewachsen sind (Dawson, 1991).

Der männliche Delinquent weist nicht nur mangelnde Impulskontrolle, sondern auch ein Defizit an Empathie auf.

Die Abwesenheit des Vaters in der Familie erhöht alle Indikatoren psychopathologischer Störungen (Angel, 1993; Biller, 1993, 1994; Daryanani, 2016). Insbesondere beim Sohn steigt das Risiko für Suchtentwicklung und Kriminilatät, wenn er ohne Vater aufwächst (Haapasalo, 1994; Kroese, 2022). Der Sohn einer minderjährigen alleinerziehenden Mutter weist ein 22-fach erhöhtes Risiko für kriminelles Verhalten auf. Drogenkonsum und Kriminalität sind ihrem Wesen und ihrer Genese nach Themen der Vaterabwesenheit.

Mehrere Forschungsarbeiten haben sich auf die Problematik „Drogen/Delinquenz" beim Mann konzentriert und den Fokus auf die Beziehung zum Vater gelegt. Sie halten fest, dass die Anwesenheit des Vaters eine kritische Rolle spielt, indem sie beim Sohn die Fähigkeit zur Kontrolle von Impulsen im Allgemeinen und aggressiven Impulsen im Besonderen etabliert – also die Fähigkeit zur Selbstregulation (Biller, 1993, 1994; Haapasalo, 1994; Phares, 1992; Snarey, 1993; Lisak, 1991). Impulskontrolle ist notwendig, damit der Mann Normen respektieren und verinnerlichen kann. Der Schlüssel dieses Lernprozesses ist der Vater (Pruett, 2000).

Darüber hinaus weist der delinquente Mann nicht nur eine Störung der Impulskontrolle auf, sondern auch ein Defizit an Empathie, das heißt: eine eingeschränkte Fähigkeit, das Leiden des anderen wahrzunehmen, dem er Schaden zufügt. Eine Forschungsarbeit auf Grundlage eines 26-jährigen Längsschnitts mit Kindern und Jugendlichen zeigt, dass der beste Prädiktor für Empathie im Erwachsenenalter das Vorhandensein eines engagierten Vaters ist – stärker als jede Variable, die mit mütterlicher Intervention assoziiert ist (Koestner, 1990). Bemerkenswert ist die Spezifität der Vaterfunktion bei der Entwicklung emotionaler Regulation, Impulskontrolle und Empathie – sowohl bei Männern als auch bei Frauen.

Diese Studien, insbesondere die Beiträge von Dr. Kyle Pruett (Yale University), ermöglichten es, persönliche Eigenschaften des Vaters zu identifizieren, die erforderlich sind, um diese Schlüsselziele zu erreichen. Es sind im Wesentlichen zwei: erstens die Männlichkeit des Vaters und zweitens die Qualität und Stabilität seiner affektiven Verbindung (bzw. emotionalen Nähe) zu seinem Sohn oder seiner Tochter in Kindheit und Adoleszenz (Pruett, 2000). Das heißt: Die bloße Anwesenheit des Vaters in der Familie genügt nicht. Er kann physisch präsent sein, ohne seine erzieherische Funktion auszuüben. Physische Präsenz ist zwar notwendig, aber keine hinreichende Bedingung.

Die Schlussfolgerungen dieser Studien sind konsistent mit psychoanalytischen Formulierungen, die – sowohl bei Freud als auch bei Lacan – die Rolle, den Ort und die Funktion des Vaters in der Familie hervorheben. Die Konsequenzen einer großflächigen Vaterabwesenheit wurden von Psychoanalytiker*innen untersucht, lange bevor* *Soziolog*innen sie analysieren und quantifizieren konnten. In diesem Zusammenhang sind der wertvolle Beitrag eines Freud-Schülers, Alexander Mitscherlisch, und sein 1969 veröffentlichtes Buch *Society without the Father* hervorzuheben. Es handelt sich um eine theoretische und klinische Entwicklung, die mit erstaunlicher Präzision vorhersagt, was in der US-amerikanischen Gesellschaft in den 50 Jahren nach der Veröffentlichung eingetreten ist.

Der Mann und die psychische Gesundheit der Frau

Seit den 1980er-Jahren weist jede nachfolgende Generation von Frauen in den Vereinigten Staaten eine höhere Psychopathologie auf (Population Reference Bureau, 2023). Derzeit befindet sich ein Anteil von 27 % der US-amerikanischen Frauen in psychiatrischer Behandlung: jede vierte. Vor zehn Jahren war es jede Fünfte. Suizidraten, Todesfälle durch Überdosierung sowie Messinstrumente der Psychopathologie wie die MMPI (2019) verschlechtern sich Jahr für Jahr. Die Zahl der drogenbedingten Todesfälle bei Frauen hat sich in den letzten 20 Jahren vervierfacht (Centers for Disease Control, 2023).

In den Vereinigten Staaten unternimmt jede Minute eine Frau einen Suizidversuch, und alle 90 Minuten nimmt sich eine Frau das Leben. Die Suizidversuche von Frauen sind dreimal so häufig wie die von Männern. In den letzten 20 Jahren hat sich die Suizidrate bei Frauen im Alter von 45 bis 65 Jahren verdoppelt; in der Altersgruppe von 15 bis 25 Jahren hat sie sich verdreifacht.

In den letzten 20 Jahren haben sich kinder- und jugendpsychiatrische Notaufnahmen in Krankenhäusern aufgrund von Suizidversuchen verdoppelt. Diese sehr schwerwiegende Krise führte dazu, dass die American Academy of Pediatrics, die American Academy of Child and Adolescent Psychiatry und die Children's Hospital Association eine nationale Notlage der psychischen Gesundheit von Kindern und Jugendlichen erklärten (AAP-AACAP-CHA Declaration of a National Emergency in Child and Adolescent Mental Health, 2021).

Kinder leiden überproportional an einer schlechten Paarbeziehung ihrer Eltern.

Fachkräfte der psychischen Gesundheit, insbesondere Spezialisten für Familienhilfe, hören häufig das affektive Leiden einer Frau, das mit einem Paar-Thema verbunden ist. Die Frau bringt in die Beratung ein Defizit in der relationalen Gesundheit des Paares ein, definiert als „der vorherrschende Zustand von Einheit, Harmonie und Wohlbefinden des Paares, der die Frucht der Arbeit an der Liebe in ihrem aktiven Aspekt ist; einerseits durch persönliche Handlungen jedes Partners, um gesunde Gewohnheiten zu verankern und toxische Gewohnheiten zu entwurzeln; andererseits durch Handlungen zur Prävention relationaler Toxizität, zur Pflege, Stärkung und Heilung der Beziehung" (Conen, C., (2025) Instituto Latinoamericano de la Familia de la Universidad de La Sabana, ILFARUS).

In jenen Fällen, in denen der Beratungsanlass die Sorge um psychische Probleme eines Kindes ist, tritt das Symptom beim Kind mit hoher Frequenz als Manifestation einer Störung der relationalen Gesundheit in der Paarbeziehung der Eltern auf.

Wenn man der Frau zuhört, lässt sich klar erkennen, was sie braucht:

Wirksame Zuwendung über verschiedene „Sprachen der Zuneigung": Worte der Anerkennung, Qualitätszeit, Aufmerksamkeiten/Details, Hilfsbereitschaft/Diensthandlungen und Zärtlichkeit, mit besonderem Fokus auf ihre primären bzw. wichtigsten Sprachen. (Chapman, G., 2017, *Los cinco lenguajes del amor*, Editorial Unilit).

Freundschaft, indem man mit ihr exklusive Zeiträume teilt – täglich, wöchentlich, monatlich und jährlich –, ohne Kinder, Freunde und Verwandte, mit dem alleinigen Ziel, eine gute Zeit zu haben und sich als Paar zu genießen.

Sexuelle Harmonie, d. h. Intimität und Sexualität als personale Begegnung, in der Mann und Frau körperliches Vergnügen, affektive Freude und die geistige Dimension des Begegnungsmoments erfahren und teilen; dies ermöglicht ihnen, den einenden Sinn des sexuellen Aktes zu leben.

Geteilte Verantwortung in der Prokreation durch gemeinsame Regulierung der Geburtenfolge und Sorge um die reproduktive Gesundheit mittels ökologischer Methoden, die die Gesundheit nicht beeinträchtigen.

Dankbarkeit durch Handlungen, die ihr Gutes tun. das Leben angenehm machen – in der großen Werkstatt des Alltags, die darin besteht, auf Details zu achten, die gefallen oder missfallen, um die Ersten zu tun und Letztere zu vermeiden.

Dank durch Anerkennung ihrer Qualitäten, ihrer täglichen Anstrengung, der Integration – in vielen Fällen – von Arbeit außerhalb und innerhalb des Haushalts sowie der stillen Opfer, die mit Mutterschaft verbunden sind.

Unterstützung und Hilfe: Unterstützung bei gemeinsamen Verantwortlichkeiten in der Erziehung und Betreuung der Kinder sowie im gemeinsamen Haushalt, und Hilfe bei ihren eigenen Verpflichtungen, beruflich oder im Kontext der Herkunftsfamilie.

Verständnis, Akzeptanz und Respekt gegenüber ihrer weiblichen Verschiedenheit in körperlichen, affektiven, kommunikativen und sozialen Dynamiken.

Mitgefühl, indem man aufmerksam bleibt, sie begleitet und entsprechend ihren affektiven Zuständen emotional „hält".

Respekt vor ihrer Autonomie und ihren persönlichen Zeiten, indem man deren Umsetzung erleichtert.

Kommunikation, indem man ihr wirklich und aufrichtig zuhören will, als Akt der Liebe; dies umfasst wohlwollende Intention, Aufmerksamkeit, Vermeidung von Ablenkungen, nicht unterbrechen, Intimität mit Gegenseitigkeit zu öffnen sowie Kreativität bei der Wahl des geeigneten Ortes, des passenden Zeitpunkts, eines sanften Tonfalls und einer freundlichen nonverbalen Sprache.

Ihre Verschiedenheit verstehen: ihre natürliche weibliche Diversität akzeptieren, respektieren und gut zu handhaben wissen – in ihren körperlichen, affektiven, kommunikativen und sozialen Dynamiken; ebenso in ihren Affektionssprachen, ihren charakterologischen Zügen, ihren Temperamenten, ihren Projekten, ihrer beruflichen Berufung und ihrer Kultur der Herkunftsfamilie.

Geborgenheit, sodass sie sich durch ihren Partner geschützt fühlt. Durch die Erziehung neuer Generationen ist es optimal, hin zu einer Kultur der Komplementarität von Mann und Frau in den beiden großen Lebensbereichen voranzuschreiten: dem Familienhaushalt und den verschiedenen Feldern der beruflichen Arbeit.

Der Mann und die psychische Gesundheit der Kinder

Eine Reihe von Forschungsarbeiten mit Fokus auf die Wirkung der Präsenz und affektiven Nähe des Vaters in der Kindheit und Adoleszenz seiner Tochter zeigt einen klar positiven Effekt auf die Persönlichkeitsbildung, die emotionale Stabilität und die emotionale Resilienz. Die Anwesenheit eines engagierten Vaters erzeugt, was in diesen Studien als psychologische Sicherheit (*psychological and interpersonal security*) bezeichnet wird; dieser Begriff umfasst psychische Resilienz, Selbstwert, emotionale Selbstregulation und damit eine bessere spätere persönliche, soziale und berufliche Entwicklung.

Die Anwesenheit des Vaters sowie die nahe und kontinuierliche Beziehung in Kindheit und Adoleszenz der Tochter führen zu höherer mentaler und emotionaler Stabilität der erwachsenen Frau (Dmitrieva, 2023; Zhou, 2024; Yang, 2016; Zia, 2015; Allgood, 2012; Coley, 2003). Frauen, die über längere Zeit eine Beziehung hoher emotionaler Nähe zu ihrem Vater aufrechterhalten, zeigen deutlich mehr Selbstvertrauen, sind unabhängiger und erbringen bessere akademische und berufliche Leistungen als Frauen mit einer distanzierteren Vaterbeziehung (Gordon, 2016; Nielsen, 2014).

Weitere Studien identifizieren eine Assoziation zwischen der nahen Präsenz des Vaters und der Fähigkeit der Tochter, eine stabile Paarbeziehung zu bilden (Tessman, 1988). Auch wenn mehrere dieser Studien jüngeren Datums sind, stimmen sie mit früheren Forschungsarbeiten aus den 1970er-Jahren überein (Hetherington, 1972). Umgekehrt ist die Abwesenheit des Vaters mit dem Beginn und der Verschärfung psychischer Gesundheitsprobleme bei der Tochter assoziiert, insbesondere mit Depressionen. Der Vater ist – sofern er seine Funktion erfüllt – ein protektiver Faktor für die emotionale Gesundheit seiner Tochter (Popenoe, 1996; Pruett, 2000; Krohn, 2001; Demidenko, 2015; Gress, 2023).

Bei der erwachsenen Frau ist ihre psychische Gesundheit eng mit der Beziehung zu ihrem Mann, ihrem Partner, verbunden: Je größer die Harmonie mit ihm, desto besser ist ihre psychische Gesundheit. Am Ursprung dieser Harmonie mit dem männlichen Partner steht jedoch die primäre Liebeserfahrung der Tochter mit ihrem Vater: Sie ermöglicht es dem Mädchen, diese Liebesbeziehung zum ersten Mann ihres Lebens im Verlauf der Kindheit und Adoleszenz zu internalisieren. Durch diese Internalisierung wird später eine gute Partnerwahl erleichtert und die Replikation einer sicheren, gesunden und stabilen affektiven Bindung wahrscheinlicher.

Wenn es eine zentrale intrapsychische Komponente der psychischen Gesundheit der Frau gibt, dann ist es diese: die innere Vaterfunktion. Möglich gemacht und gefördert wird sie durch die Kernfamilie.

Fazit

Die Desintegration der Kernfamilie stellt keinen positiven Beitrag zur psychischen Gesundheit der Frau und der Kinder dar – vielmehr das Gegenteil. Ausnahmslos konvergieren die zahlreichen Studien zu diesem Thema in ihren Schlussfolgerungen und weisen auf eine Schlüsselzutat für das psychische Überleben des Menschen hin: die Präsenz des Mannes in der Familie.

Auf den Mann zu verzichten, setzt die Frau – ihre psychische Gesundheit und ihr emotionales Wohlbefinden – einem Risiko aus und gefährdet ebenso die Kinder, sowohl den Sohn als auch die Tochter, indem deren psychische Gesundheit und die spätere Fähigkeit, stabile Paarbeziehungen mit guter relationaler Gesundheit und gesunde Familien zu bilden, beeinträchtigt werden.

Die Präsenz des Mannes im vollen Vollzug seiner Vaterfunktion ist eine wesentliche Komponente für die Weitergabe einer gesunden und ausgewogenen Männlichkeit an den Sohn sowie dafür, der Tochter eine erste Liebesbindung zu einem Mann zu ermöglichen: einen ersten liebevollen Kontakt mit dem Männlichen – ihrem Vater –, in dem sie sich umsorgt und geschützt fühlte. Wenn sie heranwächst und Frau wird, wird es in ihrem Leben eine gesunde Bindung zu einem Mann geben, und im Leben ihrer Kinder wird es einen Vater geben.

Literatur

Für Fragen zu Literaturangaben wenden Sie sich bitte an welcome@FamilyValued.org

Ricardo Chouhy

Mehr Info über den Autor über den QR-Code:

https://familyvalued.org/ricardo-chouhy/

Prof. Cristian Conen

Mehr Info über den Autor über den QR-Code:

https://familyvalued.org/cristian-conen/

Reflexionsfragen

Wie beeinflusst die Abwesenheit des Vaters nach dem Text die emotionale und psychische Entwicklung der Kinder – sowohl der Jungen als auch der Mädchen?

Welche Rolle spielt die Vaterfigur beim Aufbau von Selbstregulation und Empathie bei Kindern?

Inwiefern beeinflusst die relationale Gesundheit des Paares das emotionale Wohlbefinden der gesamten Familie?

Deine Notizen, Kommentare und Vorsätze

Weitere Artikel über
Rollen in der Familie

Simone Rüssel

Heilpraktikerin für Psychotherapie
Deutschland

Schwiegereltern und -kinder – 6 Tipps für ein besseres Miteinander

Zusammenfassung

In diesem Artikel möchte ich sowohl Schwiegereltern als auch -kindern Mut machen, eventuell vorhandene Schwierigkeiten aus einer anderen Perspektive zu betrachten; und dazu einige Wege aufzeigen, wie Sie mit diesen Problemen umgehen können. Ein gutes Auskommen und die Harmonie zwischen den Generationen sind für jede Familie wichtig und stärken sie.

Artikel

Es gibt so viele Schwiegermutter-Witze und ich habe mich schon oft gefragt, warum es immer die Schwiegermütter sind, die so schlecht wegkommen. Schwiegervater-Witze kenne ich keinen einzigen. Was ist das Besondere an der Schwiegermutter-Schwiegerkind-Verbindung? Und je älter ich werde und die Wahrscheinlichkeit wächst, dass auch ich einmal Schwiegermutter werde, frage ich mich, was ich tun kann oder tun sollte, um eine „gute" Schwiegermutter zu werden. Sowohl in Beratungsgesprächen in meiner Praxis als auch im privaten Umfeld konnte ich dazu einige wertvolle Erkenntnisse sammeln.

Zunächst einmal muss man festhalten, dass es schon immer Generationenkonflikte gab. So sagte schon Aristoteles im 4. Jh. vor Christus: „Unsere Jugend ist unerträglich, unverantwortlich und entsetzlich anzusehen." Das Verständnis für die ältere, wie auch für die jüngere Generation ist häufig begrenzt. Jede Generation ist der Meinung, die Dinge richtig anzugehen. Sowohl die Veränderung hin zu neuen Lebensweisen als auch die Akzeptanz der Erfahrungen älterer Jahrgänge erscheinen suspekt und der eigenen Lebensweise nicht angemessen. Es verwundert daher wenig, wenn sich Konflikte zwischen Eltern von (kleinen) Kindern und den Großeltern oft um die Erziehung entzünden. Gerade in diesem Bereich fehlt inzwischen der Konsens darüber, was in der Erziehung wichtig ist oder wie Erziehungsziele umgesetzt werden sollen. Was früher einheitlich als Regel galt (z. B. am Tisch sitzen bleiben bis alle fertig sind, „Es wird gegessen, was auf den Tisch kommt.", Älteren Menschen wird der Platz in der Straßenbahn überlassen, etc.), wird heute oft zugunsten der individuellen Erziehung von Kindern situationsabhängig behandelt (Wenn ein Kind keine Lust hat, am Tisch zu sitzen bis alle fertig sind, darf es aufstehen. Möchte es dabeibleiben, darf es am Tisch sitzen, bis auch die Erwachsenen gehen.)

Macht ihr das unter euch aus!

Es geht hier nicht darum, den einen Weg dem anderen vorzuziehen. Diese Beispiele zeigen jedoch, dass die Unterschiede in der Erziehung groß sein und auf gegenseitiges Unverständnis stoßen können. Da es um Kindererziehung geht, könnte hier ein Grund dafür liegen, dass es häufiger zu Spannungen zwischen Schwiegermüttern und Schwiegertöchtern kommt: Trotz vieler guter Ansätze, die Väter mehr in die Erziehung einzubeziehen, scheint die Hauptverantwortung – zumindest im Kleinkindalter – noch bei den Müttern zu liegen. Es bedeutet jedoch nicht, dass es nicht auch zu Problemen zwischen Schwiegervätern und -söhnen kommen kann. Weitere heikle Themen können z. B. sein: die Berufstätigkeit der Mutter, der Umgang mit Medien, das Verständnis der Vaterrolle, etc.

Die Mutterrolle bedeutet für viele Frauen auch, sich um andere zu kümmern, vor allem um die eigenen Kinder. Manchmal verpassen Schwiegermütter den Moment, in dem es wichtig ist, mehr Abstand zu erwachsenen und inzwischen verheirateten Kindern zu halten. Zu viel Einmischung wird von Schwiegerkindern als übergriffig empfunden. Von der Schwiegermutter ist es sehr wahrscheinlich gut gemeint und sie wollte sich nur „kümmern", ihre Erfahrung einbringen und etwas „Gutes" tun. Was auf der einen Seite als Übergriffigkeit erlebt wird, wird auf der anderen Seite als Missachtung oder Geringschätzung der Erfahrung gewertet. Eine sachliche Diskussion zu diesen unterschiedlichen Einschätzungen ist oft nicht möglich, weil auf beiden Seiten schnell Emotionen ins Spiel kommen. Verschlimmert werden diese Situationen noch, wenn der Ehepartner – und in diesem Fall kommt es häufig auf die Männer an – eine indifferente Position zwischen seiner Ehefrau und der eigenen Mutter einnimmt („Macht ihr das unter euch aus.") oder sich noch sehr seiner eigenen Mutter gegenüber in der Pflicht sieht und diese in Schutz nimmt („Sie meint es doch nur gut."). Dieses Verhalten führt über kurz oder lang zu großen Spannungen in der Ehe. Den Ehepaaren in meinem Coaching rate ich daher immer, dass der Ehemann eine klare Position für seine Frau einnimmt und ihr den Rücken stärkt. Er kann seiner Mutter liebevoll klarmachen, dass es nicht notwendig ist, dass sie sich so „kümmert". Wichtig ist hier die Wertschätzung für die vermeintliche Hilfe.

Andererseits rate ich den Schwiegereltern, einen gewissen Abstand zu wahren und darauf zu warten, bis Hilfe angefordert wird. Auch wenn es schwerfällt. Bewährt hat sich festzulegen, dass in einem Haushalt die Regeln der gastgebenden Familie herrschen, d. h. bei den Schwiegereltern zu Hause herrschen die Regeln der Schwiegereltern; bei den Schwiegerkindern gelten die Regeln der Schwiegerkinder. Für die kleinen Kinder kann es anfänglich zu Verwirrung kommen, aber in der Regel sind sie daran gewöhnt, dass es unterschiedliche Regeln gibt. Im Kindergarten oder in der Schule gelten auch andere Regeln als zu Hause.

Zusammenfassend möchte ich hier 6 Tipps für Schwiegerkinder und -eltern geben:

1) Gegenseitige Wertschätzung und Anerkennung sind die Basis für jede gute Beziehung. Sie sollte also bei allen Differenzen nicht fehlen.

2) Seien Sie sicher, dass jeder alles, was er tut, so gut machen möchte, wie es nur geht. Die Meinung darüber, was gut und angemessen ist, kann unterschiedlich sein.

3) Sprechen Sie unterschiedliche Ansichten offen und möglichst ohne Aggressionen an, d. h. warten Sie nicht zu lange, bis Sie ein Gespräch suchen.

4) Für Schwiegerkinder: Bringen Sie den Schwiegereltern Ihre Wertschätzung und Dankbarkeit für ihre Lebensleistung zum Ausdruck. Machen Sie jedoch auch klar, wo Ihre Grenzen liegen, die von den Schwiegereltern zu beachten sind.

5) Für Schwiegereltern: Viele Erfahrungen kann man nicht einfach weitergeben; sie müssen von jeder Generation neu erarbeitet werden.

6) Manchmal führt etwas mehr Abstand zu den Schwiegerkindern zu größerer Nähe, auch wenn das paradox klingt. Liebe braucht Freiheit.

Simone Rüssel

Mehr Info über die Autorin über den QR-Code:
https://familyvalued.org/simone-ruessel/

Reflexionsfragen

Was sind laut dem Text die wichtigsten Konfliktursachen zwischen Schwiegereltern und Schwiegersohn bzw.? Schwiegertochter, wie lassen sich diese Unterschiede wirksam bearbeiten?

Warum ist es wichtig, dass der Ehemann seine Partnerin vor möglichen Spannungen mit der eigenen Familie schützt, und wie kann er das ausgewogen tun?

Welche Rolle spielen gegenseitige Wertschätzung und Anerkennung beim Aufbau einer harmonischen Beziehung zwischen den Generationen?

Deine Notizen, Kommentare und Vorsätze

Weitere Artikel zu Rollen in der Familie

Die Rolle des Vaters in der Erziehung der Kinder

Der Anker der Seele: Großeltern als Quelle bedingungsloser Liebe

Großeltern und Erziehung der Enkelkinder –
Chancen und Grenzen

Zusammenfassung des Kapitels
„Rollen in der Familie"

Insgesamt unterstreichen diese Kapitel die Idee, dass eine klare, wertschätzende Rollenverteilung (ohne starre Klischees) die Familie stabilisiert, die Identitätsfindung erleichtert und langfristig zu glücklichen, resilienten Beziehungen beiträgt – als Gegenentwurf zu individualistischen oder egalitären Strömungen, die Komplementarität vernachlässigen.

Ein Schwerpunkt liegt auf der **weiblichen Identität** und der Frau als eigenständige Person mit einzigartiger Berufung. Die weibliche Rolle wird nicht als Einschränkung, sondern als Quelle von Stärke, Intuition und Beziehungsorientierung dargestellt, die in der modernen Gesellschaft oft unterschätzt oder ideologisch verzerrt wird. Besonders die **Mutterschaft** erfährt eine Aufwertung: Sie gilt als hochbedeutsame, erfüllende und gesellschaftlich unverzichtbare Aufgabe, die Würde, Sinnstiftung und langfristige Bindungskraft verleiht. Der Text plädiert dafür, den Wert der Mutterschaft bewusst wiederzuentdecken und sie vor Abwertung oder Reduzierung auf bloße Biologie zu schützen.

Parallel wird die **Bedeutung des Vaters** hervorgehoben. Der Vater fungiert nicht nur als Versorger, sondern vor allem als Vorbild für Stärke, Verantwortung, Schutz, Disziplin und emotionale Stabilität. Seine aktive Präsenz im Familienalltag gibt Kindern (besonders Söhnen) Orientierung, Sicherheit und ein positives Männerbild; seine Abwesenheit oder Schwäche wirkt sich oft nachteilig auf deren Entwicklung aus. Die Beiträge betonen die komplementäre Ergänzung der Mutter- und Vaterrolle für eine ausgewogene Erziehung.

Ein weiterer Teil widmet sich dem **Verhältnis zu Schwiegereltern und Schwiegerkindern**. Hier werden praktische Tipps gegeben, um Konflikte zu vermeiden und ein harmonisches Miteinander zu fördern: klare Kommunikation, Respekt vor Grenzen, Dankbarkeit, Vermeidung von Machtkämpfen, bewusste Wertschätzung der jeweiligen Herkunftsfamilie sowie der Aufbau von Vertrauen durch kleine Gesten und gemeinsame Rituale. Das Ziel ist, Spannungen abzubauen und die erweiterte Familie als unterstützendes Netzwerk zu stärken, statt sie als Belastung zu erleben.

7 Vereinbarkeit von Familie und Beruf

Prof. Nuria Chinchilla Albiol

Professorin
Personalführung in Organisationen
IESE Business School
Spanien

Die Vereinbarkeit ist tot. Es lebe die Integration!

Zusammenfassung

Die Familie ist nicht nur ein Zufluchtsort, sondern auch das Fundament einer gerechten und humanen Gesellschaft. In ihr werden Werte gelernt, Identität aufgebaut und tiefe Bindungen gepflegt. Eine echte Integration von Berufs- und Familienleben beginnt mit einem gemeinsamen Projekt des Ehepaares und einer geteilten Agenda. Vereinbarkeit ist kein individueller Kraftakt, sondern ein gemeinsamer Auftrag, der auf Kommunikation, Empathie und gegenseitigem Respekt beruht. Wer die Unterschiede zwischen Mann und Frau als komplementär anerkennt, ermöglicht eine synergetische Führung – sowohl zu Hause als auch am Arbeitsplatz. Nur starke Ehepaare bauen stabile Familien auf und mit ihnen eine wirklich kohäsive Gesellschaft.

Artikel
Die Familie ist der Eckpfeiler einer menschlichen und nachhaltigen Gesellschaft

In einer Welt, die sich in rasantem Tempo entwickelt und in der technologische, soziale und kulturelle Veränderungen unsere Anpassungsfähigkeit zu überfordern scheinen, tritt die Familie als unersetzlicher Raum von Sinn, Fürsorge und Zugehörigkeit hervor. Es ist kein Zufall, dass viele Menschen angesichts von Unsicherheit im

Zuhause einen emotionalen Zufluchtsort und einen Ankerpunkt für ihre Identität suchen.

Diese „Renaissance der Familie" kann jedoch nicht ohne eine vertiefte Reflexion über ihre Rolle als Ort der Wertebildung stattfinden, die eine kohäsive, inklusive und nachhaltige Gesellschaft überhaupt erst ermöglicht.

In der Familie lernt man, nachzugeben, zu verzeihen, zu warten und zu kooperieren.

Die Familie ist nicht nur ein Geflecht affektiver Beziehungen, sondern der erste Lebensraum, in dem grundlegende Werte gelernt – und gelebt – werden: Verantwortung, Respekt, Kooperation, Empathie, Gerechtigkeit, Liebe. In ihr werden jene Kompetenzen kultiviert, die jeder Mensch für eine ganzheitliche Entfaltung und für einen aktiven Beitrag zum Gemeinwohl braucht.

All dies geschieht nicht von selbst. Es verlangt eine gemeinsame Vision, beständige Hingabe und vor allem ein festes Bündnis zwischen den Ehepartnern, aus dem ein gemeinsames Lebensprojekt entsteht.

Von den ersten Lebensjahren an wirkt die Familie als erste und einflussreichste Schule der Persönlichkeitsbildung. Im Schoß des Hauses lernen Menschen, sich zu sich selbst, zu anderen und zur sie umgebenden Welt zu verhalten. Nicht umsonst haben die wichtigsten Werte für ein gerechtes und harmonisches Zusammenleben – Empathie, Verantwortung, Geduld oder Solidarität – ihren Ursprung in den alltäglichen Dynamiken des Familienlebens.

Das vertraute Zuhause bietet eine bedingungslose Zugehörigkeit

In der Familie lernt man, nachzugeben, zu verzeihen, zu warten und zu kooperieren. Man lehrt durch Gesten, durch Worte und vor allem durch das Beispiel. Gefühle finden einen sicheren Raum, um sich auszudrücken, geordnet und verstanden zu werden; das trägt zu einer soliden und dauerhaften emotionalen Intelligenz bei.

Auch das moralische Urteil bildet sich in diesem fortwährenden Dialog zwischen Normen und Zuneigung, zwischen Grenzen und Herzlichkeit aus. So können Kinder den Sinn des Gemeinwohls und den Wert der Gerechtigkeit verinnerlichen.

Die Familie ist zudem ein Raum bedingungsloser Liebe. In einem sozialen Umfeld, in dem persönlicher Wert oft an Leistung oder Erscheinung gemessen wird, bietet das Zuhause eine unbedingte Zugehörigkeit: Jedes Mitglied wird geliebt, weil es ist, was es ist – nicht wegen dessen, was es hat oder produziert. Diese Erfahrung ist das Fundament einer wirklich inklusiven Gesellschaft: Wer mit Würde und Respekt angesehen wurde, kann im Anderen dieselbe Würde entdecken.

Die Familie lebt neu auf als Raum für Identität, Zuneigung und geteilte Werte.

Und all dies beginnt mit einem Mann und einer Frau, die entscheiden, ein gemeinsames Projekt zu bauen, in dem sie nach und nach ihre beste Version in den verschiedenen Bereichen ihres Lebens entwickeln (als Eheleute, Eltern, Berufstätige, Freunde usw.). Die eheliche Mission ist die tragende Achse dieses Familienprojekts und ein wirksames Instrument zum Aufbau solider und fruchtbarer Häuser – Bezugspunkt und Basis der Gesellschaft, die wir wollen.

Denn nur aus starken, engagierten und tief menschlichen Familien heraus kann eine prosperierende und wirklich kohäsive Gesellschaft entstehen. Gegen Individualismus und Fragmentierung lebt die Familie neu auf als Raum von Identität, Zuneigung und geteilten Werten.

Wenn wir von Familie als gemeinsamem Projekt und von ehelicher Mission sprechen, sprechen wir von einer freien und bewussten Verpflichtung, ein Leben aufzubauen, das nicht beim Individuellen stehen bleibt, sondern im Geteilten verankert ist. In diesem Sinn ist Vereinbarkeit kein „Zusatz", den man irgendwie organisiert, sondern ein zentrales Element des ehelichen Paktes.

Nur wenn man anerkennt, dass Arbeit, Erziehung, Sorge und die Träume jedes Ehepartners Zeit und Aufmerksamkeit verdienen, kann ein wirklich integriertes Familienleben entstehen.

Die Vereinbarkeit von Berufs-, Privat- und Familienleben gilt als eine der großen Herausforderungen des 21. Jahrhunderts. Häufig wurde Vereinbarkeit als Verzicht verstanden – besonders im Fall der Frau: Verzicht auf berufliche Ambitionen, um sorgen zu können; Verzicht auf persönliche Zeit, um begleiten zu können. Diese Lesart ist jedoch unvollständig und verarmt die Wirklichkeit.

Vereinbarkeit sollte nicht als Subtraktion gelebt werden, sondern als Addition: als Chance, Ziele auszurichten, gemeinsam zu bauen und einem geteilten Leben Kohärenz zu geben. Familie und Arbeit sind keine Feinde. Darum sprechen wir nicht von „Vereinbaren" (Gegensätze miteinander in Einklang bringen), sondern von der Integration von Arbeit und Familie in eine einzige Lebenslinie, in der verschiedene Bereiche miteinander verwoben sind.

Was man in einem Bereich lernt, bedeutet eine Bereicherung (oder Verarmung) für Entscheidungen in den anderen Lebensbereichen.

Vereinbarkeit ist nicht mehr ein individuelles Problem, sondern wird zu einer relationalen Mission, in der beide Ehepartner eine gemeinsame Erzählung aufbauen.

Dieser Ansatz verlangt von den Ehepartnern, eine geteilte Agenda zu kultivieren. Es geht nicht nur darum, Zeiten „unter einen Hut zu bringen", sondern darum, ein gemeinsames Leben zu entwerfen: planen, priorisieren, Aufgaben neu verteilen und vor allem Entscheidungen aus dem „Wir" herauszutreffen.

Eine geteilte Agenda wird im Laufe der Zeit zu einem Schlüsselwerkzeug für gegenseitigen Respekt, gemeinsame Verantwortung und Nachhaltigkeit in der Familie. Sie bedeutet, strategisch darüber nachzudenken, wie sich jeder Ehepartner beruflich, emotional und geistlich entfalten kann, ohne dass dies für den anderen Ehepartner ein unmögliches Opfer darstellt.

Aus dieser Perspektive wird Vereinbarkeit zu einer relationalen Mission, in der beide Ehepartner eine gemeinsame Erzählung konstruieren, getragen von Verpflichtung, gegenseitiger Bewunderung und langfristiger Perspektive. Aus diesem Bündnis entstehen nicht nur ausgeglichenere Familien, sondern auch engagiertere Bürger, motiviertere Mitarbeiter und kohäsivere Gemeinschaften.

Letztlich gilt: Wenn das Ehepaar lernt, mit Großzügigkeit und Weitblick zu integrieren, baut es etwas deutlich Tieferes als eine funktionierende Agenda – es baut ein unersetzliches Vermächtnis.

Welche Hindernisse sind zu überwinden?

Zunächst muss jeder Ehepartner in der Lage sein, alle Facetten seines Lebens gemäß den eigenen Prioritäten in seine Agenda zu integrieren. Dafür braucht es zwei vorausgehende Schritte:

Wer bin ich? Werte, Gegenwerte, Kompetenzen, Inkompetenzen, Wurzeln usw., damit er – mit besserer Kenntnis seines Potentials –

seine einzigartige, unverwechselbare persönliche Mission entdecken kann, die sich in verschiedenen Rollen entfaltet.

Ein weiteres großes Thema, das zu unterstreichen ist, ist der biologische und psychologische Unterschied zwischen Mann und Frau.

Ein weiteres großes Thema ist der biologische und psychologische Unterschied zwischen Mann und Frau: zwei Weisen, Person zu sein, die im Mutterleib beginnen. In den ersten Wochen ist der Embryo in ein Hormonbad eingetaucht, das ein männliches oder weibliches Gehirn formt – innerhalb eines menschlichen Körpers, dessen Zellen durchgängig XX oder XY sind.

Der Balken (Corpus callosum) zwischen den beiden Gehirnhemisphären hat beim Mann 2,5 Millionen Zellen; bei der Frau 7,5 Millionen. Das bedeutet dreimal mehr neuronale Synapsen bei der Frau, also Verbindungen zwischen der rationalen und der emotionalen Hemisphäre – mit allem, was das für die „Linse" bedeutet, durch die wir die Welt sehen und folglich Entscheidungen treffen.

Einige männliche Merkmale: Wettbewerbsorientierung, Aggressivität, Unabhängigkeit, kurzfristig orientierte Rationalität, Ungeduld, Handlungsfokus. Einige weibliche Merkmale: Kooperation, Assertivität, Empathie, Interdependenz, Intuition, Personenorientierung, Antizipation langfristiger Konsequenzen.

Professor Michael Hunter von der University of Sheffield stellte mittels Magnetresonanztomographie fest, dass die weibliche Stimme im männlichen Gehirn Erschöpfung auslösen kann, weil sie komplexere Tonlagen aufweist als die männliche Stimme und beim Mann den gesamten auditiven Bereich des Gehirns beansprucht. Wie viele Klagen von Frauen, die sich nicht gehört fühlen, obwohl Männer sich lediglich aus rein physiologischen Gründen „abschalten"?

Jeder Ehepartner hat seine Biorhythmen, Persönlichkeit, Kultur, Ambitionen, Träume, Arbeitsbelastung.

Man muss wissen, dass man mit diesen biologisch begründeten Unterschieden beginnt und dass anschließend die Kultivierung bestimmter Tugenden erfolgt. Unterschiede anzunehmen, wertzuschätzen und ihre Komplementarität zu erkennen, führt zu einer synergetischen Führung, in der 1+1 nicht 2 ist, sondern 22 sein kann – wenn Mann und Frau beginnen, gemeinsam Hand in Hand zu arbeiten, sowohl in der Familie als auch im Unternehmen.

Warum gibt es Ehekrisen? Einige Ursachen:

- Mangel an Reflexion und Analyse als Paar
- Fehlen eines gemeinsamen Projekts
- Fehlen gemeinsamer Prioritäten
- Machtkampf: „Ich gewinne, du verlierst"
- Das Syndrom „Morgen mache ich es"
- Das Zuhause nicht wertschätzen
- Schuldgefühle (vor allem bei der Frau, sowohl wenn sie außer Haus arbeitet als auch wenn sie zu Hause ist)

Es ist wichtig zu entscheiden, welche Art von Paar man sein will, im Bewusstsein, dass die Realität sich in unterschiedlichen Lebensphasen verändert und dass man stets neu prüfen muss, was für jede Familie und jedes ihrer Mitglieder am besten ist:

- **Etablierte**: Jeder arbeitet in einem anderen Bereich (Arbeit oder Familie).
- **Verbündete**: Beide arbeiten außer Haus, aber ohne große Anforderungen im Zuhause.
- **Gegnerische**: Beide setzen den Schwerpunkt auf den beruflichen Bereich, und jeder erwartet, dass der andere sich um das Zuhause kümmert.
- **Balancierende**: Schwerpunkt auf beiden Bereichen. Beide sind innerhalb und außerhalb des Hauses und tun, was sie können, so gut wie möglich.

All diese Unterschiede – zusammen mit den biologischen Unterschieden und der Asynchronität beruflicher Laufbahnen – erfordern fortwährende Kommunikation, Anpassung, Synchronisierung und Verpflichtung.

Dazu ist es wichtig, folgende Fähigkeiten zu entwickeln: Kommunikation, Assertivität, Geduld, Empathie, Win-win-Denken, Kreativität im Umgang mit Problemen (statt Dilemmata), Flexibilität im Geben und Nehmen, Managementinstrumente im Haushalt anwenden und vor allem die Entscheidungskriterien des anderen in die eigenen Entscheidungen einbeziehen.

Der Erfolg einer Ehe besteht darin, gemeinsam mit Freude in den Himmel zu gelangen.

Man darf nie vergessen: Ehe bedeutet, eine Person ein Leben lang zu schätzen. Es bedeutet, Willen und Überzeugung einzusetzen, um mit einer Liebe zu lieben, die uns übersteigt. Pep Borrell (Anmerkung des Herausgebers: ebenfalls Co-Autor in diesem Buch) gibt den Verlobten drei Ratschläge: viel sprechen, zusammen beten und sich wenig berühren; außerdem authentisch sein und nicht darstellen, was man nicht ist. Er sagt auch, dass man vor der Ehe unbedingt über fünf Themen sprechen muss: die Großfamilie (Schwiegereltern, Schwäger usw.), den Glauben und die Überzeugungen, Kinder und ihre Erziehung, die Arbeit innerhalb und außerhalb des Hauses sowie das Geld.

Prof. Nuria Chinchilla Albiol

Mehr Info über die Autorin über den QR-Code:
https://familyvalued.org/nuria-chinchilla-albiol/

Reflexionsfragen

Warum ist es gemäß diesem Text grundlegend, Berufs- und Familienleben zu integrieren, statt lediglich „zu vereinbaren"?

Welche Rolle spielen die biologischen und psychologischen Unterschiede zwischen Mann und Frau beim Aufbau einer synergetischen Führung im Zuhause und am Arbeitsplatz?

Welche zentralen Hindernisse stehen Paaren beim Aufbau eines gemeinsamen Projekts im Weg und wie können sie überwunden werden?

Deine Notizen, Kommentare und Vorsätze

**Weitere Artikel über
Vereinbarkeit von Familie und Beruf**

Isabel Gimeno Hernández

Beraterin für persönliche und familiäre Fragen
Spanien

Vorschläge für ein glückliches Leben zu sein

Zusammenfassung

Wahre Glückseligkeit findet sich nicht im Äußeren, sondern in Selbsterkenntnis und innerer Arbeit. Nur wer sich kennt und annimmt, kann wirklich lieben und gesunde Beziehungen aufbauen. Familie und Ehe gedeihen, wenn man den jeweils anderen priorisiert und deren Freiheit respektiert. Tiefes Glück entsteht aus einer gut integrierten Identität und einem barmherzigen Blick auf sich selbst und auf die anderen. Zeit für das eigene Herz ist der erste Schritt zu einem erfüllten und authentischen Leben.

Artikel

Lieber Leser, ich möchte dir eine Frage stellen, die du dir vielleicht schon lange nicht mehr gestellt hast: Willst du GLÜCKLICH sein? Und, ohne dich bedrängen zu wollen: Bist du glücklich? Mit Großbuchstaben oder mit Kleinbuchstaben?

Wer würde auf diese Fragen negativ antworten? Ich glaube: niemand. Aber nun kommt die goldene Frage: Was ist Glück? Und die Silberne: Was muss man tun, um glücklich zu sein?

Die Gesellschaft, in der wir leben, möchte uns glauben machen, dass das Ziel unseres Lebens eine gute Stelle, viel Geld zu verdienen, Prestige und Anerkennung zu haben und die Welt zu bereisen sei. Kommt dir das bekannt vor? Ständig spricht man von den äußeren Schichten der Zwiebel: lauter Oberflächlichkeiten, vieles davon ziemlich leer. Auch wenn sie uns einen Moment lang flüchtiger Zufriedenheit geben,

hinterlassen sie doch ein verheerendes Gefühl der Leere. Nichts davon erzeugt einen dauerhaften Zustand; man bietet uns ein Glück mit Verfallsdatum an.

All dies richtet die Aufmerksamkeit des Menschen auf Dinge außerhalb seiner selbst: auf die äußeren Schichten der Zwiebel, auf das, was ihn umgibt.

In unserem Herzen wohnt die echte Identität jedes Menschen.

Doch GLÜCK ist ein verborgener Schatz. Es ist nichts Unmittelbares; man muss es suchen und verfolgen. Es kostet Mühe und erfordert persönliche Arbeit. Volles und dauerhaftes GLÜCK – mit Großbuchstaben – liegt verborgen in den inneren Schichten der Zwiebel, im Zentrum der „Maschinerie", die jeden Menschen in allen Aspekten und Dimensionen seines Lebens bewegt. Ich meine – wie könnte es anders sein – das HERZ.

Die Menschen sind nicht so glücklich, wie sie es gerne wären oder sein könnten.

In unserem Herzen wohnt die echte Identität jedes Einzelnen. Und wie entdeckt man, was man im Herzen trägt? Durch Selbsterkenntnis (Ausgangspunkt) und Selbstentdeckung (Zielpunkt). Je größer Selbsterkenntnis und Selbstentdeckung sind, desto klarer wird der Weg, den man gehen muss und gehen will, um diesen ersehnten Schatz zu finden: das GLÜCK.

Nach mehr als zehn Jahren Berufserfahrung als Architektin, „Direktorin für Glück" sowie als Beraterin für persönliche und familiäre Fragen – und angesichts meiner akademischen Spezialisierung auf „die Person" – habe ich erkannt: Die Menschen sind nicht so glücklich, wie sie gerne wären oder sein könnten. Die Hauptursache ist ein Mangel an Selbsterkenntnis und an der Fähigkeit, zu erkennen, was sie wirklich glücklich macht. Das führt zu schlechten Lebensentscheidungen und schließlich auf einen selbstzerstörerischen Weg.

Erst wenn wir diesen Weg der Selbsterkenntnis und Selbstentdeckung einschlagen, finden wir unser eigenes Glück.

Wie mir der Pädagoge Juanjo Javaloyes und der Bildungsberater José Antonio Alcázar vermittelt haben, besteht die personale Identität aus drei konstitutiven Prinzipien, die das Wer bin ich als Mann oder als Frau ausmachen:

- das Prinzip, das uns als einzigartig und unverwechselbar bestimmt,
- das Prinzip, das uns als soziale Wesen zeigt, offen für die Welt und die anderen,
- und das Prinzip, das darauf hindeutet, dass wir einen Ursprung haben, aus dem wir stammen.

Diese konstitutiven Prinzipien integrieren sich mit den Dimensionen, die sich in unserem Leben zeigen, dem „Wie bin ich": die körperliche Dimension, die affektive Dimension (Emotionen, Leidenschaften und Gefühle), die intellektuelle Dimension (die Intelligenz, mit der wir die Wahrheit entdecken) und die volitive Dimension (die Freiheit, mit der wir das Gute erkennen).

Wenn diese Begriffe klar sind, haben wir eine treffendere Vorstellung davon, wie der Mensch aufgebaut ist. Dann bleibt „nur" noch, in die eigene innere Welt einzutreten, um seine Eigenschaften kennenzulernen (Gegenwart) und zugleich die eigenen Motivationen und Wünsche zu entdecken (Zukunft). Das ist eine harte und komplexe Arbeit – mit einem großen Preis: GLÜCK.

Und erst wenn wir diesen Weg der Selbsterkenntnis und Selbstentdeckung einschlagen, finden wir unser eigenes Glück – und nicht nur unseres: Wir schenken es auch den anderen. Dem Freund, dem Ehepartner, dem Kind, dem Freund, dem Arbeitskollegen … allen.

Das Verständnis der menschlichen Natur, ihrer Bestandteile und Dimensionen hilft uns, uns selbst zu verstehen.

Und in der Familie: Wie kann man glücklich sein, wenn so viele Menschen etwas von uns brauchen? Hier kommt eine weitere notwendige Eigenschaft ins Spiel, damit GLÜCK mit Großbuchstaben geschrieben wird: die Freiheit.

Hattest du jemals Streit mit deinem Ehepartner? Gab es zerstörerische Gespräche? Hast du schon Tage in Stille und „allein" verbracht, obwohl du „begleitet" gelebt hast? Wenn du eine dieser Fragen bejaht hast, solltest du dich vielleicht fragen, ob du dich selbst annimmst und den anderen so annimmst, wie er ist; ob du ihn so liebst, wie

er ist; ob du seine FREIHEIT respektierst – oder ob du wünschst, dass er dir immer ähnlicher wird.

Kurz: Vieles entspringt einem Mangel an Kenntnis des eigenen Herzens, der Wunden, die wir haben, die uns konditionieren und unseren Blick trüben. Wir sehen den Ehepartner nicht mit klarem und barmherzigem Blick. Wir sehen nur das Schlechte im Anderen und nicht die Wunden unseres Herzens, die der Ausgangspunkt der Zerstörung der eigenen Ehe sind.

Das Verständnis der menschlichen Natur, ihrer konstitutiven Elemente und Dimensionen, ermöglicht uns, uns selbst und die anderen zu verstehen; uns zu verstehen und einander zu entschuldigen. Letztlich fördert es unsere Fähigkeit, jeden so zu lieben, wie er ist – mit seinen Fehlern und Tugenden –, in Freiheit.

Die erste Priorität der Ehepartner darf nicht die Kinderschar sein, sondern „der andere".

Ein Mensch, der liebt (mit GROSSBUCHSTABEN), schafft eine Atmosphäre, in der jeder gerne ist, weil er sich geschätzt, verstanden und respektiert fühlt – in seinen Tugenden und Fehlern; er fühlt sich nicht verurteilt. Dieses von allen so sehr gewünschte Klima „macht Familie" und ist die ideale Grundlage, auf der Kinder glücklich aufwachsen können. Die Eltern tragen dafür die Verantwortung.

Damit dies möglich ist, darf die Priorität der Ehepartner nicht die Kinderschar sein, sondern „der andere": derjenige, mit dem man sein Lebensprojekt begonnen hat. Der Fokus liegt darauf, die Liebe aufzubauen und sie täglich wachsen zu lassen. So entsteht ein lebendiges Bild der Liebe (mit GROSSBUCHSTABEN), das für die Kinder ein Lebensbeispiel ist und sie erzieht, ohne dass man es überhaupt beabsichtigt. Glückliche Kinder sind ein Spiegel glücklicher Eltern.

Selbsterkenntnis hilft, mit sich selbst glücklich zu sein – und zugleich mit den anderen. Diese Freude hilft, gute, konstruktive Beziehungen zu pflegen; und gute Beziehungen helfen, Familie aufzubauen.

Das erstreckt sich auf alle Lebensbereiche. Im beruflichen Feld etwa ermöglicht Selbsterkenntnis, die Kollegen besser kennenzulernen und jeden so zu lieben, wie er ist. Wer bei der Arbeit glücklich ist, strahlt es aus und steckt andere an. Wie viele Menschen kennt man am eigenen Arbeitsplatz, die nicht grüßen, ernst sind, keine

Gespräche beginnen, nur auf ihre Aufgaben fokussiert sind und nicht auf die Kollegen? Sind wir selbst einer von ihnen?

Wir können und sollen immer glücklich sein, denn wir haben in jedem Moment das, was wir brauchen – auch wenn es uns schwerfällt, das zu glauben.

Offenkundig ist, wie notwendig eine Veränderung ist: das eigene Leben und Umfeld zu einem angenehmen Ort zu machen, an dem man leben und glücklich sein kann. Es geht nicht darum, die Realität mit ihren Leiden und Schwierigkeiten zu leugnen, sondern – ausgehend von Selbsterkenntnis – die Dinge und Personen, die uns im Alltag begegnen, bestmöglich zu handhaben: stets die positive Seite zu sehen und das Gute aus dem Leben herauszuholen.

Wenn Dinge kommen, dann, weil wir sie brauchen; wenn sie nicht kommen, dann zu unserem Besten; und wenn man uns etwas warten lässt, dann, weil wir noch nicht bereit sind.

Wir können und sollen immer glücklich sein, denn wir haben in jedem Moment das, was wir brauchen – auch wenn es uns schwerfällt, das zu glauben. Am Ende sind wir aus Liebe geschaffen, um zu lieben und geliebt zu werden. Doch man kann nicht lieben, was man nicht kennt – angefangen bei sich selbst.

Wenn Selbsterkenntnis und Selbstentdeckung gelingen, erreicht man das volle Glück, mit Großbuchstaben: jenes, das bleibt, jenes, das alle irgendwann im Leben erreichen wollen.

Einen Rat gebe ich dir: Nimm dir Zeit von guter Qualität, mach dich selbst zu einer Priorität. **Dein Herz ist das Erste, das du pflegen musst, um glücklich zu sein.**

Isabel Gimeno Hernández

Mehr Info über die Autorin über den QR-Code:
https://familyvalued.org/isabel-gimeno-hernandez/

Reflexionsfragen

Warum sind Selbsterkenntnis und Selbstentdeckung laut dem Text grundlegend, um volles Glück zu erreichen?

Wie beeinflussen Respekt vor der Freiheit und die Annahme des anderen den Aufbau gesunder Beziehungen in Familie und Ehe?

Welche Rolle spielt die Priorität der Ehepartner für das Glück der Kinder und den Aufbau eines gesunden Familienklimas?

Deine Notizen, Kommentare und Vorsätze

Weitere Artikel über
Vereinbarkeit von Familie und Beruf

Weitere Artikel über Vereinbarkeit

Betreuungsinfrastruktur: ein Schlüssel zur Vereinbarkeit von Familie und Beruf

Vereinbarkeit von Familie und Beruf: Praktische Strategien für den Alltag

Harmonische Vereinbarkeit von Familie und Beruf: auf dem Weg zu einer harmonischen Integration

Zusammenfassung des Kapitels
„Vereinbarkeit von Familie und Beruf"

Die Inhalte betonen die zentrale Rolle der Familie als Fundament einer humanen und nachhaltigen Gesellschaft, in der Werte wie Empathie, Verantwortung und Kooperation vermittelt werden. Wahres Glück entsteht nicht durch äußere Erfolge wie Karriere oder Reichtum, sondern durch tiefe Selbsterkenntnis, Selbstentdeckung und die Integration von Berufs- und Privatleben in ein gemeinsames Projekt. Dies erfordert, dass Ehepartner ihre Unterschiede – biologisch, psychologisch und persönlich – als komplementär anerkennen, eine geteilte Agenda pflegen und Prioritäten setzen, die die Freiheit und Würde des jeweils anderen respektieren. Hindernisse wie mangelnde Reflexion, Machtkämpfe oder Schuldgefühle lassen sich durch Kommunikation, Assertivität und langfristige Vision überwinden, um stabile Beziehungen aufzubauen. Letztlich führt dies zu einer synergetischen Führung im Alltag, die nicht nur die Familie stärkt, sondern auch zu engagierteren Bürgern und kohäsiveren Gemeinschaften beiträgt, wobei das Herz als Ausgangspunkt für authentische Liebe und Zufriedenheit dient.

8 Praktische Hinweise für Familien

Rosa Pich
Autorin und Mutter
Spanien

Wie kann man mit 1, 2, 3 Kindern glücklich sein?

Zusammenfassung

Der Titel dieses Artikels ist zugleich der eines Buchs, das ich vor einigen Jahren geschrieben habe. Dieses entstand aus dem Wunsch, anderen meine Erfahrung als Mutter einer kinderreichen Familie mitzuteilen. Jahrelang wurde ich gefragt: „Wie schaffst Du alles Rosa?" Dann entschloss ich mich, meine Erfahrungen und Methoden zusammenzufassen, damit viele Familien davon profitieren können. Man darf hier keine revolutionierenden Methoden erwarten. Wir schildern nur unser Familienleben, wie wir es gestalten, wie wir unsere täglichen Herausforderungen meistern. Der Verlust von drei Kindern hat uns enger rücken und reifen lassen. Der Glaube war dabei die tragende Kraft. Wenn mich die Leute nach meinem Geheimnis fragen, antworte ich ganz einfach: Mein tiefer Glaube an Gott.

Artikel

In diesem Artikel möchte ich in wenigen Seiten skizzieren, wie wir das gemeinsame Leben in unserer Familie gestalten. Es handelt sich um eine kinderreiche Familie im 21. Jahrhundert, wohnhaft in einer Großstadt Kataloniens in Spanien. Sowohl mein Mann als auch ich entstammen großen Familien, sodass wir bereits über

Erfahrungswerte verfügten. Die Basis für diesen Artikel bildet das Buch (mit demselben Titel), das ich vor einigen Jahren geschrieben habe.

Das gemeinsame Essen

Das Mittagessen ist das wichtigste Treffen des Tages. Die Gelegenheit, bei der jeder aus der Familie seine Erfahrungen und persönlichen Anekdoten in einer warmen und angenehmen Atmosphäre erzählen kann. In großen Familien sind die täglichen Mahlzeiten in der Regel einfach, weil Eltern, die außer Haus arbeiten, nicht viel Zeit fürs Kochen haben. Relevanter als das Essen sind die Gespräche am Tisch. Es ist wichtig, ein aktuelles Thema auf den Tisch zu bringen, Kinder aufzuklären und ihnen Kriterien zu geben; auch um zu verstehen, was die Kinder denken, ihnen beizubringen, ob etwas richtig oder falsch ist, und letztlich, um Lösungen für Probleme zu finden.

In unserer Familie lachen wir viel bei diesen Treffen, weil alle lustige Anekdoten erzählen können. Zu Hause haben wir beim Essen ein Motto: *Bediene die Person neben dir.* Wenn sie mehr Wasser will, wenn sie Brot haben will, wenn ihr die Serviette fehlt oder wenn sie mehr essen will usw. Kinder müssen im Übrigen lernen, alles zu essen, was auf den Tisch kommt; und wir bemühen uns, sie dazu zu bringen, ein wenig von dem zu nehmen, was ihnen weniger schmeckt.

Teamwork in der Familie

In unserem Haus bilden wir alle ein Team und helfen uns gegenseitig. Wir kennen uns sehr gut, auch unsere Schwächen und Stärken. Alle in der Familie haben einen Jahresentwicklungsplan. Dieser hängt an der Küchenwand. Mama muss sich z.B. im folgenden Punkt verbessern: *„Papa nicht herumzukommandieren".* Mein Mann sagt mir, ich habe schon genug Kinder, um ihm Anweisungen zu geben. Ich kann ihn ruhig aussparen. Zu Beginn des Schuljahres trifft sich die ganze Familie und wir verteilen gemeinsam die Aufträge für den Haushalt: Tisch decken, Tisch abräumen usw. Die Kinder erledigen die Aufträge zu zweit: Ein Älterer kümmert sich um einen Kleinen. So lernen sie von klein auf, den Haushalt als ihren eigenen zu empfinden. Das Bettmachen ist z.B. ab dem Alter von zwei Jahren möglich, wenn es ihnen beigebracht wird.

Schule-Kinder-Eltern

Und jetzt eröffnen wir das Kapitel Schule. Wir versuchen, uns im Laufe des Quartals einmal mit den Lehrern jedes Kindes zu treffen. Das Erste, worüber wir sprechen, sind nicht die Noten, sondern das Verhalten unserer Kinder, sowohl in der Klasse als auch mit ihren Mitschülern. Wir erwarten von unseren Kindern, dass sie sich um alle Mitschüler kümmern. In unserer Familie wissen unsere Kinder, dass ihre größte Verantwortung darin besteht, zu lernen, und dass wir jeden gemäß seinen Fähigkeiten bewerten. Als Eltern haben wir die Verantwortung, die tatsächlichen Fähigkeiten jedes Kindes zu kennen. Unsere Wunschvorstellungen sind irrelevant.

Erziehung der Kinder

Im Laufe der Jahre haben wir bei der Kindererziehung eine Menge Erfahrung gesammelt, die wir hier komprimiert wiedergeben möchten. Wie wir oben gesagt haben, sind die Älteren Mentoren für die Jüngeren. Aber die endgültige Verantwortung für die Erziehung der Kinder liegt bei den Eltern. Erziehen kann aber nicht jeder. Eltern nehmen sich in der Regel kaum Zeit, um Erziehungsmethoden zu lernen, und dadurch bessere Eltern und Freunde ihrer Kinder zu werden. Wie mir scheint, müssen wir immer ein NEIN für unsere Kinder parat haben, auch wenn sie dann manchmal weinen.

Die Menschen sind wert, was sie sind, nicht was sie haben!

Kinder stellen uns ständig auf die Probe und erwarten von uns, dass wir ihnen Grenzen setzen. Sie wollen, dass es – wenn Papa nein sagt – beim Nein bleibt und nicht, dass wir unsere Meinung ändern, wenn sich das Kind bei Mama ausweint.
Manchmal ziehen es müde Mütter vor, dem Kind Süßigkeiten zu geben, damit es ruhig bleibt. Damit erweisen sie ihm einen Bärendienst. Kinder müssen ein Nein einmal und immer wieder hören. Und wir dürfen in der Regel unsere Meinung aufgrund eines Wutanfalls des Kindes nicht ändern. Ein gutes Rezept für jede Ehe und jede Familie ist Humor; und zwar über Fehler und Marotten zu lachen. Und neben dem Humor gehört auch, sich gegenseitig zu vergeben – wenn es nötig ist.

Auch fürs Thema Geld habe ich einige Ratschläge parat: Wir müssen die Kinder sehr knapp bei Kasse halten. Mir ist zu Ohren gekommen, dass Eltern ihren Kindern zu viel Geld zur Verfügung stellen. Damit erweisen sie ihnen einen Bärendienst. Moderne Elektronik erleichtert die Kommunikation mit den Kindern. Sie birgt jedoch gravierende Risiken: Inaktive Kinder, die den Tag vor dem Fernseher verbringen oder Videospiele spielen, sind oft schlaff und reizbar. Den Kindern müssen Grenzen gesetzt werden. Es lassen sich drei Kategorien von erlaubten bzw. nicht erlaubte Themen aufzählen: Einige sind für alle erlaubt, andere nur ab einem bestimmten Alter; und zuletzt die dritte Kategorie: für alle verboten, wie z.B. zu Hause rauchen. Die Strafe, die wir unseren Kindern auferlegen, muss ausgewogen und wohlüberlegt sein. Gerade hier zeigt sich ein harmonisches Einandergreifen zwischen Liebe und Erziehungseffekt. In manchen Familien existieren kaum Leitplanken. Wem alles erlaubt wird, ist aus meiner Sicht arm dran.

Und wenn wir von Bestrafung sprechen, darf Lob nicht fehlen. Zu Hause gratulieren wir den Kindern, wenn sie Großartiges geleistet haben. Aber nur dann. Loben ohne Grundlage – wie es in einigen Familien der Fall ist – irritiert die Kinder und schadet ihrer Erziehung. Kinder verhalten sich oft anders, als wir uns wünschen. Das kann u. U. zu stressigen Situationen führen. Manche Mütter neigen in solchen Fällen zur Hysterie. Mein Rat: Ein dickes Fell anlegen und kein großes Ding daraus machen. Klar, nicht jeder kann das. Aber versuchen, sollten wir es.

Paarbeziehung

Die Paarbeziehung bildet das Fundament der Familie. Hier einige Worte dazu. Ich verstehe manche Freundinnen nicht, die mir im Gespräch sagen: *„Ich liebe meinen Mann sehr, aber die, die ich wirklich liebe, sind meine Kinder."* Kommunikation in der Ehe ist grundlegend. Das bestätigen alle Paarberater und Psychologen. Daher gehen wir manchmal aus dem Haus, um uns ungestört aussprechen zu können. Manchmal stehen einfache Themen auf der Tagesordnung, andere Male liegen die Meinungen weit auseinander. Hier sind Ruhe und Zeit erforderlich. Eine goldene Regel heißt hier, niemals vor den Kindern streiten. Den Kindern ist bewusst, dass wir unterschiedliche Prioritäten und Vorlieben haben, aber Streit vor den Kindern ist ein No-Go.

Zur Paarbeziehung gehört auch das Eheleben. Man kann weder ein harter Arbeiter noch ein großartiger Vater für seine Kinder sein und sich nicht um das Eheleben kümmern.

Wir dürfen den sexuellen Aspekt in der Ehe nicht vernachlässigen. Viele Eheprobleme wären gelöst, wenn wir im Bett bereitwilliger und proaktiver wären. Man heiratet nicht nur einen Mann oder eine Frau, sondern eine ganze Familie: Schwiegereltern, Schwager und Schwägerinnen. Ich achte darauf, deren Verhalten nicht direkt zu tadeln oder zu kommentieren. Wenn ein Kommentar nötig sein sollte, dann tut das mein Mann, nicht ich. Und zugute Letzt das Thema der Pflege des Äußeren. Mein Vater riet mir: "*Rosa, du musst auf dich aufpassen.*" Früher hatte ich das heruntergespielt, weil ich dieses Thema in die Schublade des Hedonismus gesteckt hatte. Später verstand ich, dass er recht hatte.

Kinder als Geschenk sehen

Im 21. Jahrhundert denken viele, dass Kinder eine Last sind. In der Antike wie auch heute und immer sind Kinder ein unheimliches Geschenk. Leider sehen es einige nicht so. Sie sehen in ihnen eine Art Versklavung und, obendrein, die Kinder verursachen immense Kosten.

Im 21. Jahrhundert denken viele, dass Kinder eine Last sind.

Aber das Gegenteil ist der Fall. Kinder helfen uns, glücklich zu sein, aus uns herauszukommen und uns mit Freude anderen hinzugeben. Freunde fragen mich, wie viele Kinder wir haben sollten. Mein Rat: „*Je mehr man liebt, desto glücklicher ist man.*" Die Zahl muss jedes Ehepaar für sich festlegen. Ich gebe dazu keinen Rat. Unsere Gesetze werden von Menschen gemacht. Diese sind jedoch nicht bindend, wenn sie gegen die menschliche Natur und den gesunden Menschenverstand verstoßen. Jeder weiß, dass das Töten eines Kindes das Schlimmste ist, was man im Leben tun kann. Nach meinem Verständnis geben wir das Leben weiter, weil wir offen dafür sind. Mit diesem Gedankengut bin ich aufgewachsen und so denken wir in unserer Familie heute.

Mein Geheimnis

Wir kommen zum Ende. Ich werde immer gefragt, wie ich neben einem Haushalt mit so vielen Kindern noch Zeit für die Arbeit und vieles mehr finde. Meine Antwort ist sehr einfach: Gott. Gott als Vater zu sehen, als Freund. Die Beziehung zu Gott ist die Quelle, aus der ich meine Kraft, meine Inspiration und meine Ruhe schöpfe. Ich würde mich freuen, wenn auch meine Kinder eine direkte Beziehung zu Gott entwickeln würden. Unser Prinzip dabei heißt: Freiheit. Bei uns zu Hause ist das Gebet nicht obligatorisch, weil wir die Freiheit unserer Kinder respektieren. Wir erklären ihnen aber, dass es uns hilft, bessere Menschen zu sein – menschlicher.

Fazit: Mein Geheimnis ist meine Beziehung zu Gott.

Rosa Pich

Mehr Info über die Autorin über den QR-Code:
https://familyvalued.org/rosa-pich/

Reflexionsfragen

Wie beeinflussen laut dem Text die Familienorganisation und die Teamarbeit die Dynamik einer kinderreichen Familie?

Warum ist es wichtig, innerhalb der Familie die Ehe als Beziehung zwischen Ehepartnern zu priorisieren und welche Auswirkungen hat dies auf die Kinder?

Welche Rolle spielen nach Ansicht der Autorin Glaube und Spiritualität im Familienleben und in der Fähigkeit, die täglichen Herausforderungen zu bewältigen?

Deine Notizen, Kommentare und Vorsätze

Gabriel Mimler

Familienvater

Rumänien

Vertrauen und Entfaltungsfreiräume – Kernwerte unserer Familie

Zusammenfassung

Freiräume, Vertrauen, einander dienen. Das sind einige der Kernwerte unserer Familie. Wir haben uns bewusst dafür entschieden, mit unseren Kindern auf dem Land zu leben. Hier können sich die Kinder besser entfalten als in der Stadt: mehr Freiräume, näher an der Natur, an den Tieren. Mit unserer Familie beleben wir die Schule, die Kirchengemeinde. Wir leisten damit einen Beitrag zur Gesellschaft. Und dies ist unser klares Ansinnen.

Interview

Anhand von sieben Fragen möchten wir in wenigen Zeilen ein Familienkonzept präsentieren. Darin legen wir die positiven Aspekte eines ländlichen Lebens für die Entwicklung der Kinder dar. Im Zeitalter der Tendenz zur Verstädterung ist das Konzept eine Art Gegenentwurf, der vielerlei Vorteile bietet. Damit liefern wir einen Denkanstoß für alle, die sich Gedanken über neue Wege für die Familienorganisation machen.

Der Text entstand aus einer Transkription des Interviews mit Gabriel Mimler. Dieses wurde am 14.5.2025 mit der Redaktion von FamilyValued e. V. durchgeführt.

FamilyValued.org: Jede Familie ist etwas Besonderes. Wie würdest Du Deine Familie beschreiben?

Gabriel: Das ist eine schwierige Frage, weil, wenn wir uns beschreiben, dann läuft es auf einen Vergleich mit anderen heraus. Und das ist nicht mein Ansinnen.

Ich würde es so formulieren: Die Mitglieder unserer Familie stellen den Dienst an anderen in den Vordergrund. Und das gilt sowohl innerhalb als auch außerhalb unserer Familie, d.h. für die Gesellschaft. Und dies steht für uns im Einklang mit unserem christlichen Glauben und unserem Wertekanon. Letztere sollte für alle in der Gesellschaft gelten, das heißt auch für Nichtgläubige, die wissen, dass der Glaube das Fundament dieser Werte bildet. Ohne den Glauben sind die Werte nur ein Konstrukt ohne Fundament – so mein Verständnis.

FamilyValued.org: Ihr wohnt auf dem Land, sehr abgeschieden. Wie kam es dazu?

Gabriel: Es begann eigentlich schon in Österreich, wo ich meine Frau Elisabeth kennenlernte. Damals wohnten wir nicht direkt in Wien, sondern im Umland. Aufgrund meiner Tätigkeit in Österreich hatte ich eine enge Beziehung zur Natur. Aber auch in der Freizeit waren wir in der Regel in der Natur, sei es beim Wandern, beim Zelten usw. Es ist nun mal so, dass uns beiden die Natur viel gibt.

Daraus erwuchs der Wunsch, auch in Rumänien auf dem Land zu wohnen. Wohl gemerkt: Auf dem Land lässt sich das Leben ähnlich strukturieren wie in der Stadt: Schule, Einkaufszentren usw. Dazu muss man bedenken, dass Städte auch einen negativen Einfluss auf Kinder haben können. Auf dem Land genießen die Kinder einen größeren Freiraum als z.B. in der Stadt. Das fördert Kreativität, das Ausprobieren von Sachen, was in der Stadt nicht möglich wäre. Ferner entwickelt sich die Motorik der Kinder besser auf dem Land als in der Stadt, weil sie sich dort freier bewegen können, z.B. auf Bäume klettern. Dazu kommt, dass Tiere für die Kinder eine Art Therapie sind. Die Alternative dazu ist eine Wohnung in der Stadt. Und das finden wir für unsere Kinder nicht attraktiv.

FamilyValued.org: Welche sind die wichtigsten Werte eurer Familie?

Gabriel: Allen voran, Dienst einander. Sich bedingungslos unterstützen und einander dienen. Wir haben mit meiner Frau und meinen Kindern eine reflexive Grundhaltung vermittelt, das heißt, sich täglich zu fragen: Was habe ich heute für die anderen in der Familie und in der Gesellschaft getan?

Dazu kommen Empathie und *Rücksichtnahme* im Umgang miteinander. Das beeinflusst die Kommunikationsform untereinander. Dadurch werden die unvermeidbaren Konflikte unter den Kindern im Keim erstickt. Das alles führt zu einer *Einheit* in der Familie. Dies führt zu einer Gemeinschaft als Überbau, in der die Einzelnen jedoch nicht zu kurz kommen dürfen. Wir fördern jeden Einzelnen mit seinen Talenten. Früh haben wir z.B. erkannt, dass unser Sohn Felix eine Begabung für die Geige hatte. Gleiches gilt für Diana beim Klavierspielen. Ich fahre sie zum Musikunterricht. Johannes ist motorisch begabt und das beweist er als Kletterer.

FamilyValued.org: Welche Botschaft hast Du für ein junges Paar, das eine Familie gründen will?

Gabriel: Meine Empfehlung ist sehr umfassend, weil sie die verschiedenen Facetten des Lebens betrifft. Zunächst einmal: *„Erfülle Deine Pflicht!"*. So würde meine erste Empfehlung lauten. Wir dürfen keine Individualisten sein, sondern Diener der Gesellschaft.

Dann würde ich sagen: *„Gründe eine Familie mit mindestens zwei Kindern. Das Geld – wenn Du gesund bist – wird schon kommen. Habe keine Angst! Familie besteht grundsätzlich aus Vater, Mutter und Kind."*

Meine Erfahrung sagt mir, dass der Gedanke „Wir sind eine Familie" ab dem dritten Kind gedeiht. Ab dann liegt der Fokus der Eltern weniger auf sich selbst und ihrer Arbeit als vielmehr auf den Kindern. Ein einziges Kind ist m.E. zu wenig! In vielen Fällen habe ich bei Einzelkindern eine Neigung zum Narzissmus beobachtet. Und das bestätigen die Befunde der Psychologen. Bei zwei Kindern ist dann der Streit: Ist eines das Papas-Kind und das andere das Mamas-Kind? Bei drei Kindern entfällt der Antagonismus; sie bilden eine Gemeinschaft, die ihre Entwicklung fördert.

Fazit: Familie ist etwas Schönes. Kinder sind ein Segen. Und sie sind die Zukunft unserer Gesellschaft!

FamilyValued.org: Lässt sich euer Modell auf Familien in anderen Ländern übertragen?

Gabriel: Die Naturkonformität und die Werteorientierung sind nicht nur bei uns in Rumänien notwendig, sondern gelten überall. Aus meiner Wahrnehmung braucht der Mensch die Natur. Heutzutage leiden viele Menschen unter Naturferne. Das gilt insbesondere für Städter.

Wir erleben im Übrigen die gleiche Vitalität der Familien in Südamerika, in Afrika und auch in Europa. Diese Vitalität ist nichts anderes als Freude am Leben, sie ist reine Dynamik.

FamilyValued.org: Wie definiert ihr die Freiräume der Familienmitglieder?

Gabriel: In meiner Zeit in Österreich habe ich den Eindruck gewonnen, dass einige Leute Freiräume nur im physischen Sinne verstehen. Für mich umfasst der Begriff weitere Aspekte wie die Akzeptanz und Unterstützung anderer Ansichten und Meinungen sowie die geistige Freiheit. Den Kindern Freiräume zu gewähren, hat bei uns klare Formen angenommen. Wir haben z.B. im Dachstuhl einen Raum eingerichtet, in dem Kinder frei spielen können. Krafttraining ist da auch möglich. Dies ist eine Art Rückzugsraum für Regentage. Bei uns gilt die Devise: *„Viel dürfen"*. Das sind die besten Freiräume, in denen sich Kinder entwickeln können. Kinder spüren bereits in jungen Jahren, ob sie ernst genommen werden. Und ernst zu nehmen bedeutet, Freiräume zu gewähren. Und das ist für ihre Entwicklung ausschlaggebend.

Aber nicht zu vergessen. Diese Freiheit ist nur möglich, wenn jeder verantwortlich handelt.

FamilyValued.org: Was könnten andere Familien von euch lernen?

Gabriel: Vertrauen, wir müssen mit Vertrauen in die Zukunft schauen. Wir sind eine dynamische Familie. Von außen betrachtet könnte sie etwas chaotisch wirken. Wir müssen nicht alles unter Kontrolle halten. Das „Laissez-faire, die Dinge entstehen lassen", das könnten vielleicht andere von uns lernen. Ja, nicht alles durchplanen – so unser Motto. Die Dinge entstehen zu lassen. Dahinter stecken der Gedanke und das Vertrauen, dass sich die Dinge „irgendwie" einrenken lassen.

In manchen Ländern ziehen viele Menschen es vor, alles zu planen, zu kontrollieren. Und wir kommen mit einem anderen Ansatz. Wie kann das funktionieren? Das geht nur, wenn wir von der Metaebene nach unten schauen. Mein Rat: „Vertrauen lernen".

Während meines langjährigen Aufenthalts in Wien habe ich eine andere Welt kennengelernt, als ich sie heute lebe. Und für beide Fälle gilt mein Vorschlag: „Vertrauen ist besser als Kontrolle", und damit widerlege ich den bekannten Spruch Stalins.

Ältere Familien mit vielen Kindern in den Bergen Österreichs teilen unsere Einstellung. Vielleicht sollten wir aufhören, das Rad neu erfinden zu wollen und vielmehr von den Erfahrungen der Vergangenheit lernen. Chesterton würde dazu sagen: *„Man soll keine Mauer niederreißen, bevor man weiß, wofür sie gebaut wurde."*

„Vertrauen und geschehen lassen" wäre mein Fazit.

Gabriel Mimler
Mehr Info über den Autor über den QR-Code:
https://familyvalued.org/gabriel-mimler/

Reflexionsfragen

Wie beeinflusst nach Gabriel Mimler das Leben auf dem Land die körperliche, emotionale und soziale Entwicklung der Kinder?

Welche Rolle spielen Werte wie Vertrauen, Freiheit und gegenseitiger Dienst in der von Gabriel beschriebenen Familiendynamik?

Welche Botschaft vermittelt Gabriel Mimler über die Bedeutung kinderreicher Familien für die Gesellschaft und die Entwicklung der Kinder?

Deine Notizen, Kommentare und Vorsätze

Weitere Artikel über
Praktische Hinweise für Familien

Carolina und Carlos Aponte

Schulleiterin und Unternehmer
Kolumbien

Der Alltag einer kinderreichen Familie

Zusammenfassung

Eine kinderreiche Familie zu gründen, ist eine Entscheidung, die das frisch vermählte Ehepaar gemeinsam trifft. Eine große Familie bedeutet mehr Arbeit, aber auch mehr Freude. Sie verleiht dem Leben einen tieferen Sinn. Es ist ein Vermächtnis für die Nachwelt. Kinder wachsen und sich entwickeln zu sehen, erfüllt die Eltern mit tiefer innerer Freude. Die berufliche Karriere muss zwar in den Hintergrund treten, aber die Freude an den Kindern hält dem Vergleich stand. Unsere Kinder werden werteorientiert erzogen. Sie sorgen später für eine stabile, friedvolle und gerechtere Gesellschaft.

Interview

Der Text entstand aus den schriftlichen Antworten der Familie Aponte auf die von Family Valued e. V. gestellten Fragen.

#1: Wie entstand die Idee, eine große Familie zu gründen?

Wir lernten uns im Alter von 18 und 20 Jahren kennen, mitten in einer turbulenten Zeit. In Kolumbien waren gerade 3 Präsidentschaftskandidaten ermordet worden, der Drogenhandel zeigte seine militärische Macht, und die verfassungsgebende Reform von 1991 war – nach mehr als 150 Jahren der Geschichte des Landes – vereinbart worden. Aber wir teilten von Anfang an die gleiche Lebenseinstellung: *„Die wahre*

*transformative Kraft der Gesellschaft liegt in der Liebe, die von einer Familie aus-
geht."*

Carolina stammte aus einer gut strukturierten Familie, die ihre Eltern aufrechterhalten konnte, indem sie den schädlichen Kreislauf ihrer eigenen Familie durchbrach.
Carlos stammte hingegen aus einer dysfunktionalen Familie, in der die Vaterfigur
aufgrund verschiedener Tragödien in 4 früheren Generationen zu wünschen übrig-
ließ. Wir wussten, dass Gott dank der Wiederbelebung unseres Glaubens beim Welt-
jugendtag 1997 in Paris auf unserer Seite stehen würde. Wir dachten damals aber
an eine Familie mit 4 Kindern: kein Einzelkind – sagten wir –, zwei auch nicht, weil
sie sich vergleichen würden; drei auch nicht, weil da immer einer im Sandwich übrig
bleibt. Aber von dort bis 9 war ein langer Weg. Nun, die 9 sind die Folge eines Ja,
das wir uns damals gesagt haben: *Offen für das Leben zu sein!* Offen, um uns die
Möglichkeit zu geben, einander zu lieben, in der Wahrheit zu leben und jedes Kind
willkommen zu heißen: Ein neues Kind ist immer willkommen!

#2: Was bedeutet es für Eltern, mehr Kinder als gewöhnlich zu ha-
ben?

Mit 23 und 25 Jahren heirateten wir. Das heißt direkt im Anschluss an unsere Studi-
enzeiten. Wir wollten eine Großfamilie gründen. Unsere Freunde sagten uns dazu: a)
Wir würden unser Leben ruinieren, b) wir sollten das Leben eher genießen, oder c)
wir hätten dann keinen Zugang zu guten Jobs. Jeder denkt und spricht gemäß seiner
eigenen Weltanschauung. Wir haben die oben erwähnten Kommentare ignoriert. Die
gut gemeinten Ratschläge kamen sogar von Menschen aus nächster Nähe. Mit unseren Plänen – meinten sie – würden wir uns halt das Leben schwer machen. Das tut
nun mal praktisch jeder, oder? Jeder opfert sich für das, was wichtig ist.

Im August 2024 feierten wir 25 Jahre Ehe. In den ersten 17 Jahren verdiente Carlos
das Geld. Am Anfang arbeitete er in Kolumbien im Bereich der Telekommunikation
und später übernahm er verschiedene Jobs im Ausland. Das brachte ihn zu Beginn
nach Kanada, während Carolina den Haushalt in Kolumbien führte. Als wir bereits 7
Kinder hatten, bekam Carlos eine Stelle in den USA und eine andere in Kolumbien.
All diese Tätigkeiten in den USA lenkten uns von unseren familiären Zielen ab. Es war
der Moment, die Prioritäten zu prüfen und neu zu ordnen. Das Gute daran war, dass
es in einer großen Familie schwieriger war, sich von den familiären Verpflichtungen

zu lösen. Es ist ein ständiger Realitätscheck, der einem hilft, im Laufe der Jahre organisch zu reifen. Carlos nahm ein neues Arbeitsangebot in Kolumbien an. Es war eine Stelle an der Uni, d.h. etwas anderes als im IT-Sektor. Dieser Wechsel war u.a. bitter nötig, weil Carolina in der Zwischenzeit erkrankte. Dazu kam, dass die älteren Töchter ins Pubertätsalter kamen. Für ihre Ausbildung brauchten wir ein passendes Umfeld, in dem unsere Werte gelebt wurden. Hinzu kam, dass gerade in dieser Zeit die beiden Jüngsten geboren wurden. Und genau zu diesem Zeitpunkt kam ich zurück.

Um es noch spannender zu machen, wurde Carlos inzwischen krank. Gott sei Dank war Carolina in der Zwischenzeit wieder gesund. Sie konnte eine neue Stelle in der Nähe unseres Wohnortes antreten. Dieser Neuanfang förderte ihre persönliche Entwicklung. Und diese Entwicklung hat einen positiven Effekt auf die Kinder gehabt. Carlos trägt seitdem die Hauptlast zu Hause. Er hat mittlerweile eine vorwiegend Remote-Tätigkeit, sodass es ihm die Vereinbarkeit von Familie und Beruf gelingt. Was wirklich zählt, ist: Wenn das #1-Unternehmertum unseres Lebens ist, muss einer der Elternteile "*ein Auge auf den Ball haben*", um nicht verloren zu gehen.

#3: Kannst Du bestätigen, dass Kinder aus großen Familien ein tieferes Verantwortungsbewusstsein haben?

Wir würden zustimmen, solange Eltern ihren Kindern nicht das Gefühl geben, eine Last zu sein. *"Ich bereue viele Dinge in meinem Leben, aber nie meine Kinder!"* Normalerweise sagen wir ihnen: Sie sind das Beste, was jedem von uns passieren konnte. Leider sind uns Fälle bekannt, in denen vor allem ältere Kinder Aufgaben übernehmen, die nicht altersgerecht sind. Kinder müssen wie potenzielle Erwachsene behandelt werden. Und es gibt auch Fälle, in denen minderjährige Kinder in Großfamilien vernachlässigt werden.

Wir sind so organisiert, dass Kinder Aufgaben bekommen, für die sie Verantwortung übernehmen. Damit entsteht ein Teamgeist. Dadurch wachsen Kinder mit mehr Autonomie auf. Das ist deswegen nötig, weil Eltern nicht alles schaffen können. Und weil Kinder damit lernen, die Erfolge in ihren Aufgaben zu genießen. Eltern einer großen Familie zu sein, hat zweifellos unseren Charakter geprägt. Es hat uns die Augen für die Schönheit des Lebens geöffnet. Das war nur möglich, weil wir den Kindern diese Autonomie gewährt haben. Im Gegensatz dazu stehen Eltern, die alles

unter Kontrolle halten wollen. Sie meinen, sie seien umsichtiger als andere. Wir nennen sie Helikopter-Eltern.

#4: Mehr Kinder bedeuten mehr Arbeit zu Hause. Wie lassen sich familiäre Aufgaben mit einem Job in einem Unternehmen außerhalb des Hauses vereinbaren?

Wir haben unseren Haushalt so organisiert, dass die Kinder altersgerechte Aufträge erhalten. Dadurch können die Aufgaben ohne Hektik und Stress bewältigt werden. Diese Vorgehensweise fördert – wie oben erwähnt – ihre Autonomie, ihre Unabhängigkeit und ihre gegenseitige Unterstützung: Ältere helfen den Kleineren. In unserer Familie vermeiden wir, egoistische Kinder großzuziehen. Alles andere führt zu großer Bitterkeit im Leben, für das Kind und die Familie.

Das wahre Glück für uns Eltern sind die Kinder, die die Wahrheit lieben und gütig zueinander sind!

Mit unserem Konzept lernen die Kinder zu arbeiten und in der Familie nützlich zu sein. In der Zeit, wo dies nicht ausgereicht hat, haben wir auf Dienstmädchen für den Haushalt zurückgegriffen. Dazu haben wir Eltern uns einen Job ausgesucht, der eine starke Mitwirkung zu Hause ermöglicht. Es darf nicht vorkommen, dass unseren Kindern nach unserem Tod in Erinnerung bleibt, wir hätten sie nur deswegen vernachlässigt, weil wir uns intensiv mit der Arbeit beschäftigt hätten. Dann hieße es nämlich, es hätte ihnen deswegen an Zuneigung und Zärtlichkeit gefehlt.

#5: In einigen großen Familien tragen ältere Kinder finanziell zu den Familienkosten bei. Was hältst Du davon?

Nun, in unserem Fall verdienen sie bereits Geld für ihre eigenen Ausgaben, damit sie ihre eigenen Träume realisieren können. Wir wollten in dieser Angelegenheit behutsam sein, die Freiheit der Kinder respektieren, sie aber zugleich einladen, das Geschenk des Lebens, das ihnen gegeben wurde, zu nutzen, um proaktiv ihr eigenes Leben zu gestalten. Wir haben Fälle erlebt, in denen Eltern sterben und Kinder aus eigenem Entschluss die Erziehung ihrer Geschwister übernehmen, und in fast allen Fällen ist es, als ob das Leben ihnen diese Geste der Großzügigkeit vergolten hätte.

#6: Kümmern sich die Älteren in der Familie um die Kleinen?

Wir sind uns dessen bewusst, dass die Verantwortung letztlich bei uns Eltern liegt, aber wir fordern die Kinder auf, sich gegenseitig zu unterstützen. Vor allem geht es uns darum, dass die älteren Kinder mit gutem Beispiel vorangehen. Hier ein konkretes Beispiel. Vor ein paar Jahren habe ich ein Stipendium von der israelischen Regierung erhalten. Dadurch war es uns möglich, das Heilige Land zu bereisen. Voraussetzung dafür war jedoch, dass sich die drei volljährigen Töchter um die Kleinen kümmern. Sonst wäre es nicht gegangen. Es war ein Segen und eine Lebenserfahrung für uns alle.

#7: Was sind Ihre drei wichtigsten Themen?

Respekt füreinander, Realitätssinn und Großzügigkeit, Kinder in Freiheit großziehen.

#8: Welche Empfehlung würden Sie einem jungen Paar geben, das drei oder mehr Kinder haben möchte?

Dass es für Eltern wie für Kinder eine große Familie ein Segen ist. Es bedeutet Opfer, wie bei allem, was sich im Leben wirklich lohnt. Eine Familie entsteht Schritt für Schritt, Tag für Tag. Wichtig ist dabei, die Familienzeiten zu pflegen. Und dazu Räume für den Dialog des Ehepaars zu schaffen und diese Zeiten konsequent zu schützen. Die Prioritäten in der Familie müssen korrekt gesetzt werden: Gott an erste Stelle, dann das Ehepaar, die Kinder, die Großeltern, die Geschwister. Und erst dann kommt das berufliche Leben. Das ist aus unserer Sicht die korrekte Reihenfolge. Und sie hat sich bei uns bewährt.

Viele Probleme in den Familien haben ihren Ursprung in einer falschen Reihenfolge. Aber auch, weil die Paarbeziehung nach einigen Jahren Ehe an Stärke verloren hat. Kinder sollen zur Selbstständigkeit erzogen werden, damit sie schrittweise lernen, gute Entscheidungen zu treffen. Und noch ein Tipp: Die berufliche Karriere ist ein Mittel zum Zweck und nicht das Ziel.

Carolina und Carlos Aponte

Mehr Info über das Autorenpaar über den QR-Code:
https://familyvalued.org/carolina-carlos-aponte/

Reflexionsfragen

Welche Bedeutung haben Ordnung, Teamarbeit und klare Prioritäten für die Organisation einer kinderreichen Familie nach den Ansätzen von Carlos und Carolina?

Was bedeuten nach Ansicht der Autoren Glaube und Offenheit für das Leben bei der Entscheidung, eine kinderreiche Familie zu gründen?

Welche Empfehlungen geben Carlos und Carolina jungen Ehepaaren, die mehr als drei Kinder haben möchten, und wie begründen sie ihre Standpunkte?

Deine Notizen, Kommentare und Vorsätze

Weitere Artikel über
Praktische Hinweise für Familien

Weitere Artikel über praktische Hinweise Familien

Organisation in großen Familien: So bleibt der Alltag stressfrei

Erziehen mit Vertrauen in Großfamilien: Freiheit und Verantwortung fördern

Glück mit Großfamilien: Wie Eltern mit mehreren Kindern den Alltag meistern

Zusammenfassung des Kapitels
„Praktische Hinweise für Familien"

Familienglück hängt nicht von der Anzahl der Kinder ab, sondern von der Haltung der Eltern. Entscheidend sind Gelassenheit, Humor und die Bereitschaft, jedes Kind als Geschenk anzunehmen. Kleine Rituale wie gemeinsame Mahlzeiten stärken die Bindung nachhaltiger als aufwendige Unternehmungen. Perfektion darf losgelassen werden – Liebe und Präsenz zählen.

Es empfiehlt sich für Familien, auf Vertrauen und Freiheit als Erziehungskernwerte zu setzen. Kindern wird altersgerecht Verantwortung übertragen, damit sie an Herausforderungen wachsen. Klare Regeln und Freiräume ergänzen einander: Struktur gibt Sicherheit, Freiheit fördert Selbstständigkeit. Authentizität der Eltern und offene Kommunikation schaffen eine Atmosphäre ohne Versagensangst.

Das Ehepaar zeigt, dass ein großer Haushalt mit durchdachter Struktur gelingt: feste Routinen, klare Aufgabenverteilung und die Einbindung aller Kinder. Trotz Planung braucht es Flexibilität. Die Paarbeziehung bleibt der Dreh- und Angelpunkt – regelmäßige Zweisamkeit gibt der ganzen Familie Stabilität.

Fazit: Gelingendes Familienleben hängt von innerer Haltung ab – von Liebe, Vertrauen, Struktur und der Paarbeziehung als tragendem Zentrum.

9 Familie und Gesellschaft

Dr. Ana Hoffmeister
Beraterin und Buchautorin
Deutschland

Familie zwischen Wandel und Wertzunahme

Zusammenfassung

Ob „Kitastrophe, Bildungsmisere oder Pflegelawine": Familien können sich immer weniger auf institutionelle Unterstützungssysteme verlassen. Sie kommen im Alltag zwischen Beruf, Pflege und Privatleben immer mehr an ihre Grenzen und fühlen sich vom Staat im Stich gelassen. Dabei sind Familien für eine zukunftsfähige Gesellschaft unerlässlich. Auf der Suche nach alternativen Unterstützungssystemen und Arbeitsmodellen entstehen neue Lebensentwürfe und das Familienbild wandelt sich.

Artikel

Für den Großteil der deutschen Bevölkerung ist Familie der wichtigste Wert im Leben – noch vor Beruf, Freunden und Hobbys. Und das nicht nur für Eltern mit minderjährigen Kindern, sondern auch für die junge Generation, die in der Familie eine Quelle des Sinns und der Orientierung sieht.

Die Familie bildet seit Jahrhunderten den Kern unseres sozialen Lebens und ist seit jeher mehr als nur die Verbindung zwischen Mutter, Vater und Kind. Familie verbindet Generationen zu einer gemeinsamen Geschichte. Sie gibt Einblicke in unsere Vergangenheit und unsere gemeinsame Zukunft. Familie ist der Ort, an dem elementare Fragen über unsere Herkunft, Identität und Zugehörigkeit geprägt und beantwortet werden. Was wir in unseren Familien erleben, ist prägend für alle anderen

Beziehungen im Leben – ob im beruflichen Kontext oder im Ehrenamt, in unseren Freundschaften, in unserer Partnerschaft oder in der Familie, die wir selbst gründen.

In den nächsten Jahren werden Familien weltweit um 35 Prozent schrumpfen.

Mit Blick auf die aktuellen Krisen in Politik, Wirtschaft, Gesellschaft und Klima erleben wir in den letzten Jahren einen tiefgreifenden Vertrauensverlust der Bevölkerung in die politische Handlungsfähigkeit. Im Zuge dieser Entwicklungen gewinnen Familien als stabilisierende Kraft an Gewicht und sind ein wichtiges soziales Sicherungsnetz, das erhebliche zusätzliche Belastungen trägt. Ob Kitanotstand, Bildungsmisere oder unser marodes Pflegesystem: Familien fangen immer mehr auf, was der Staat immer weniger leisten kann, und kommen dabei immer mehr an ihre Grenzen. Die Zahl der an Burn-out erkrankten Eltern steigt auch nach der Pandemie weiter an. Psychische Erkrankungen unter Kindern und Jugendlichen nehmen ebenfalls weiter zu. Die drängende Frage ist, ob unsere derzeitigen Familienstrukturen stark genug sind, um auch in Zukunft diesen essenziellen sozialen und emotionalen Halt zu bieten.

Dabei prägt die Art, wie wir Familie heute leben, unweigerlich die nachfolgenden Generationen.

In den nächsten Jahren werden Familien weltweit um 35 Prozent schrumpfen. Wir werden insgesamt weniger Verwandte haben als unsere Vorfahren. Das wird den Druck auf die institutionellen Unterstützungssysteme zusätzlich erhöhen. Denn Verwandte – ob Großeltern, Tanten und Onkel – übernehmen bereits heute einen großen Anteil an der Kinderbetreuung und der privaten Pflege und bilden damit eine wichtige Säule für die Vereinbarkeit von Familie und Beruf. Unsere Gesellschaft wird älter und damit wächst auch die Altersspanne der Generationen weiter an. Enkel werden voraussichtlich in Zukunft mehr lebende Großeltern haben – doch die Frage wird sein, ob diese fit genug sind, sich dann noch um ihre Enkel kümmern zu können. Während Deutschland mit sinkenden Geburtenraten und einer oft als kinderfeindlich wahrgenommenen Politik kämpft, steht die Familie als Konzept auf dem Prüfstand. Das traditionelle Bild der Kernfamilie, bestehend aus Eltern und Kindern, erweitert sich. Neue

Familienformen und Lebensgemeinschaften entstehen, die klassische Großfamilienstrukturen ablösen, ergänzen oder nachbilden.

Dabei prägt die Art, wie wir Familie heute leben, unweigerlich die nachfolgenden Generationen. In einer zunehmend individualisierten Welt sind generationsübergreifende Beziehungen von unschätzbarem Wert. Heute leben junge und alte Menschen im Alltag oft räumlich und emotional voneinander getrennt. Das prägt nicht nur unsere individuellen Lebenswege, sondern beeinflusst auch die Berufswelt und die Gesellschaft. Fehlen in der Familie generationsübergreifende Beziehungen, sind Generationenkonflikte sowohl im beruflichen Kontext als auch in der Gesellschaft vorprogrammiert. Das Miteinander muss daher viel bewusster organisiert und schon früh gefördert werden. Denn das wird in Zukunft ein wichtiger Schlüssel sein, um Krisen gemeinsam bewältigen zu können.

Vor diesem Hintergrund geht es um keine geringere Frage als die, wie wir in Zukunft als Gesellschaft zusammenleben wollen. Die Antwort darauf ist grundlegend für die Formulierung einer Politik, die die Bedürfnisse von Familien wirklich versteht und unterstützt. Es geht nicht nur um verlässliche staatliche Leistungen, sondern darum, eine Kultur zu prägen, die das Zusammenleben über Generationen hinweg fördert und wertschätzt. Die Frage nach der Zukunft der Familie dreht sich damit nicht nur um ihre Rolle als soziales Sicherungsnetz, sondern auch um die Gestaltung des Zusammenlebens der Generationen. Wie wir als Gesellschaft diese Beziehungen formen, welche Unterstützung wir Familien anbieten und wie wir die Potenziale aller Generationen nutzen, wird nicht nur das Wohlbefinden der Einzelnen beeinflussen, sondern auch darüber entscheiden, wie resilient und lebensfähig unsere Gesellschaft insgesamt sein wird.

Die Zukunft der Familie ist daher nicht nur eine private oder politische Frage, sondern auch eine kulturelle Herausforderung, die uns alle betrifft. Wie wir heute Entscheidungen treffen und welche Prioritäten wir setzen, wird die Art und Weise, wie wir morgen leben, maßgeblich beeinflussen.

Ana Hoffmeister

Mehr Info über die Autorin über den QR-Code:
https://familyvalued.org/ana-hoffmeister/

Reflexionsfragen

Welche Herausforderungen begegnen heutigen Familien aufgrund des Rückgangs institutioneller Unterstützung und wie können sie diese bewältigen?

Wie wirkt sich die Veränderung des traditionellen Familienbegriffs auf die Beziehungen zwischen den Generationen und die Zukunft der Gesellschaft aus?

Welche Maßnahmen könnten ergriffen werden, um Familien im Kontext aktueller Krisen als soziales und emotionales Sicherheitsnetz zu stärken?

Deine Notizen, Kommentare und Vorsätze

**Weitere Artikel über
Familie und Gesellschaft**

Hermann Binkert

Gründer und geschäftsführender
Gesellschafter der INSA-CONSULERE GmbH
Deutschland

Die traditionelle Familie ist das Zukunftsmodell

Zusammenfassung

Wem die Stärkung der Familie ein Herzensanliegen ist, hat man oft das Gefühl, einen aussichtslosen Kampf zu führen. Und tatsächlich dominieren Schlagzeilen, die den Eindruck vermitteln, dass die klassische Familie ein Auslaufmodell sei. Die eigene Familiensituation und die statistischen Daten zur Situation der Familie in Deutschland, wie sie sich für den Einzelnen anfühlt, sind drei unterschiedliche Realitäten, die für jeden Einzelnen von Bedeutung sind. Das subjektive Familienerlebnis hat INSA im Frühjahr 2022 in einer großen Familienstudie ergründet.

Artikel

Wem die Stärkung der Familie ein Herzensanliegen ist, hat oft das Gefühl, einen aussichtslosen Kampf zu führen. Und tatsächlich dominieren Schlagzeilen, die den Eindruck vermitteln, dass die klassische Familie ein Auslaufmodell sei. Der Familienbegriff wird auch zunehmend erweitert: Danach soll es sich schon dann um eine Familie handeln, wenn, salopp gesprochen, mindestens zwei Generationen denselben Kühlschrank benutzen.

Dabei sind rund 70 Prozent aller Familienhaushalte in Deutschland sogenannte traditionelle Familienhaushalte mit Mutter, Vater und Kind(ern). Und auch die Akzeptanz der „traditionellen Familie" in der Gesamtbevölkerung ist hoch: 61 Prozent, der von uns im INSA-Meinungstrend repräsentativ Befragten, verbinden mit der „traditionellen Familie" etwas Positives, 30 Prozent weder etwas Positives noch etwas

Negatives und nur jeder Zwanzigste (5 Prozent) etwas Negatives. Bei Befragten mit Kindern sehen sogar 70 Prozent in der „traditionellen Familie" etwas Positives.

Über zwei Drittel aller Befragten würden sich in einer Krisensituation am ehesten an die eigene Familie wenden.

Unsere Familienstudie hat u. a. eindrucksvoll gezeigt, dass nicht nur das Einkommen, das Alter oder der Gesundheitszustand Einfluss auf die Zufriedenheit und das persönliche Glücksempfinden haben, sondern auch, wie die Befragten zum Thema Familie eingestellt sind: Diejenigen, die eine Familie gegründet haben oder dies planen, sind häufiger glücklich (70 zu 58 Prozent) und zufrieden (77 zu 62 Prozent) als jene Befragte, die nicht vorhaben, eine eigene Familie zu gründen. Diese Familien-Affinen fühlen sich auch seltener einsam (23 zu 30 Prozent) und haben bzw. hatten seltener Depressionen (24 zu 33 Prozent), was wiederum dazu passt, dass die Familie offenbar für viele Sicherheit und Schutz in unserer krisenbehafteten Zeit bietet: Über zwei Drittel aller Befragten (68 Prozent) würden sich in einer Krisensituation nämlich am ehesten an die eigene Familie wenden.

Für 80 Prozent ist es wichtig, selbst Mitglied einer Familie zu sein.

Dass die „traditionelle Familie" die verbreitetste Familienform ist und Familie grundsätzlich sehr positiv bewertet wird, ändert nichts an der ebenso vorherrschenden großen Toleranz gegenüber jenen, die sich gegen das klassische Familienmodell aus Vater, Mutter, Kind(er) entscheiden: Nicht einmal jeder Vierte (23 Prozent), den wir im Rahmen der Familienstudie befragten, findet eine Entscheidung gegen das klassische Familienmodell schlecht. Den meisten Befragten war es meistens egal, ob andere sich gegen das klassische Familienmodell entscheiden (42 Prozent).

Diese Toleranz mindert jedoch nicht die besondere Wertschätzung gegenüber Familien. So findet beispielsweise eine deutliche Mehrheit (58 Prozent) fest, dass Menschen, die eine eigene Familie gegründet haben, in der Gesellschaft positiver gesehen werden als Menschen, die dies nicht getan haben. Auch 70 Prozent aller befragten Familienhaushalte übernehmen mehr Aufgaben bzw. Als Singlehaushalter ist es für 80 Prozent wichtig, selbst Mitglied einer Familie zu sein.

Erforderlich ist meiner Meinung nach ein kinderfreundliches Klima in der Gesellschaft sowie eine Orientierung am Kindeswohl.

Egal ob es um Arbeit, Freiheit, Lebensqualität, gesellschaftliche Orientierung oder Sicherheit geht – immer hat die Familie einen deutlich überwiegend positiven Einfluss und bei Befragten, die vorhaben, eine Familie zu gründen bzw. bereits gegründet haben, ist dieser positive Einfluss noch deutlicher. Auch sagen doppelt so viele Befragte, dass sie in ihrem Leben bisher zu wenig Zeit für die Familie (22 Prozent) aufgewendet haben, wie sie dies für die Erwerbsarbeit (11 Prozent) sagen.

So wichtig die Familie den Deutschen ist, so unzufrieden sind sie nach einer aktuellen Umfrage im INSA-Meinungstrend mit der Familienpolitik: Nur jeder Dritte (34 Prozent) findet, dass die Interessen von Familien in der deutschen Politik aktuell genügend berücksichtigt werden. Die überwiegende Mehrheit (53 Prozent) verneint dies hingegen. Fast drei Viertel der von uns Befragten (72 Prozent) sprechen sich außerdem dafür aus, dass Familienarbeit, also die Betreuung und Pflege von Familienmitgliedern, staatlich gefördert wird, zum Beispiel durch ein Erziehungsgehalt.

Ich persönlich sehe ein Defizit bei der Wertschätzung für Familien – und damit ist nicht nur die finanzielle Unterstützung gemeint. Erforderlich ist meiner Meinung nach ein kinderfreundliches Klima in der Gesellschaft sowie eine Orientierung am Kindeswohl.

Oft wird übersehen, dass es einen großen Einfluss darauf hat, wie sie in ihrer Familie aufwachsen. Die Qualität der Beziehung zwischen Eltern und Kindern ist entscheidend für deren spätere Bindungsfähigkeit, die wiederum eine wichtige Voraussetzung für die Bildungsfähigkeit ist.

Viel spricht für die Analyse von Hans-Werner Sinn, dass „die wenigen jungen Menschen, die es trotz der Kinderarmut noch geben wird", sich „an traditionelle Lebenswege erinnern und sich kopfschüttelnd vom Lebensmodell der verarmten Alten abwenden (werden), die nicht auf die Unterstützung ihrer Familien zurückgreifen können".

Notwendig erscheint mir eine geistige Offensive zugunsten der Familie. Sie darf nicht nur aus funktionalen Gesichtspunkten betrachtet werden. Ihr kommt im Staat und in der Gesellschaft eine grundlegende Rolle zu. Nur starke Familien bilden als

kleinste Einheit einer subsidiären Ordnung ein gutes Fundament für eine erfolgreiche Gesellschaft. Mit dieser Einsicht ist die Bevölkerungsmehrheit meines Erachtens der Politik voraus.

Hermann Binkert

Mehr Info über den Autor über den QR-Code:
https://familyvalued.org/hermann-binkert/

Reflexionsfragen

Warum ist nach Hermann Binkert die traditionelle Familie weiterhin ein relevantes und positives Modell für die heutige Gesellschaft?

Welcher Zusammenhang besteht zwischen persönlicher Zufriedenheit, Glück und der Entscheidung, eine Familie zu gründen?

Was schlägt Hermann Binkert vor, um in der Gesellschaft ein familien- und kinder-freundlicheres Klima zu fördern?

Deine Notizen, Kommentare und Vorsätze

Weitere Artikel über
Familie und Gesellschaft

Hartmut Steeb

Generalsekretär der
Evangelischen Allianz in Deutschland i.R.
Deutschland

Familie – das Originalkonzept gegen Einsamkeit

Zusammenfassung

Die deutsche Bundesregierung hat erstmals einen „Einsamkeitsmonitor" verabschiedet. Wenig überraschend wird darin unter anderem festgestellt, dass Alleinerziehende deutlich stärker von erhöhten Einsamkeitsbelastungen betroffen sind als nicht alleinerziehende Personen. Wen wundert das? Jahrzehntelang gab es ein mediales Trommelfeuer gegen die Ehe und die traditionelle Familie. Aktuell werden auch homosexuelle Gemeinschaften als Ehe bezeichnet. Und der Familienbegriff wird überall umgedeutet, wo Kinder und Erwachsene zusammenleben.

Artikel

Offenbar ist die Zunahme der Einsamkeit ein neues Großproblem für die postmoderne Gesellschaft. Selbst staatliche Institutionen sehen schon eine neue Aufgabe für die Gesamtgesellschaft, Einsamkeit nicht einfach laufen zu lassen, sondern Gegenmodelle zu entwickeln, Projekte aufzusetzen, Berater einzustellen.

Ich plädiere dafür, dass wir uns wieder auf das natürliche und nachhaltige Originalkonzept der Menschheit fokussieren: Die Ehe als Liebes- und Treuegemeinschaft eines Mannes und einer Frau, die gemeinsam nicht nur einen Lebensabschnitt gestalten, sondern sich für ihr ganzes Leben einander versprechen und verpflichten. „Bis dass der Tod euch scheidet" war und ist ein göttlicher Segenszuspruch. Und

idealerweise entstehen durch die in dieser ehelichen Gemeinschaft gepflegte sexuelle Gemeinschaft Kinder. So wird aus der Ehe die Familie.

Familie kommt vom lateinischen Wortstamm Famulus und bedeutet „Dienstgemeinschaft". Denn der Mensch ist von Natur aus nicht darauf angelegt, allein zu leben. Das alte biblische Wort hält schon fest „es ist nicht gut, dass der Mensch allein sei". Deshalb gibt es die Menschheit in zweierlei Typen, als Mann und als Frau. Aber auch die beiden sollen nicht nur für sich allein leben, sondern haben die schöpfungsgemäße Aufgabe „Seid fruchtbar und mehret euch und füllet die Erde und machet sie euch untertan". Ihre natürlichen Gaben und Begabungen verpflichten sie zur Zukunftsgestaltung und zu echter Nachhaltigkeit: also dafür zu sorgen, dass auch nach ihnen menschliches Leben weitergeht. Wenn heute darum, um der Zukunft willen, manche meinen, zum Gebärstreik aufrufen zu müssen, dann haben sie nicht verstanden, dass die Zukunftsgestaltung nichts Wichtigeres braucht als Menschen!

Ehe und Familie sind die alternativen Konzepte zum Egoismus und Egozentrismus, zur übermäßigen Selbstbestimmung und Selbstverwirklichung, zur vaterlosen, mutterlosen und zukunftslosen Gesellschaft.

Familie ist das alternative Konzept zum Egoismus und Egozentrismus, zur übermäßigen Selbstbestimmung und Selbstverwirklichung. Denn wer nur sich, sein Fortkommen und seine Selbstentfaltung vor Augen hat, erntet am Ende das, was er gesät hat: sich allein, Einsamkeit! Die Familie ist die kleine soziale Einheit, in der das Leben gestaltet wird. Hier lernt man Rücksichtnahme. Hier kann man sich nach der Anspannung entspannen. Hier sammelt man neue Kräfte für die alltäglichen Herausforderungen der Lebensbewältigung. Hier ergänzt man sich mit seinen Gaben. Hier teilt man Freude und Leid. Gemeinsam bewältigt man die Lebensaufgabe von der Geburt bis zum Tod. Ja, es ist auch eine Aufgabe, die mit häufiger Arbeit verbunden ist. Aber wir Menschen sind ja nicht zum Nichtstun auf der Welt. Kinder sind eine Herausforderung. Sie fordern auch ihre Eltern heraus, weil sie in ihnen oft unsere eigenen Fehler wiederentdecken. Wie sagte unser 13-Jähriger: *„Gebt euch nicht so viel Mühe mit der Erziehung; wir werden ohnehin nur so wie ihr!"* Eigentlich hört man auch sagen, die ganze Erziehung hätte keinen Sinn, weil die Kinder ohnehin den Eltern alles nachmachen. So können Kinder an den Eltern reifen, aber auch die Eltern an den Kindern. In der Familie kommt es eben nicht darauf an, dass ich auf meine Kosten komme, sondern dass ich anderen zum Leben helfe und nach ihrer Geburt zu ihrer Entwicklung und Entfaltung.

Zwei Menschen haben zu meinem Leben Ja gesagt. Ist es dann nicht eigentlich ein Mindestmaß unserer Dankbarkeit gegenüber dem empfangenen Leben, wenn wir wenigstens auch zwei Menschen das Leben ermöglichen? Heute sind die Menschen meistens unter dem Gesichtspunkt der Verantwortung damit beschäftigt, wie sie möglichst Kinder vermeiden. Wir reden dann völlig falsch von Geburtenplanung, dabei meinen wir eigentlich nur Geburtenverhinderungsplanung. Die Hauptverantwortung besteht aber gerade darin, selbst für den eigenen Nachwuchs zu sorgen. So werden Natürlichkeit und Nachhaltigkeit gelebt.

Vor einigen Jahren hat das Allensbacher Meinungsforschungsinstitut die Frage gestellt, wer die glücklichsten Menschen sind, und das erstaunliche Ergebnis war: junge Eltern mit kleinen Kindern. Da habe ich mich gefragt: Moment mal, wie war das noch mal, als die Kinder klein waren? Das war doch ein 365-tägiger Bereitschaftsdienst, Tag und Nacht? Das war doch eine Zeit ohne eigentlichen Urlaub, vor allem für die Mütter. Sie sind doch ständig gefordert. Da meine Frau und ich 10 Kinder haben, darf ich sagen, dass wir fast 20 Jahre lang nachts wohl nie durchgeschlafen haben. Und das soll die glücklichste Zeit sein? Erstaunlicherweise ja. Erstaunlicherweise hindert die schwierigste Aufgabe in der Familie, für Kinder zu sorgen, nicht daran, glücklich zu sein. Sie dürfen etwas weitergeben von dem Leben, das sie empfangen haben. Das ergibt Sinn, Glück und Zufriedenheit.

Alexander Mitscherlich hatte vor der vaterlosen Gesellschaft gewarnt. Das ist schon lange her. Dieser vaterlosen Gesellschaft ist in weiten Teilen eine mutterlose Gesellschaft gefolgt, die dann natürlich zu einer kinderlosen und zukunftslosen Gesellschaft führt. Es ist Zeit für die Kurskorrektur.

Hartmut Steeb

Mehr Info über den Autor über den QR-Code:
https://familyvalued.org/hartmut-steeb/

Reflexionsfragen

Was bedeutet es für dich, dass Ehe und Familie das ursprüngliche und nachhaltige Konzept sind, um Einsamkeit in der modernen Gesellschaft zu bekämpfen?

Welche Rolle spielt die Familie nach Hartmut Steeb für die persönliche und soziale Entwicklung?

Welche Kritik übt Steeb an der modernen Gesellschaft im Hinblick auf Familienplanung und wie schlägt er vor, den Kurs zu korrigieren?

Deine Notizen, Kommentare und Vorsätze

**Weitere Artikel über
Familie und Gesellschaft**

Prof. Carmen Sánchez Maíllo

Ordentliche Professorin
Institut für Familienstudien
Universität CEU San Pablo
Spanien

Ehe und Familie im Naturrecht

Zusammenfassung

Ehe und Familie sind natürliche, von Gott eingesetzte Institutionen, die in der ontischen Struktur des Menschen als Mann und Frau begründet sind und eine natürliche Neigung zur ehelichen Verbindung aufweisen. Nach den Klassikern wie Aristoteles und dem heiligen Thomas ist die Ehe eine dauerhafte natürliche Gemeinschaft, die auf die Zeugung, die Erziehung der Kinder und die gegenseitige Hilfe zwischen den Ehegatten ausgerichtet ist. Die Familie stellt eine den Rechtsnormen vorausgehende Wirklichkeit dar, die das Fundament jeder Gesellschaft bildet und wesentliche Funktionen wie die Weitergabe von Werten und die soziale Kontinuität erfüllt. Die eheliche Liebe schließt notwendigerweise die prokreative Dimension ein, da wahrhaft zu lieben bedeutet, die potenzielle Mutterschaft und Vaterschaft des Ehegatten zu lieben. Die moderne Umgestaltung dieser Institutionen durch Gesetzgebungen wie die Ehescheidung und die gleichgeschlechtliche Ehe bedroht ihr Wesenswesen und damit die gesellschaftliche Stabilität.

Artikel
Die Klassiker bringen Licht ins Dunkel

Bei einem Thema von solcher Bedeutung wie der Familie können wir nicht umhin, auf unsere Klassiker zurückzukommen. Ihre Reflexion, die stets auf die wahren Fragen gerichtet ist, lenkt unseren Blick von Anfang an auf das Wesentliche.

Im Denken des Aristoteles ist die Familie eine natürliche und dauerhafte Gemeinschaft. Aus seinen Worten können wir ableiten, dass er die Familie als natürliche Gemeinschaft betrachtete, die stets im Hinblick auf ein Gut entsteht und fortbesteht. Sehr anregend ist der augustinische Ausdruck zur Erklärung dessen, was die Familie ist, denn der heilige Augustinus nennt sie *Seminarium Civitatis* und begreift die Familie als Schule der Bürgerlichkeit, der Disziplin und der Stärke, als Garantie der Stabilität, als den Ort, an dem der Mensch zum Bürger geformt wird.

Die menschliche Natur ist und war stets ein grundlegendes Thema.

Es sind viele Aspekte, die der heilige Thomas über die eigentliche Natur der Ehe und der Familie darlegt: „Die Ehe ist die ausschließliche Verbindung von Mann und Frau zur Zeugung und Erziehung der Kinder und zur gegenseitigen Hilfe im Leben" (1). Der Aquinate vertritt die Auffassung, dass – im Unterschied zu den Tieren, bei denen in vielen Fällen das Weibchen allein für die Aufzucht der Nachkommen ausreicht, ohne dass das Männchen bei ihm bleiben müsste – in der menschlichen Gattung die Frau des Vaters bedarf, um ihre Kinder zu erziehen. Das menschliche Leben, so versichert er, erfordert vieles, und es ist angemessen, dass der Vater bei der Mutter bleibt, denn die Kinder des Menschen benötigen nicht nur körperliche Nahrung wie die Tierwelt, sondern auch Erziehung; denn so wie die Tiere Instinkte besitzen, mit denen sie sich hinreichend versorgen, gelangt der Mensch, der durch die Vernunft lebt, erst durch die Erfahrung langer Zeit zur notwendigen Klugheit. Daher ist es angemessen, dass die Kinder die Erziehung von ihren bereits erfahrenen Eltern empfangen. Die Erziehung erfordert einen langen Zeitraum der Unterweisung, was die Notwendigkeit zeigt, dass es beim Menschen nicht nur eine zeitweilige Verbindung geben sollte, sondern eine längere Zeitspanne im Leben erforderlich ist. Deshalb ist es dem Menschen natürlich, bei der Frau zu bleiben, und dies nicht nur für eine kurze Zeitspanne, sondern dass er eine dauerhafte Gemeinschaft mit ihr für das ganze

Leben bildet (2). Der heilige Thomas weist auch darauf hin, dass zwischen Mann und Frau die größte Freundschaft herrschen soll, da sie in allem, was die häuslichen Beziehungen und das Heim betrifft, vereint sind. In diesem Sinne versichert er, dass es – da alle Dinge des Menschen auf das Beste in ihm hinzuordnen sind – ebenso notwendig ist, durch Gesetze eine Institution zu ordnen, die auf die Zeugung der Kinder und damit auf das Gemeinwohl der gesamten Gesellschaft ausgerichtet ist. Der Aquinate vertraut auf die Gesetzgebung, damit sie dem familiären, sozialen und politischen Gemeinwohl helfe und daran mitwirke.

Die menschliche Natur ist so strukturiert, dass die Entfaltung der Ehe natürlichen Potenzen entspricht.

Über die menschliche Natur

Die menschliche Natur ist und war stets ein grundlegendes Thema. Im Laufe der Geschichte sind verschiedene Interpretationen entstanden, doch stets unter Wahrung des Glaubens an die Wirklichkeit der menschlichen Natur. Die Infragestellung des universalen und beständigen Charakters der menschlichen Natur ist etwas verhältnismäßig Neues. Nach der Französischen Revolution begann man, die Existenz einer festen, beständigen, universalen und an sich guten menschlichen Natur in Zweifel zu ziehen. Die Politisierung des Begriffs (3) hat nicht aufgehört, sondern hat sich, angetrieben durch die wissenschaftlichen und technischen Fortschritte, noch verstärkt. Seit dem Nationalsozialismus hat sich die menschliche Natur von einer unbestrittenen Voraussetzung zum Mittelpunkt politischer und sozialer Diskussionen gewandelt. Wenn die Existenz einer universalen und dauerhaften menschlichen Natur in Frage gestellt wird, gerät parallel dazu die Sicht der Welt, der Göttlichkeit und der Stellung des Menschen im Kosmos ins Wanken. Wird die Idee einer menschlichen Natur zerstört, so wird der Relativismus absolut und das Denken zur Ideologie (4).

Die Ehe im Licht des Naturrechts

Die vom Lehramt und von den Autoren allgemein gelehrte Doktrin lehrt, dass die Ehe eine natürliche Institution ist. Mit dem Ausdruck „natürliche Ehe" will man einerseits sagen: dass Gott selbst die Ehe eingesetzt hat (göttlicher Ursprung dieser Institution); und andererseits: dass die Ehe naturrechtlich ist und daher einer Ordnung der

menschlichen Natur entspricht, die von Gott selbst in sie eingeprägt wurde; das heißt, dass die Ehe einem Naturgesetz entspricht. Man begreift also, dass die Ehe eine Institution des Naturrechts ist, von Gott eingesetzt, der ihre Natur, Zwecke und Gesetze festgelegt hat. Es besteht ein Zusammenhang zwischen der ontischen Struktur der Person und der Tatsache, dass die Ehe aus dem Naturgesetz hervorgeht. Die Person hat eine bestimmte ontische Struktur, das heißt, jeder Mensch gibt sich nicht selbst sein eigenes Sein, nicht nur, weil er nicht selbst seinen Übergang in die Existenz hervorbringt, sondern weil ihm die Struktur seines Seins gegeben ist (5). Zu behaupten, dass der Mensch eine bestimmte ontische Struktur hat, bedeutet zu sagen, dass er eine konkrete Beschaffenheit und Anlage besitzt, die gemäß einer von Gott in die menschliche Natur eingeprägten Ordnung geregelt sind. Ein Aspekt dieser Struktur des Menschen ist die geschlechtliche Dimension und ihre Hinordnung auf die Vereinigung von Frau und Mann in der Ehe. Dies ist es, was die Aussage bedeutet, dass die Ehe einem Naturgesetz entspricht. Mit diesem Ausdruck wird deutlich, dass Gott bei der Erschaffung des Menschen sein Sein ontisch so strukturiert hat, dass die Ehe Teil der personalen Dynamik und des Lebenshorizonts des Menschen ist. Die ontische Struktur des Menschen kommt in verschiedenen Aspekten zum Ausdruck:

- Jeder Mensch ist von Natur aus als Mann oder Frau verfasst (männliche oder weibliche Struktur).
- Es besteht eine wechselseitige und natürliche Anziehung zwischen Mann und Frau.
- Als Folge des Vorhergehenden besteht eine natürliche Neigung, sich in der Ehe zu vereinigen.

Diese ontische Struktur trägt den Namen *Neigung* (die nicht mit Instinkt oder Libido verwechselt werden darf). Die Neigung zur Ehe ist dem Menschen eingeprägt. Die menschliche Natur ist so strukturiert, dass die Entfaltung der Ehe natürlichen, vorstrukturierten Potenzen des Menschen gehorcht, deren Befolgung zur Ehe und zu ihrer Fülle führt und deren Nichtbefolgung verhindert, dass sie erreicht wird. Es gibt im Menschen ein Urteil der rechten natürlichen Vernunft, das den Menschen zur Ehe antreibt und ihre Entfaltung gemäß der natürlichen Ordnung leitet.

Zu allem bisher Gesagten müssen wir hinzufügen, dass ein Finalitätsprinzip die christliche Auffassung der geschaffenen Welt bestimmt. Die Institution der Ehe antwortet, ebenso wie die Erschaffung des Menschen und der Welt selbst, auf eine Zweckbestimmung. Die Ehe ist eingesetzt worden, um bestimmte, von Gott gewollte Zwecke zu erreichen.

Über die zweite natürliche Neigung

Aristoteles behauptete, dass alle Lebewesen danach streben, ein ihnen Ähnliches nach sich zu hinterlassen: „Daher ist es notwendig, dass sich diejenigen paaren, die nicht ohne einander existieren können, wie das Weibliche und das Männliche im Hinblick auf die Zeugung, und dies nicht kraft einer vorherigen Wahl, sondern wie bei den übrigen Tieren und Pflanzen" (6). Jahrhunderte später wird es der heilige Thomas von Aquin (7) sein, der uns daran erinnert, dass der Mensch ein eheliches Wesen ist, bevor er ein soziales Wesen ist (8). Aus der thomistischen Reflexion lässt sich daher ableiten, dass es im Menschen eine zweite Neigung von größerer Kraft als die erste gibt, wobei die erste die Selbsterhaltung und die zweite die Erhaltung der Art ist. Warum ist die zweite Neigung wichtiger als die erste? Wenn wir genau hinsehen, argumentiert GALLEGO GARCÍA (9), so schließt die Tendenz zur Erhaltung der Art die Selbsterhaltung ein und geht einen Schritt weiter. Die Tatsache, dass ein Individuum seine Existenz schützt, garantiert nicht die Fortdauer der Art; die Erhaltung der Art hingegen stellt die Existenz von Individuen sicher, die dieser Art angehören. Dieser Vorrang der zweiten Neigung vor der ersten zeigt uns die instinktive Fähigkeit, mit der die Natur die Tiere ausstattet, ihr Leben bei Gefahr für die Nachkommen zu riskieren. Aufgrund der Neigung zur Erhaltung der Art gehören die Vorschriften zur Zeugung und Erziehung der Kinder zum Naturgesetz.

Die Ehe: eine natürliche Berufung

Es ist in der klassischen Lehre üblich, darauf hinzuweisen, dass die Ehe als Pflicht unter dem Gebot Gottes an die Menschheit vorgeschrieben wurde. Die Worte der Genesis „Seid fruchtbar und mehret euch und füllet die Erde" (Gen 1,28) sind traditionell als göttliches Gebot an den Menschen interpretiert worden, Kinder zu zeugen und zu erziehen, und folglich als Ruf zur Ehe. Gott ruft den Menschen, indem er die Ehe als Mittel einsetzte, um gemäß seinem Ratschluss eine Zweckbestimmung zu

erreichen, die sein Wille ist, und damit sich die geschichtliche Entfaltung der Menschheit in einem Prozess der Beherrschung der Erde erfülle, zu den Nuptien. Es gibt also auf der natürlichen Ebene eine wahre und eigentliche Berufung zur Ehe, so dass die natürliche Neigung ein Widerschein und Zeichen dieser Berufung ist. Die Ehe ist somit eine Institution, die den Charakter einer persönlichen Berufung hat. Nun darf diese Berufung nicht nur als äußerlicher Faktor, der der natürlichen Neigung hinzugefügt wird, verstanden werden. Die Verwendung des Begriffs „Berufung" hebt die wesentliche Beziehung zwischen dem Menschen und Gott hervor. Die Natur des Menschen ist der Ehe gegenüber offen und neigt sich ihr zu. Die natürliche Berufung, wie sie allgemein verstanden wird, kommt in Offenheit, Neigung und Möglichkeit zum Ausdruck. Zugleich stellt sich die Ehe als eine Möglichkeit dar, die von den anderen respektiert werden muss.

Die potenzielle Mutterschaft oder Vaterschaft ist ein wesentlicher Aspekt der Weiblichkeit und der Männlichkeit.

Diese Offenheit und diese Neigung fügen sich in die Gesamtheit der Möglichkeiten der Person ein und kommen daher im Angebot an die Entscheidung jedes Menschen zum Ausdruck, als wählbare Möglichkeit für die persönliche Gestaltung der eigenen Existenz. Die Ehe erscheint also als eine Möglichkeit, eine Option möglicher Entfaltung, innerhalb der freien Entscheidung jedes Menschen. Sie verkörpert somit eine Offenheit für die Entfaltung der Person. Dieses allgemeine Ideal wird bei jedem Individuum durch die konkreten Lebensumstände sowie durch persönliche Talente und Entscheidungen spezifisch ausgeprägt (10).

Ehe und eheliche Liebe

Die Ehe gehört zur Gattung der Verbindungen (heiliger Thomas): Verbindung zwischen Mann und Frau. Die natürliche Neigung zur Ehe umfasst die Anziehung oder das Verlangen nach Vereinigung beider; eine Vereinigung, die zwar verschiedene Erscheinungsformen annehmen kann, ihre Fülle jedoch in der vitalen Integration beider Personen findet. Die Tendenz zur Vereinigung hat ihren Widerschein im sensitiven Teil der menschlichen Natur, ist aber auch im geistigen oder rationalen Teil eingeprägt. Da der Mensch eine Person ist, wird der sensitive Faktor in die rationale Instanz aufgenommen; er ist somit ein dem Willen wesensgemäßer Impuls. Dies bedeutet, dass die Neigung zwischen Mann und Frau auf der natürlichen Ebene zur Ordnung der Liebe gehört, da die erste Regung der natürlichen Tendenz, die zur wechselseitigen Vereinigung zwischen Personen führt, diesen Namen erhält. Es handelt sich um eine spezifische Liebe: die eheliche Liebe.

Die eheliche Liebe unterscheidet sich von anderen Formen der Liebe durch ihren spezifisch geschlechtlichen Charakter. Frau und Mann vereinigen sich als zwei Personen, aber insofern, als sie verschieden sind. In dieser Hinsicht wäre es ebenso falsch, die eheliche Liebe ausschließlich in dem zu verorten, was Mann und Frau an Verschiedenem haben, wie sie ausschließlich in dem zu verorten, was sie gemeinsam haben (Personsein). Im ersten Fall wird die eheliche Liebe degradiert und entpersonalisiert; im zweiten Fall handelt es sich um eine andere Gattung der Liebe. Tatsächlich haben Frau und Mann die menschliche Personalität gemeinsam, und der primäre Hauptfaktor der Liebenswürdigkeit, den sie besitzen, ist genau dieser Charakter: sie sind liebenswert (mögliche Gegenstände der Liebe) aufgrund ihrer menschlichen Natur und ihrer Eigenschaft als Personen. Wenn die Liebe zum Mann oder zur Frau in dem, was sie unterschiedlich sind, nicht in die Liebe zu ihnen als Personen integriert wird, verroht sie, denn es tritt ein Effekt der Entpersonalisierung ein. Andererseits gründet die eheliche Liebe wesentlich und notwendigerweise in ihrem spezifischen Merkmal: in der geschlechtlichen Differenzierung. Frau und Mann streben danach, sich gerade insofern zu vereinigen, als sie verschieden sind. Gegenstand der ehelichen Liebe ist die Menschlichkeit des Mannes als Mann (Männlichkeit) und der Frau als Frau (Weiblichkeit), um *una caro* (eine fleischliche Einheit) zu bilden. Weiblichkeit und Männlichkeit, die die potenzielle Mutterschaft beziehungsweise die potenzielle Vaterschaft wesenhaft einschließen.

Eheliche Liebe und Fortpflanzung

Ein grundlegender Aspekt der personalen Struktur als Frau oder Mann ist die potenzielle Mutterschaft oder Vaterschaft, unter der die jeweilige Disposition zur Mutterschaft beziehungsweise zur Vaterschaft zu verstehen ist. In dieser Hinsicht ist die potenzielle Mutterschaft oder Vaterschaft ein wesentlicher Aspekt der Weiblichkeit und der Männlichkeit. Daher ist die Gegenüberstellung von Liebe und Kindern falsch, wenn man damit meint, dass sich die eheliche Liebe nur auf

Freundschaftsbeziehungen, gegenseitige Hilfe zwischen den Ehegatten sowie körperliche Beziehungen bezieht.

Die Familie ist eine natürliche Institution; sie entsteht spontan dort, wo es Menschen gibt.

Wäre dem so, so würde die Neigung zu Kindern auf einer anderen Ebene angesiedelt, und bliebe lediglich als eine von Gott auferlegte institutionelle Pflicht bestehen, die zwar eine Folge der ehelichen Liebe wäre, aber kein integraler Bestandteil von ihr. Diese Trennung zwischen ehelicher Liebe und dem generativen Zweck der Ehe ist nicht zutreffend, denn sie setzt eine Duplizierung der Ebenen voraus, die der menschlichen Natur nicht entspricht. Eine Frau als Ehefrau zu lieben bedeutet, sie in ihrer ganzen Dimension als Frau zu lieben, genau und gerade in allem, worin sie verschieden ist und daher die Person des Mannes ergänzt, auch in der generativen Potenz. Eine Frau zu lieben und zugleich ihre potenzielle Mutterschaft nicht zu lieben, ist nicht eigentlich eheliche Liebe. Es würde sich um eine andere Art der Liebe handeln: Freundschaftsliebe, platonische Liebe, interessegeleitete Liebe. Im zuvor beschriebenen Fall würde man die Frau als Person lieben, aber nicht in ihrem spezifischen Charakter als Frau. Dasselbe gilt für die Liebe der Frau zum Mann. Aus den zuvor dargelegten Gründen sind die potenzielle Vaterschaft und Mutterschaft wesentliche Dimensionen der Männlichkeit und der Weiblichkeit, Dimensionen, die der Person inhärent und Gegenstand der ehelichen Liebe sind. Auf diese Weise sind die Kinder etwas, das im Schoß dieser Liebe erstrebt wird. Die eheliche Liebe ist zeugungsbereite Liebe.

Die Familie: eine den Normen vorausgehende natürliche Wirklichkeit

Die Familie ist eine natürliche Institution; sie entsteht spontan dort, wo es Menschen gibt. Sie wartet nicht darauf, dass der Staat ihr ein rechtliches Statut zuweist. In den meisten Gesellschaften existiert die Familie ohne Eingriff des Staates und wird durch überlieferte Bräuche geregelt. Daher könnte das bekannte lateinische Sprichwort „ubi societas, ibi ius" wohl auch auf die Familie in folgender Weise angewandt werden: „Ubi familia, ibi societas". Dort, wo es Familien gibt, wächst und entfaltet sich die gesamte Gesellschaft, sowohl an Mitgliedern als auch an Persönlichkeit, Kultur, sozialer Initiative, politischer Teilhabe usw.

Die Ehe ist der wesentliche Akt, durch den der Mensch über sein Leben hinweg in einer Verpflichtung zur Treue und Loyalität verpflichtet ist.

Aber was ist die Familie? Welche Funktion erfüllt sie? Wozu dient sie? Erneut kommt uns Aristoteles zu Hilfe, denn er definierte sie sehr umfassend als: „die natürliche Gemeinschaft, die sich zur Bewältigung der täglichen Bedürfnisse bildet". Das heißt, nach Aristoteles zeichnet sich die Familie dadurch aus, dass sie eine Form natürlicher Gemeinschaft ist, die ihre Mitglieder durch Verwandtschaftsbande verbindet und die Solidarität unter ihren Mitgliedern gewährleisten will, um den gegenseitigen Beistand ihrer Angehörigen in allen Zwecken zu sichern, die sie zu erfüllen vermag (11). Sehr anschaulich ist der Ausdruck, den MARÍN PEDREÑO von Laktanz übernimmt, wenn er den Menschen als das „familiäre Lebewesen" bezeichnet. In diesem Sinne, so erklärt MARÍN PEDREÑO, dürfen wir nicht übersehen, dass der Mensch weder allein geboren wird noch allein stirbt. Diese Tatsache stellt eine wahre Ausnahme dar und steht in enger Beziehung zur Familie, die gerade Schauplatz einer solchen Einzigartigkeit ist (12). Die Tatsache, dass der Mensch weder allein geboren wird noch allein stirbt, lässt uns bewusst werden, welche die eigentlichen Räume der familiären Gesellschaft sind. Die Familie ist also jene natürliche Umgebung, in der die Geburt, die Aufzucht, die Erziehung, die Entfaltung des Lebens in all seinen Phasen und der Tod zur Geltung kommen. Die Familie konstituiert sich selbst als jene Art von Gesellschaft, die der Individualität entspricht und angemessen ist, die jeder Mensch darstellt, der aufgrund seines Personseins ein einzigartiges, unwiederholbares und unersetzliches Wesen ist und einen Ort benötigt, an dem eine solche Würde und Unwiederholbarkeit aufgenommen werden können. Dieser Ort kann nur die Familie sein, wo die Eigenart jedes einzelnen Mitglieds gekannt und gerecht behandelt wird. Die Menschen brauchen von Kindheit an, Zuneigung und Fürsorge zu geben und zu empfangen, um zu überleben und als Gattung lebensfähig zu sein. Die Fürsorge, die die Familie als jene ursprüngliche Gesellschaft leistet, die jene unentbehrliche Aufmerksamkeit bei Geburt, Aufzucht, Erziehung und Tod erbringt, offenbart uns, dass die Institution, von

der wir sprechen, zur Naturgeschichte der Menschheit gehört und ihre Lebensfähigkeit und ihren Fortbestand in der Zeit ermöglicht.

Wenn die Ehe zur Familie wird

Die Ehe ist der wesentliche Akt, durch den der Mensch über sein Leben hinweg in einer Verpflichtung zur Treue und Loyalität verpflichtet ist. Sich mit einem anderen Menschen zu vereinigen, ist der entscheidendste Akt, der geschehen kann. Es ist auch der Akt, der am engsten mit dem Recht des Menschen verbunden ist, über sich selbst zu verfügen, denn in anderen Verträgen verfügt der Mensch über materielle Güter oder Geld, im Ehevertrag jedoch über sich selbst.

Die Familie zeichnet sich dadurch aus, dass sie eine natürliche Gemeinschaft ist, die ihre Mitglieder durch Verwandtschaftsbande verbindet.

Die eheliche Verbindung ist die wertvollste Form der menschlichen Gemeinschaft aufgrund der Potentiale und segensreichen Wirkungen, die sie hervorbringt, sowohl für das persönliche Wohl der Ehegatten als auch für das Gemeinwohl der gesamten Gesellschaft. Die erste dieser Potentiale ist der am unmittelbarsten verfolgte Zweck: das Glück der Eheleute. Die zweite erscheint eher als Ergebnis: die Fortführung der Ehegatten in einem neuen Leben für die Familie und die gesamte Gesellschaft. Die Ehe und die Familie sind Institutionen von größter Bedeutung nicht nur für die einzelnen Personen, sondern auch für die Gesellschaft.

Aus naturrechtlicher Perspektive ist das konstitutive Element der Familie die Ehe oder die stabile Verbindung zwischen Personen verschiedener Geschlechter. Da die Ehe ihrer Natur nach auf die Zeugung, den Unterhalt und die Erziehung der Kinder ausgerichtet ist, ist die Ehe nicht beliebig, und nicht jede beliebige Sache sollte Ehe genannt werden. Die Ehe und die Familie bilden als Institutionen einen „Personenstand", eine vorbestehende und natürliche Wirklichkeit, in der der Mensch geboren wird, erzogen wird und als Person heranwächst, um eines Tages, wenn er es so wünscht, seine eigene Familie zu gründen. Die Ehe sollte daher nicht jede beliebige Form des Vertragsschlusses oder Paktierens sein. In dieser Hinsicht hätte das Individuum, das in seinem Privatleben sich diesem Sachverhalt nicht anpassen wollte, weil es diese Institution so, wie sie ist, nicht akzeptiert, frei jede andere –

gesellschaftsrechtliche und vertragliche – Lösung wählen können. Was nicht hätte geschehen dürfen, ist die Umwandlung, die sich an einer jahrtausendealten Institution vollzogen hat, um sie in etwas anderes zu verwandeln. Die Lösung für andere Arten von Verbindungen hätte nicht über die Entwertung der Institutionen Ehe und Familie führen dürfen, wie es mit der jüngsten Ehegesetzgebung in Spanien geschehen ist. Die Ehe ist nicht und wurde nie als ein bloßer offener Vertrag zwischen Vertragsparteien konzipiert, die eine für das soziale Leben wesentliche Institution an Lobbyinteressen oder neumodische Trends anpassen wollen. Die Natur der Ehe, ihre Form, ihre eigentümliche Seinsweise – auch wenn sie von vielen nicht geteilt wird – neigen und raten durch ihre eigenen Zwecke dazu, einen Stand zu erzeugen, der sicherstellt: das Leben, die Erziehung, die Stabilität und die Sicherheit seiner Mitglieder.

Die Institution der Ehe begründet die einzigartigen und nicht austauschbaren Rollen in den Beziehungen zwischen Vater, Mutter, Kind und Geschwistern.

Diese Zwecke raten dazu, unauflösliche Bande zu erzeugen; jedoch sind sowohl die Heterosexualität als auch die Unauflöslichkeit, die wesentliche Merkmale sind, in der Moderne durch die Gesetzgebung zur Ehescheidung und zur Ehe zwischen Personen gleichen Geschlechts gebrochen worden. Das erste Bedürfnis des Kindes ist, seine Eltern vereint zu haben. Die gesunde Entfaltung des Kindes erfordert, dass es den doppelten Einfluss der väterlichen und mütterlichen Figuren in möglichst homogener Weise empfängt.

Die Familie zeichnet sich dadurch aus, dass sie eine natürliche Gemeinschaft ist, die ihre Mitglieder durch Verwandtschaftsbande verbindet und Solidarität unter ihren Mitgliedern sowie den gegenseitigen Beistand ihrer Angehörigen gewährleistet (13).

Durch das Kind übersteigen die Ehegatten sich, doch mit dem Erscheinen der Kinder tritt in der ehelichen Verbindung ein Element auf, das die Ehegatten objektiv überragt. Mit dem Kind wird die eheliche Verbindung zur Familie, einer kollektiven Einheit, die die Ehegatten zu Eltern macht. Von diesem Moment an stellen sich die Ehegatten in den Dienst dieser natürlichen Gemeinschaft, deren verantwortliche Urheber sie sind; das Kind ist die Frucht ihrer Werke; ihm verdankt es das Leben und

hat das Recht, dass seine Erzeuger ihm bestimmte Bedingungen der Entfaltung und des Wohlergehens sichern. Die Tatsache der Empfängnis verleiht den Eltern eine enorme menschliche und rechtliche Verantwortung.

Die Familie als Netzwerk von Bindungen

Die Institution der Ehe begründet die einzigartigen und nicht austauschbaren Rollen in den Beziehungen Vater-Mutter, Kind und Geschwister. Zwischen ihnen bestehen charakteristische und für diese Rollen spezifische Bindungen: die Treue und gegenseitige Aufnahme zwischen den Eltern, die elterliche Gewalt und der Schutz der Eltern gegenüber den Kindern, der Gehorsam und die Fürsorge der Kinder gegenüber den Eltern und die Geschwisterlichkeit unter den Geschwistern. Werden diese Rollen bis zur Unkenntlichkeit verändert, kann die Institution daran gehindert werden, ihre Funktionen auszuüben. Im Falle der Ehe: Wenn die Treue, die Zuwendung zu den Kindern, der Gehorsam gegenüber den Eltern und die Geschwisterlichkeit unter den Geschwistern verfallen, verschwindet die zusammenhaltende Funktion der familiären Institution, und die Erfüllung ihrer eigenen Zwecke wird unmöglich.

Die Bestimmung dessen, was die Ehe als Grundlage der Familie ist, ist unerlässlich.

Die Institution der Ehe, eng verbunden mit der Mutterschaft und der Vaterschaft, begründet ihren Vorrang in der Tatsache, dass sie eine stabile, (im Allgemeinen) fruchtbare Verbindung ist, die fähig ist, Nachkommenschaft zu erzeugen und sie für ihre bestmögliche soziale Eingliederung zu erziehen. Dies ist die Zweckbestimmung der Ehe, das, was sie als Institution bedeutet. Es sind die sozialen Institutionen, die der Masse Form geben, sie ordnen und in Gesellschaft verwandeln; und die Gründungsinstitution aller übrigen, die notwendige Bedingung für die Existenz der Gesellschaft, ist die Ehe. Tatsächlich hat man die Gesellschaft in ihrem primären Netzwerk als das System der Verwandtschaftsbande zwischen Ehen definiert. Die Ehe und ihre natürlichen Folgen: die Vaterschaft, die Mutterschaft und die Abstammung, bedürfen der Stabilität. Wenn die Normen nicht in diese Richtung führen, gerät die Institution ins Wanken. Daher behauptet MIRÓ Y ARDÈVOL (14), dass sich auf der primären Struktur der Ehe, der Vaterschaft, der Mutterschaft, der Abstammung, der

Verwandtschaft und ihrem Ausdruck im Laufe der Zeit, der Dynastie, die wertvollsten und unersetzlichsten sozialen Institutionen erzeugen und ordnen.

Der Staat als Ausdruck der Zivilgesellschaft darf nicht auf die Natur von Institutionen erster Ordnung wie Ehe und Familie einwirken und sie umgestalten, denn ihr Ursprung und ihre Entwicklung liegen nicht in den parlamentarischen Gesetzen, sondern in der Geschichte, der Tradition, dem Naturrecht und dem Gewohnheitsrecht. Der Staat wäre ohne Zivilgesellschaft, ohne Ehen und ohne Nachkommenschaft nicht lebensfähig. Die Geschichte zeigt, dass es historische Erfahrungen gegeben hat, die darauf abzielten, die Institutionen der Ehe und der Familie zu verändern, wie es der Westen gerade jetzt tut, aber alle haben der Gesellschaft und den Personen schweren Schaden zugefügt. Von all diesen Schäden ist derjenige, der die weitreichendsten Auswirkungen haben kann, jener, der die Ehe, die Familie, die Vaterschaft und die Mutterschaft betrifft und sich auf die Verwandtschaft und die Dynastie erstreckt, was genau das ist, was sich gegenwärtig in Spanien vollzieht. Nun ist es aber so, dass – da der Mensch in Gesellschaft lebt, wie er es tut – die Bestimmung dessen, was die Ehe als Grundlage der Familie ist, unerlässlich ist. Die Familie ist zwar, wie wir erläutern, eine den Normen vorausgehende natürliche Wirklichkeit, doch es ist ebenso wahr, dass sie sich nicht ohne eine soziale und rechtliche Anerkennung entfalten kann, die das Band weiht, das die Ehegatten untereinander und die Kinder mit ihren Eltern verbindet. Die soziale Persönlichkeit des Menschen, in den Worten von LECLERCQ, „wird vor allem durch die Abstammung und die Vorfahren bestimmt". Vor der Gesellschaft hat das Kind keine andere Persönlichkeit als die, Kind seiner Eltern zu sein, die ihm vom Moment seiner Geburt an ihre Familiennamen vererben.

Jedes Geschlecht sucht im anderen die notwendige Ergänzung für die Zeugung des menschlichen Lebens und für die gegenseitige Hilfe.

Die Bestimmung der Abstammung (15) und der Gültigkeit des Ehebandes ist von enormer sozialer Bedeutung. Dieses Eingreifen der Gesellschaft schafft die Institutionen der Ehe und der Familie nicht, es beschränkt sich darauf, sie anzuerkennen. Die Familie ist eine natürliche Institution, die sich der Gesellschaft auferlegt, de facto und de iure. De facto, weil die Existenz der Familie aus dem natürlichen Lauf des menschlichen Lebens hervorgeht: Vereinigung von Mann und Frau, Geburt der Kinder usw.

De iure, weil die Gesellschaft diese natürliche Ordnung respektieren und pflegen muss, andernfalls handelt man gegen den Menschen selbst.

Vernünftigkeit des Naturgesetzes über Ehe und Familie

Der heilige Thomas stellt sich die Frage, ob die Ehe naturrechtlich ist oder nicht (16), und weist darauf hin, dass etwas nicht nur dann natürlich sein kann, wenn es durch Gesetze notwendiger Kausalität bestimmt ist, sondern auch dann, wenn die Natur uns dazu neigt und ihre Verwirklichung unserer Freiheit anvertraut. Im ersten Sinne wäre die Ehe nicht natürlich; im zweiten schon, denn unsere rationale Natur neigt uns in einem doppelten Sinne zur Ehe: a) hinsichtlich der gegenseitigen Hilfe zwischen den Ehegatten und der Ergänzung von Mann und Frau; b) hinsichtlich des Wohls der Kinder, deren Unterhalt und Erziehung die Stabilität des Bandes erfordern. Was die Familie betrifft, so definiert der Aquinate sie als eine unvollkommene natürliche Gesellschaft, in der es rechtliche Verbindungen gibt, die jedem positiven Recht vorausgehen. Der heilige Thomas definiert sie folgendermaßen: *Domus est quaedam communitas secundum naturam constituta in omnem diem, id est, ad actus qui quotidie occurrunt agendi* (17).

Der Mensch verbindet sich mit der Frau aus einer natürlichen Forderung heraus; jedes Geschlecht sucht im anderen die notwendige Ergänzung für die Zeugung des menschlichen Lebens und für die gegenseitige Hilfe. Die Eltern verbinden sich mit den Kindern aus derselben Natur heraus, denn die Kinder können ohne die Fürsorge der Eltern nicht zur Fülle des physischen und moralischen Lebens gelangen. Die Familie ist also eine Gesellschaft des Naturrechts, bestehend aus zwei elementaren Gesellschaften, ebenfalls natürlicher Ordnung: der ehelichen Gesellschaft, gebildet durch die Ehegatten, und der väterlichen oder kindlichen Gesellschaft, die jene von Eltern und Kindern ist (18).

Die Institution der Familie besitzt einen universalen Charakter, der sich in Völkern und Kulturen sehr verschiedener geschichtlicher Momente, Orte und Zivilisationen manifestiert hat.

Es gibt ein Recht/Bedürfnis des Kindes, von seinen Eltern gepflegt und erzogen zu werden, und es gibt eine Pflicht/ein Verlangen der Erwachsenen, ein Heim zu gründen und ihre Kinder zu erziehen. Wie jedes Menschenrecht sind diese Rechte durch die Erfordernisse des Gemeinwohls, der natürlichen oder familiären Ordnung begrenzt. Aber unter Wahrung dieser Grenzen oder bei außergewöhnlichen Fällen der Unfähigkeit der Eltern oder ihres Fehlens ist dieses Recht absolut, und keine menschliche Macht sollte dagegen verstoßen.

Die Familie: eine Bezugsinstitution in allen menschlichen Gesellschaften

„Die Familie ist eine Institution, die sich in allen menschlichen Gesellschaften findet" (19). Daher bewahrt die Institution der Familie, selbst unter den zivilisiertesten Völkern, einen der Natur sehr nahen Zustand. Bestehend aus Eltern und Kindern, stützt sich die Familie auf eine natürliche Ordnung der Gefühle und Zuneigungen sowohl bei zivilisierten als auch bei primitiven Völkern und entwickelt sich nicht, wie der Staat, zu einem immer künstlicheren Organismus. Dieser natürliche Charakter der Familie erklärt, dass sie sich nach einem eigenen Rhythmus entfaltet und nur schwach von der Legalität abhängt. Wenngleich es zutrifft, wie wir dargelegt haben, dass sie eine den Normen vorausgehende natürliche Wirklichkeit ist, so trifft es ebenso zu, dass sie die schädlichen Auswirkungen ihres fehlenden Schutzes erleidet.

Da die Familie eine der Natur so nahe Institution ist, sind die natürlichen Anforderungen in familiären Angelegenheiten weit strenger als in politischen.

Die Institution der Familie besitzt einen universalen Charakter, der sich in Völkern und Kulturen sehr verschiedener geschichtlicher Momente, Orte und Zivilisationen manifestiert hat. Es gibt einen bekannten Anhang und eine Studie über die Illustrationen des Naturgesetzes, enthalten im Werk von LEWIS *Die Abschaffung des Menschen* (20). Die Schlussfolgerung von LEWIS, der das Thema, ob es eine Ordnung objektiver Grundlagen gibt, die in verschiedenen Kulturen und sogar Zivilisationen gelebt und verteidigt werden, eingehend studierte, war nach einer erschöpfenden Analyse zahlreicher Moralkodizes – jüdischer, chinesischer, nordischer, ägyptischer, römischer, indischer, griechischer Traditionen usw. –, dass alle unverrückbaren Prinzipien boten, die die klassische Philosophie als Naturgesetze bezeichnet hat. Bei den

zivilisierten Völkern finden wir eine im Wesentlichen identische familiäre Organisation, deren Geltung sogar bei Völkern zu beobachten ist, die einen geringeren Fortschritt aufweisen. Hinsichtlich der Familie besteht eine universelle Übereinstimmung des Menschengeschlechts, die sich an den Charakter der familiären Institution selbst erklärt. „Es gibt keine der Natur nähere Institution", so bewertet es LECLERCQ (21). Die Familie ist eine einfache Gesellschaft, die sich auf sehr unmittelbare Weise auf das Menschliche stützt und spontan durch die bloße Tatsache des Lebens und der Abfolge des menschlichen Lebens entsteht. Die natürliche Zuneigung der Eltern zu den Kindern und umgekehrt, die Neigung des Menschen, fortgesetzt zu werden, die notwendige Pflege und Aufmerksamkeit, die die Kinder empfangen usw. bewirken, dass sich die Familie auf sehr unmittelbare Weise gründet. Die Familie ist eine soziale Institution, die sich im Laufe der Jahrhunderte als grundlegend erwiesen hat, um jede Gesellschaft zu strukturieren; sie hat eine strategische Funktion, denn sie festigt und konsolidiert das gesellschaftliche Zusammenleben. Wie GOMÁ Y TOMÁS (22) in Erinnerung ruft, wird die Familie im Laufe der Jahrhunderte ihre Seinsweise verändern: sie wird sich im Stamm organisieren oder in unauflösliche Gruppen zerfallen; sie wird nomadisch oder sesshaft sein, Verformungen oder Umgestaltungen in der zivilen, politischen oder wirtschaftlichen Ordnung erleiden, je nach den Völkern, aber in dem, was die Natur ihr als Konstitutives gab, wird die Familie so lange fortbestehen wie das menschliche Leben auf der Welt.

Alle menschlichen Gesellschaften neigen dazu, auf natürliche Weise die Bedingungen zu schaffen, damit die biologische und soziale Reproduktion weiterhin möglich bleibt. Die Institution der Familie ist par excellence ein Prinzip sozialer Kontinuität und Hüterin der menschlichen Traditionen; sie war stets ein konservierendes Element der Zivilisationen.

Da die Familie eine der Natur so nahe Institution ist, sind die natürlichen Anforderungen in familiären Angelegenheiten weit strenger als in politischen (23). Wenn wir darin übereinstimmen, dass der Fortschritt der Menschheit in hohem Maße von der Achtung abhängt, die man der menschlichen Natur entgegenbringt, so ist all dies auch mit den Gesetzen der familiären Ordnung verknüpft. In einem solchen Maße sind Familie und Gesellschaft miteinander verflochten, dass wir behaupten können: Gesellschaften, die sich von der Pflege der Familie abwenden, stürzen in die Barbarei. In dieser Hinsicht stimmen wir Chesterton zu, als er bekräftigte: „Dieses Dreieck offenkundiger Wahrheiten von Vater, Mutter und Kind kann nicht zerstört werden, aber es kann die Zivilisationen zerstören, die es verachten" (24).

Literatur

Für Fragen zu Literaturangaben wenden Sie sich bitte an welcome@FamilyValued.org

Prof. Carmen Sánchez Maíllo

Mehr Info über die Autorin über den QR-Code:
https://familyvalued.org/carmen-sanchez-maillo/

Reflexionsfragen

Auf welche Weise erkenne ich in meinem eigenen Leben die Bedeutung von Ehe und Familie als natürliche Berufung und als Fundament der Gesellschaft? Welche Rolle spielen diese Werte in meinen Entscheidungen und Beziehungen?

Wie fördere ich in meinem Alltag die Weitergabe von Werten und die Entfaltung der neuen Generationen? Gibt es Aspekte, in denen ich bewusster handeln könnte, um dieser Verantwortung besser gerecht zu werden?

Welchen Einfluss haben die modernen gesellschaftlichen Veränderungen auf meine Wahrnehmung von Ehe und Familie? Sollte ich mein Verhalten oder meine Haltung anpassen, um diesen Veränderungen entgegenzutreten oder sie zu unterstützen?

Deine Notizen, Kommentare und Vorsätze

Weitere Artikel über Familie und Gesellschaft

Stolz, Mutter zu sein

Moderne Rolle der Männer in der Gesellschaft – Fokus auf die Väterrolle

Ethische Aspekte der „Reproduktion durch Dritte"